FOOD Coordinator guide map

머리말

오늘날의 식공간은 쾌적함과 여유가 담긴 다기능의 복합 공간으로 변화하고 있습니다. 이러한 변화는 식공간을 연출하는 전문가의 역할도 더욱 중요해지고 있다는 것을 의미합니다. 경제, 사회, 문화의 발달에 따라 활발한 교류와 커뮤니케이션의 장으로서 그 중요성을 더해가는 식공간의 변화와 발전이, 이에 대한 전문인력에 대한 요구 또한 다양하게 만들고 있습니다. 그리고 최근 몇 년 사이에 식공간 연출 분야의 발전과 성장으로 인한 영역의 확대는 많은 출판물과 자료들이 나오고 있는 것으로 미루어보아 잘 알 수 있습니다.

본서는 저자들이 수년간 경험한 실무와 대학 강단에서의 강의 자료를 정리하여, 식공간 연출의 물리적 환경에 필요한 핵심적인 내용을 이해하기 쉽도록 구성한 것입니다. 본서가 한국식공간학회에서 시행하는 자격인증시험의 가이드북으로서, 식공간 관련 전공 학생뿐만 아니라 현역에서 활동하는 푸드코디네이터 실무자나 일반인도 쉽게 접근할 수 있는 지침서가 되기를 소원해 봅니다.

식공간 연출의 학문적 토대를 만드는 과정에 있어서 늘 안내자가 되어 주시는 한국식공간학회 회장이신 나정기 교수님, 좋은 책을 만들 수 있도록 도와주신 파워북의 유제구 사장님, 김재원 전무님을 비롯한 관계자분들께도 감사드립니다.

저자 일동

FOOD Coordinator guide map

차 례

Part 5 | 음식사진의 이해와 촬영기법

Part 6 | 테이블 코디네이트

Part 1

FOOD coordinator guide map

푸드코디네이트의 이해

1. 공간디자인의 구성요소
2. 식공간 디자인의 기본 조건
3. 휴먼스케일
4. 식공간의 크기

UNDERSTANDING OF FOOD COORDINATE

푸드코디네이트의 이해

코디네이트는 둘 이상의 것을 조합해서 하나의 감각으로 만드는 것, 또는 조정하는 것, 통합하는 것을 의미하며, 여기에는 테이블 코디네이트와 푸드스타일링이 폭넓게 포함된다. 테이블은 음식을 매개로 식사하는 사람들 간의 커뮤니케이션이 이루어지는 소통의 공간이다. 사람을 중심으로 한 아름답고 실용적인 테이블을 연출하기 위해서는 여러 요소가 수반된다. 파트 1에서는 이러한 요소의 개념을 살펴보고 감동이 있는 테이블 연출법을 이해한다.

푸드스타일링은 완성된 요리를 가지고 데커레이션함으로써 목적에 맞게 요리를 돋보이게 하는 것이다.

표 1-1 | 공간디자인 구성요소

구성요소		내용
구조요소	바닥	걸을 때의 촉감과 시각적인 면이 고려된다. 마루, 대리석, 카펫류, 그리고 러그를 활용한다.
	벽	실내에서 시선이 가장 먼저 닿는 부분이므로 색과 높이를 고려한다.
	천장	주거공간과 상업공간에 따른 높이의 변화를 준다.
	창문	크기, 형태와 배치에 따른 변화를 준다.
장식요소	가구	형성되어 있는 공간에 시대의 트렌드, 국가의 스타일 등을 부여하는 보조요소이다.
	소품	조명, 커튼, 블라인드, 액자, 식물과 화분 등 형태 · 컬러 · 재질에 따라 다양한 연출이 가능하다

1. 공간디자인의 구성요소

식탁을 중심으로 한 식공간을 구성하는 요소들을 살펴보기 위해 포괄적 개념인 공간디자인의 구성요소를 알아본다. 이를 통해 다양하고 입체적인 공간활용을 할 수 있는 기본적인 공간디자인 구성요소들에 대한 의미를 살펴본다.

공간디자인의 구성요소는 미적인 면, 기능적인 면과 기술적인 면을 도입하여 쾌적하게 효과적으로 즐길 수 있는 공간을 만들기 위한 요소이다.

2. 식공간 디자인의 기본 조건

공간을 대상으로 형태와 색, 패턴, 질감 등을 조직적으로 구성함으로써 공간에서 오는 불편을 제거하여, 안락하고 평화로운 식공간을 연출한다.

■ 시각적 감각 공간

패턴 형태나 빛의 시각적 효과로 실제의 공간을 확대 또는 축소되어 보이게 한다.

■ 청각적 감각 공간

필요한 소리만을 효과적으로 들을 수 있는 쾌적한 환경을 만들고 식공간의 상황에 맞는 배경음악BGM, background music을 제공한다.

■ 후각적 감각 공간

불쾌감을 유발하는 냄새를 제거하며, 경우에 따라서는 기분을 편안하고 안정되게 하는 아로마aroma향을 이용한다.

3. 휴먼스케일

휴먼스케일human scale은 특정한 사물이 사람에게 주는 감각적인 크기를 의미한다.

- 인체치수는 평균적으로 표준이 되는 인간의 척도이므로 가구를 포함하여 인간이 사용하는 모든 물건이 인체치수를 근거로 제작된다.
- 공간의 종류에 상관없이 인간은 공간 척도의 기준이 되므로 인체의 크기에 맞춰 내부 공간요소의 크기가 결정된다.
- 심미적인 요소에 치우쳐서 사람이 공간사용 시 불편이 없도록 치수가 결정되어야 한다.
- 동작공간은 사람과 가구, 사람과 벽, 사람과 사람의 관계를 고려하여 통과할 수 있는 최대한의 폭으로 일반적으로 사람과 벽 사이는 450mm, 정면은 600mm, 양측이 벽일 경우는 800mm, 두 사람이 왕래하는 데는 1,200mm가 최소 폭이다.

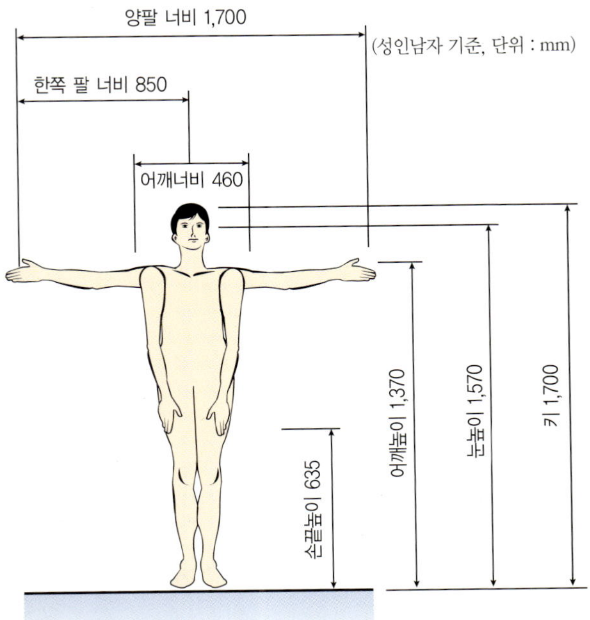

인체치수의 표준크기 (성인남자 기준, 단위 : mm)

4. 식공간의 크기

식사할 때는 적절하고 알맞은 공간의 확보로 쾌적하고 편안한 식사시간이 될 수 있도록 한다.

1) 개인 식공간

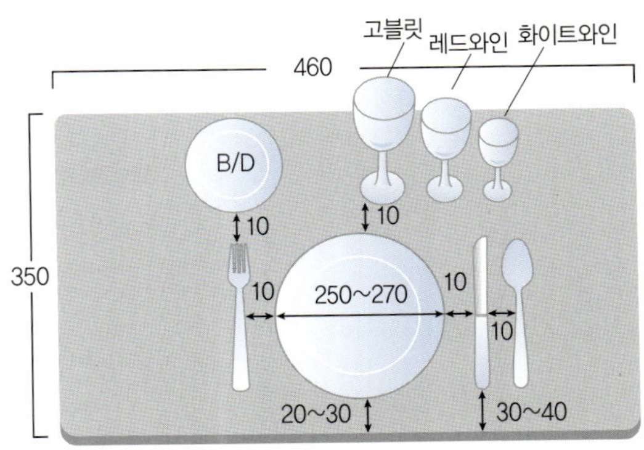

개인 식공간(단위 : mm)

식사할 때 쾌적하고 편안한 식사가 될 수 있기 위

해 필요한 개인 식공간personal table space이다. 개인 식공간의 기본 크기는 한 사람의 어깨너비인 가로세로 460×350mm이다.

2) 공유 식공간

공유 식공간은public table space 식탁에서 여러 사람이 식사할 때 움직이는 활동범위와 집기 등과 관련한 동작범위에 따른 적정 공간이다.

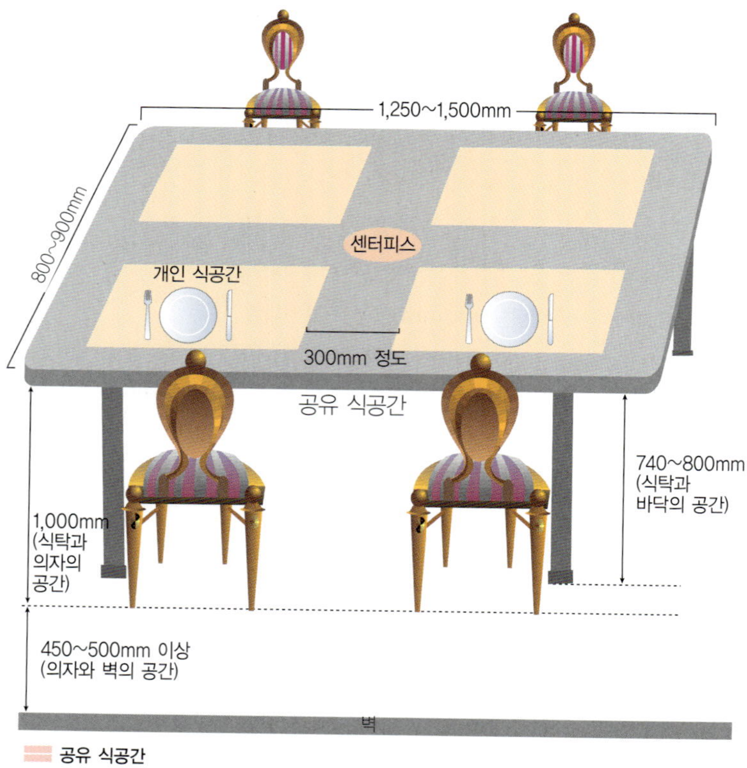

3) 식탁의 기본 크기

식탁은 여러 가지 모양과 크기가 있다. 일반적으로 사용하는 모양은 원형과 사각형이 있으며, 그 크기는 [표 1-2]와 같다.

식탁의 높이는 일반적으로 740~800mm이다.

표 1-2 | 식탁의 기본 크기

단위 : mm

구분		2인용	4인용	6인용
사각형	가로	650 ~ 800	1,250 ~ 1,500	1,800 ~ 2,100
	세로	750 ~ 800	750 ~ 900	800 ~ 1,000
	높이	740 ~ 800	740 ~ 800	740 ~ 800
원형	지름	600 ~ 800	900 ~ 1,200	1,300 ~ 1,500
	높이	740 ~ 800	740 ~ 800	740 ~ 800

Part 2

FOOD Coordinator guide map

푸드와 디자인

1. 푸드디자인의 이해
2. 푸드디자인의 구성요소
3. 푸드디자인의 원리
4. 푸드디자인과 이미지
5. 푸드디자인과 접시 형태
6. 푸드디자인과 요리 형태의 의미
7. 접시와 요리 형태의 관계
8. 푸드디자인의 조건

FOOD & DESIGN

푸드와 디자인

1. 푸드디자인의 이해

디자인design의 어원은 라틴어의 '데시그나레designare'로 이는 '표시하다, 계획하다'라는 뜻이다. 즉, 디자인이란 인간의 생활에서 목적에 맞게 실용적이며 미적인 것을 계획하고 실현하는 행위이며, 이것을 가시적으로 표현하는 것이다. 좋은 디자인은 '미美와 용用의 조화' 즉 미적인 것beauty과 기능적인 것function을 통합할 수 있어야 한다.

요리에서의 디자인은 음식의 영양과 맛인 '용'에 '미'를 조화시킴으로써 먹는 사람에게 감동을 주는 역할을 하는 것이다. 요리의 표현은 형태form로 다양하게 나타난다. 이 형태는 셰이프shape, 폼form, 매스mass, 에어리어area 등의 다양한 용어로 불린다. 표시된 이미지가 삼각형 · 사각형 · 원형 · 타원형 등의 특성을 갖게 될 때 이를 shape로, 삼각뿔 · 사각뿔 · 삼각기둥 · 사각기둥 · 원기둥 등 용적과 방향을 나타내는 전체가 되었을 때 이를 폼form으로 구분한다.

즉 서양 식공간의 테이블웨어tableware들은 접시 레이아웃layout의 기본을 형태shape로 확실히 갖춘 후, 각 연출가가 무언가 다른 독창적인 요리를 표현한 것이 '요리의 디자인'이라 할 수 있다. 결국 푸드 스타일링의 디자인은 '어떤 형태의 접시에 무엇을 어떤 형태로 표현하고 싶은 것인가?' 이다.

2. 푸드디자인의 구성요소

푸드디자인의 구성요소는 점point, 선line, 면plane, 입체solid가 있다. 점point은 위치만 있고 크기는 없으나, 순수형태인 푸드디자인의 기본 형식인 점은 크기가 있다. 기하학적인 형태의 기본 형식인 선line은 폭이 없으나. 순수형태인 푸드디자인의 기본 형식인 선은 폭과 길이가 있다. 여기에 면plane, 입체solid가 더해진다.

1) 점point spot

점의 크기를 이용한 푸드디자인

점은 작고 둥글게 찍은 표이다. 점의 크기는 일정하지 않으며, 위치를 표시한다. 절대적으로 정해지는 것이 아니라 상대적으로 정해진다. 또한 점은 크기가 있으므로 당연히 형태를 가진다. 즉 점이 커지면 면이 되고, 작으면 점으로 지각된다.

점은 긴장과 주의력을 갖게 한다. 한 점이 큰 경우에는 작은 점으로 긴장과 주의력이 옮겨지게 되는데, 레이아웃을 통해 목적에 맞게 계획한다.

2) 선line

점의 형태를 이용한 푸드디자인

선은 점이 이동한 궤적의 의미로 운동에 의해 생긴 것이 선이므로, 선의 성격은 운동의 속도, 강약, 방향 등에 의해 나타난다. 선 단독으로는 그 폭을 결정할 수 없으므로 상대적인 것이며, 주변의 다른 형태 또는 주변의 다른 선과의 관계에서 상대적으로 정해진다. 선의 형태는 직선적인 것, 곡선적인 것, 또는 직선과 곡선의 혼합적인 것으로 분류해 볼 수 있다. 직선은 일반적으로 딱딱함, 남성적, 합리적, 명쾌함, 단순함을 준다. 곡선은 길이, 두께, 형상 등에 의해 달라지나 온화, 천천히 움직임, 부드러운 느낌, 우아함 등을 느끼게 한다.

선의 길이를 이용한 푸드디자인

선의 폭을 이용한 푸드디자인

면을 이용한 푸드디자인

3) 면plane

면은 점의 확대, 선의 이동, 선의 폭이 확대되어 형성된 것으로 여러 개의 선이 모여서 생성된다. 일정한 넓이를 가지며 푸드디자인의 면을 구성하는 단위이다. 삼각형, 원형, 타원형 등의 정형으로 표현되며, 평면적인 이미지로 다양하게 활용된다. 접시 형태로 결정되거나 요리의 덩어리감으로 표현되어 자유 또는 구속성, 경량 또는 중량성, 희박 또는 조밀성을 표현한다.

표 2-1 | 면의 종류와 특징

종류	특징
삼각형	안정감, 냉철함, 이지적임, 움직임, 차가움
사각형	단정함, 엄격함, 편안함, 경쾌함
다각형	변화성, 유동적 미, 각이 많을수록 풍부한 느낌
원형	원만함, 안정감, 부드러움, 여성적임

입체를 이용한 푸드디자인

4) 입체solid

입체는 면의 단순이동 또는 회전이동에 따라 형성되며, 공간 중에 위치하고 구, 원기둥, 뿔 등의 입방체가 있다. 종류에 따라 각기 다른 이미지로 표현된다. 서양요리의 레이아웃에서 많이 활용되는데, 그 특성에 맞게 요리의 디자인에 활용할 수 있다.

표 2-2 | 입체의 종류와 특징

종류	특징
육면체	고정성, 강직성, 차가움
각뿔	진취감, 안정감, 경쾌함, 이지적임, 이질성
원기둥	유동적임, 풍성함, 안정감
원뿔	원만함, 안정감
구	부드러움, 여성적임

3. 푸드디자인의 원리

아름다움과 추함을 결정하는 조건에서, 그것의 내용과 의미를 분리해 낸 후 형식만을 생각해 볼 수 있다. 이 형식을 미의 원리 또는 미의 형식 원리라고 한다. 이것은 원래 미학상의 개념이지만 오늘날에는 거의 일반화되었다. 이 같은 미의 원리에는 조화, 대비, 비례, 균제, 균형, 율동, 점이, 반복, 동일, 착시 등이 있다.

그림을 감상할 때처럼 여러 형태의 구도는 요리 연출에 변화를 줌으로써 맛뿐만 아니라 시각과 후각 등 오감을 쉽게 충족시킬 수 있다.

푸드디자인의 구도는 대칭적 요소와 비대칭적 요소로 나눌 수 있는데 대칭적 요소는 좌우 대칭, 대축 대칭, 회전 대칭의 세 종류가 있다. 비대칭은 다양한 개성을 표현할 수 있다.

1) 통일과 변화unity and variety

부분에 변화를 주어 생동감 있게 처리하는 것이 성공적인 통일성을 가진 디자인이라 할 수 있다. 통일과 변화는 서로 대립하는 것이 아닌, 서로 유기적인 관계 속에서 성립되는 것이다. 알맞은 변화란 통일의 영역을 침해하지 않는 한도 내에서 이루어져야 그 가치를 발휘할 수 있으며, 변화의 필요성도 느끼게 된다. 모든 조형의 대비적 효과는 이 두 관계를 어떻게 하느냐에 따라 정해진다.

■ **통일성**unity

통일성은 콘셉트가 하나라는 성질, 하나의 주제를 나타내기 위해 긴밀하게 연결되어 있는 것을 의미한다.
메뉴가 작성되고 플레이트 콘셉트가 모두 구상되면, 먼저 전체적인 조화와 통일성을 생각하고 다음 작업으로 들어가야 한다. 이런 통일성 unity은 하나의 접시뿐만 아니라, 코스요리나 뷔페요리 같은 전체 요리의 통일성까지 고려해야만 한다. 통일성의 반대 개념은 '산만함' '조잡함' 등으로 볼 수 있다.

■ **초점**focal point

초점은 관심이나 주의가 집중되는 사물의 중심 부분을 뜻한다.
가장 먼저 강하게 시선이 가고, 그 대상의 첫 인상을 갖게 하는 그러한 부분 혹은 구성하고 있는 물체를 말한다. 요리에 있어 초점의 유무나 위치는, 그 요리를 구성하고 있는 음식들이 어떤 것이며 어떻게 놓여져 있느냐에 따라 크게 좌우된다.

2) 조화harmony

조화는 두 개 이상의 요소가 상호관계에서 서로 배척 없이 통일되어 미적 · 감각적 효과를 이루는 것이다. 조화의 기본은 통일과 변화로, 적절한 통일과 변화가 이루어질 때 조화를 이룬다고 할 수 있다.

유사조화는 개별요소 사이에 공통성이 있으므로 온화하며 여성적인 안정감이 있으나, 단조롭고 신선함이 없다. 대비조화는 질적 · 양적으로 서로 전혀 다른 두 개의 요소가 편성되었을 때, 서로 상대의 반대성에 의해 미적 효과를 자아내는 것으로 대조 또는 대립이라 하기도 한다. 이는 동적효과를 가진 변화의 개념에 가깝다. 힘이 강하고 화려하며 남성적인 느낌이다.

3) 균형balance

균형은 자연스러운 평형이 유지된다는 의미이며, 보는 사람에게 안정감을 준다. 조형상으로는 무게, 크기, 색이나 질감 등의 요소가 시각적으로 힘의 평형을 가졌을 때 균형적이라 한다. 대칭symmetry은 좌우대칭, 방사대칭, 역대칭 등이 있다. 좌우대칭은 좌우 또는 상하에 하나의 직선을 축으로 하는 것으로 정지성, 안정감, 장엄함, 딱딱함을 느끼게 한다. 방사대칭은 한 점을 중심으로 하여 주위를 향해 방사상으로 퍼지는 것으로 동적인 느낌을 나타내며, 역대칭은 180도 회전시켜 얻은 것으로 변화가 있는 대칭이다.

비대칭dissymmetry은 부대칭이라고도 하며, 좌우 불균형의 중심을 둔 형체이다. 이는 자유로운 의지력, 반규칙성, 불안정성을 표현하며, 동적인 느낌과 긴장된 생명감을 가진다. 균형의 미는 예술적 표현에 있어서 가장 기본적인 요소이다.

재료 혹은 음식 선택의 균형에 있어 모양이 복잡하게 생긴 것과 단순하게 생긴 것을 균형 있게 선택하고 재료도 복합적인 것과 단일한 재료와의 균형이 있어야 한다.

색의 균형에 있어 색의 선택은 부드럽고 자연스러우며 강렬하지 않게 균형이 잡혀야 하며 3~5가지 톤의 색을 사용하여 표현하되 지나치게 요란해서는 안 된다.

조리 방법의 균형에 있어서는 다양한 조리방법으로 조리된 음식은 독특한 질감과 형태를 표현하여 자연스럽게 풍성한 볼거리를 제공한다.

음식 혹은 재료 모양의 균형에 있어 동일한 모양의 음식을 중복해서 사용하는 것은 피해야 한다.

질감, 향미의 균형에 있어서의 측면에서는 비슷한 질감을 가진 음식의 중복 사용을 피해야 하며, 하나하나의 음식을 더 향미있게 하기 위한 스파이스spice나 허브herb의 중복 사용 역시 전체적인 향미의 균형을 깨뜨릴 수 있다.

(1) 좌우대칭

좌우대칭

좌우대칭은 가장 균형적인 구성 형식으로, 중앙을 지나는 선을 접으면 완전히 일치하게 되는데 이를 대칭적 균형이라고도 한다. 접시의 중심축에 거울을 비추어 보는 것처럼 대칭되는 것으로 많이 쓰이는 구도이다. 고급스러워서 대축 대칭보다 자유스럽고 동적인 느낌을 전하며 안정감이 느껴지나 단순화되기 쉽다. 소재와 배열을 잘 고려하면 재미있고 매력적인 요리가 될 수 있다.

빛과 그림자, 명암 등 대립되는 것을 규칙적으로 반복한다. 리듬감과 직선적인 아름다움으로 진취적이고 현대적인 이미지를 갖는다. 부드러운 움직임을 표현할 때는 적합하지 않다.

(2) 대축대칭

대축대칭

접시 중심에 좌우 균등한 십자가를 그려서 요리의 배분이 완전히 똑같은 것을 대축대칭이라고 한다. 접시는 원형이 많으므로 대축 대칭으로 배치하기 쉽다. 가장 많이 사용되고 있는 구도이다. 중심축을 늘려 가면 회전대칭의 기본이 된다. 느껴지는 이미지는 통일에 의한 묵직한 안정감, 화려함, 높은 완성도를 나타낸다. 그러나 요리가 접시의 한 가운데 정지하고 있기 때문에, 새로운 이미지를 만들기는 어렵다. 클래식한 스타일의 푸드디자인이다.

(3) 회전대칭

회전대칭은 대축대칭과 비슷하지만 요리의 소재가 일정한 방향으로 회전하며 균형 잡혀 있어 대축대칭과 구분된다. 일반적으로 방사형의 모양으로 대칭의 안정감, 차분한 가운데서도 움직임, 리듬과 흐름을 느낄 수가 있다. 밝음과 즐거움이 있는 이미지이다. 끝까지 균형을 잘 맞추지 않으면 산만한 느낌을 줄 수도 있다. 격동적이고 경쾌하며 중심이 강조된다. 회전목마나 풍차와 같이 리드미컬한 움직임을 느낄 수 있다. 밖으로 향하는 힘과 회전하는 템포 사이의 균형을 얻을 수 있는 구조이다.

회전대칭

(4) 비대칭

중심축에 대해 양쪽 부분의 균형이 잡혀 있지 않은 것을 비대칭이라 한다. 형태상으로는 불균형이지만 시각상으로 정돈되어 균형이 잡혀 있는 구상이다. 변화, 역동, 움직임, 엄격한 약속을 완전히 깬 자유스러움, 새로움 등의 이미지를 나타낸다. 새로운 창의적 요리나 고전적인 것을 시도해 보고 싶을 때 비대칭 구도가 사용되며 불균형 속에서의 균형이 중요하다.

비대칭

사각형은 고대 이집트나 그리스 미술에서 황금분할에 기초를 둔 사각형이 많이 쓰였는데, 안정감과 충실감이 있으며 친근한 인상을 준다. 삼각형, 특히 이등변 삼각형이나 피라미드형 삼각형은 날카로움과 빠른 움직임이나 템포를 느낄 수 있는 형태이며, 자유롭고 코믹한 표정을 가진 요리에 어울린다. 역삼각형은 한 개의 중심에 포인트를 주고 동그란 접시의 둘레를 향해 몇 개의 동그라미를 만들 수 있다. 소용돌이는 중심을 향해 가지만 물결 모양은 주변으로 천천히 펼쳐 나간다. 안정감, 조용한 움직임과 부드러운 아름다움을 전한다.

4) 리듬rhythm

리듬은 접시 한가운데 일정하게 반복되는 규칙을 연출하여, 템포가 빠른 음악처럼 리드미컬한 이미지를 의미한다. 경쾌하고 코믹하며 명랑함을 표현하고 있다. 식사의 처음에 나오는 요리의 디자인에 사용하면 즐거움을 더해줄 수 있다.

- **반복**repetition
  동일한 요소가 두 개 이상 배열되는 것을 의미한다. 통일된 질서의 미와 연속감, 리듬감이 생긴다. 단순한 단위로 반복하면 오히려 단조롭게 되기 쉽다.

- **그러데이션**gradation
  색상과 형태 등이 점진적으로 부드럽게 변화하는 것으로, 갑작스럽게 변화하는 대비와는 다른 개념이다. 반복보다 복잡하고 동적이며 진행감에서 오는 리듬감이 강하다.

- **교체**replacement
  형태나 색상에서 한두 개를 바꾸는 것을 뜻한다. 반복보다 더 역동적인 효과를 내며, 요소를 강조하거나 약화시키는 경우도 있다.

- **대조**contrast
  형태나 색상에서 갑작스러운 변화를 줌으로써 상반된 분위기를 조성하도록 배치하는 것이다. 이때의 리듬은 자극적이고, 혼란을 초래할 우려가 있다.

- **강조**emphasis
  형태나 색상에서 크기를 크게 하거나 한 가지 색상을 두드러지게 부각하는 것이다. 디자인의 부분 부분에 시각적인 지루함을 없애고 보는 사람의 주의를 집중시켜 시각적 만족을 주며, 균형과 리듬의 기초가 된다. 강조가 하나 이상 주어지면 그 효과가 오히려 작아지는 경우가 있다.

4. 푸드디자인과 이미지

푸드디자인에는 다양하게 표현하고자 하는 여러 가지 이미지가 있다.

표 2-3 | 푸드디자인 이미지의 종류와 특징

종류	특징
리듬 모양 	• 접시 한가운데 일정하게 반복되는 규칙을 연출하여 템포가 빠른 음악처럼 리드미컬한 이미지 • 경쾌함, 코믹함, 명랑함 표현 • 식사 코스의 처음에 사용하여 가볍고 즐거운 분위기 연출
번개 모양 	• 마름모꼴에서 발전된 형태로 번개 모양 하나하나가 연결되어 동적인 이미지 연출 • 접시 위 아래로 다이내믹한 구성
소용돌이 모양 	• 강조하고자 하는 요리의 중심을 향해 소용돌이를 그리는 구도 • 입체감과 불변환적인 움직임 • 코믹한 이미지로 과자 연출에 사용
바둑 모양 	• 빛과 그림자, 명암 등 대립되는 것을 규칙적으로 반복 • 대립과 날카로운 이미지로 진취적이고 현대적인 이미지 • 체스의 서양적 이미지, 바둑의 동양적 이미지로 표현하여 한식과 양식에 활용 가능
물결 모양 	• 물에 돌을 던질 때의 동심원 이미지 • 동심원의 중심에 포인트를 주고 원형 접시의 끝을 향해 몇 개의 곡선으로 표현 • 안정감, 조용한 움직임, 부드러움 표현
방사 모양 	• 물결 모양은 중심에서 바깥으로 향하는 데 반해, 방사 모양은 바깥에서 중심으로 표현 • 동적이고 경쾌하며 중심을 강조 • 풍차 같은 리드미컬한 회전의 이미지 • 밖으로 향하는 힘과 회전하는 템포 사이의 균형을 표현한 구도

안정감이나 긴장감, 속도감, 아름다움, 코믹함 등인데 이미지의 기초적인 형태를 바탕으로 자신의 창조에 의해 더 효과적인 의미를 요리에 부여할 수 있다.

5. 푸드디자인과 접시 형태

접시 형태의 선택은 연출할 이미지 구도를 미리 설정하여 그 이미지에 가장 잘 부합되는 기본구도를 택하는 것이라 할 수 있다. 디자인한 요리를 담을 때의 접시 형태에는 원형, 사각형, 삼각형, 역삼각형, 타원형, 마름모형 등이 있다. 이들 접시 형태는 먹는 사람에게 다양한 이미지를 제공한다.

1) 원형 접시

가장 기본적인 접시로 편안함과 고전적인 느낌을 준다. 원형은 완전함, 부드러움, 친밀감으로 인해 자칫 진부한 느낌을 줄 수 있으나 테두리의 무늬와 색상에 따라 다양한 이미지를 연출할 수 있다. 색상, 담는 음식의 종류, 음식의 레이아웃에 따라 자유롭고 풍성하며 고급스럽고 안정된 이미지를 부여할 수 있다.

2) 사각형 접시

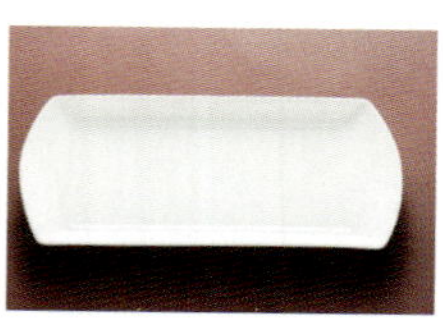

모던함을 연출할 때 쓰이며 황금분할(1:1.618)에 기초를 둔 사각형이 많이 쓰인다. 각진 형태 때문에 안정되고 세련된 느낌과 함께 친근한 인상을 준다. 일반적으로 사용되는 접시는 동그랗기 때문에 사각형 접시는 개성이 강하며 독특한 이미지를 표현할 때 사용한다. 안정감을 가지면서도 여러 가지 변화를 주는 재미있는 연출을 할 수 있으므로 창의성이 강한 요리에 활용된다. 친밀감과 함께 이미지의 완성도가 높으면서도 변화를 쉽게 연출할 수 있다.

3) 삼각형 접시

이등변삼각형이나 피라미드형, 삼각형 등은 전통적인 구도이다. 코믹한 분위기의 요리에 사용하며, 꽃꽂이나 고대 오리엔탈 시대의 그림에도 많이 사용되었다. 날카로움과 빠른 움직임을 느낄 수 있어, 자유로운 이미지의 요리에 사용한다.

4) 역삼각형 접시

삼각형은 먹는 사람의 앞쪽에 중심이 있는 데 비해서, 역삼각형은 그 반대이다. 앞이 좁아 날카로움과 속도감이 증가되고 마치 먹는 사람을 향해 달려오는 것과 같은 효과를 낼 수 있어 강한 이미지를 연출할 수 있다.

5) 타원형 접시

원을 변화시킨 타원은 우아함, 여성적인 기품, 원만함 등을 표현한다. 좌우의 비율을 변화시켜 섬세함과 신비성을 표현한다. 푸근한 인상을 전해주는 등 이미지가 다양하므로 여러 가지로 연출할 수 있다.

6) 평행사변형 또는 마름모형 접시

사각형이 지닌 정돈된 느낌과 안정감에서 벗어나고 싶다면 선을 비스듬히 한 평행사변형을 사용하여 본다. 변의 길이를 똑같이 나누면 마름모꼴로 된다. 쉽게 이미지가 변해서 움직임과 속도감을 느낄 수가 있다. 평면이면서도 입체적으로 보인다

6. 푸드디자인과 요리 형태의 의미

요리 디자인에서 캔버스 역할인 접시 형태는 평면성을 고려한 디자인이다. 이 평면적 형태의 캔버스와 조화롭게 연출된 요리들은 식사하는 사람에게 다양한 이미지를 전달해준다. 푸드디자인에서의 2차원적인 평면적 표현은 동양의 요리 형태에, 3차원적인 공간적 형태의 요리들은 서양 요리에서 많이 나타난다.

표 2-4 | 푸드디자인 요리 형태

평면적 형태			
삼각		역삼각	
원		타원	
사각		마름모	
입체적 형태			
원기둥		타원기둥	
삼각기둥		반구	
사각기둥		사각뿔	

7. 접시와 요리 형태의 관계

캔버스의 역할인 접시와 물감의 역할인 요리의 여러 형태는 다양한 의미를 표현한다. 평면과 입체의 형태에 이미지를 부여한 각 요리의 특징은 푸드코디네이터의 개성과 독창성을 나타낸다.

표 2-5 | 접시와 요리 형태

요리 접시	각뿔	각기둥	원기둥
원형			
타원형			
삼각형			
사각형			

8. 푸드디자인의 조건

디자인에서의 평가는 중요한 비중을 차지한다. 좋은 디자인으로 평가받기 위한 조건은 시간이 지남에 따라 성장하고 변화하는 과정을 거치면서 개선되어 인간 중심의 디자인에 초점이 맞추어져 있다. 다음과 같은 조건을 만족시켰을 때 좋은 디자인으로 평가된다.

■ 합목적성

합목적성은 일정한 목적에 들어맞음을 의미하며, 실용상의 목적 또는 효용성이다. 과학적 기초 위에 성립되며 객관적, 합리적으로 얻을 수 있다.

■ 심미성

심미성은 제품을 디자인하고 만들기 위한 설계의 기본 요소 중 하나로 색상이나 디자인, 외관의 미적 기능을 뜻한다. 심미성을 성립시키는 미의식은 시대성, 국제성, 민족성, 사회성, 개인성 등의 결합으로 이루어진다. 심미성은 주관적인 미의식으로 합목적성과 대립된다.

■ 경제성

경제성이란 경제적 · 기술적 목적이 그 실현을 위한 여러 활동에 의해 얼마만큼 달성되었느냐 하는 성과성을 의미한다. 최소의 자재와 노력으로 최대의 효과를 거두는 것이 디자인의 기본이다.

■ 독창성

독창성은 모방이나 파생에 의한 것이 아니라 자기의 개성과 고유의 능력에 의해 가치를 새롭게 하는 것이다. 독창적이고 창조적인 것은 오늘날 디자인의 핵심이며, 디자이너가 지녀야 할 기본 자질이다. 평범 속에도 새로운 독창성이 들어 있어야 하며 이것은 합목적성, 심미성 속에도 존재한다.

■ 질서성

앞에서의 네 가지 디자인 조건은 서로 조금씩은 연관되어 있으며, 이들을 연관시키는 것이 바로 질서성이다.

■ 합리성과 비합리성

질서성을 제외한 네 개의 성격을 또 다른 면에서 분류한다면, 지적 활동에 의해 지배되는 것인 합리성과 감성적 활동에 관여되는 것인 비합리성으로 나누어 볼 수 있다.

Part 3

FOOD Coordinator guide map

푸드와 컬러

1. 색의 속성과 색체계론
2. 색의 대비
3. 색채 배색과 이미지 스케일
4. 음식과 색채
5. 한국의 전통색

푸드와 컬러

색이란 빛의 반사와 흡수를 통해 일어나는 변화를 인간이 보고 느낌으로써 인식되는 현상이다. 이러한 색의 속성과 배색, 이미지에 대한 전반적인 이해가 선행되어야 식공간 및 푸드 코디네이션과 연계된 연출 작업을 할 때,올바른 색의 선택과 활용을 할 수 있다.

이상적인 색상 선정과 조화로운 배색은 연출에 있어서 효과적이며 매우 중요하다.

1. 색의 속성과 색체계론

1) 색의 속성

색을 지각할 때 표현하는 세 가지 용어는 색상色相 hue, 명도明度 value, 채도彩度 chroma이다. 이를 색의 3속성 혹은 색의 3요소라 하며 모든 색은 이 속성을 가지고 있다.

이들 각각의 특성은 일반적으로 빛의 물리적 요소에 의해 결정된다. 한 가지의 색채에 있어 색상은 빛의 길고 짧은 파장에 의해 결정되며, 명도는 물체가 반사한 빛의 양에 따라, 그리고 채도는 순수한 정도에 의해서 결정된다. 인간의 눈은 색의 3속성 가운데 명도에 가장 예민하며, 그다음이 색상, 채도의 순이다.

(1) 색상hue

색상이란 빨강, 파랑 등으로 명도, 채도와 관계없이 어떤 색을 띠고 있는지를 나타내는 것이다. 2차색은 빨강 R, 노랑 Y, 파랑 B의 원색으로 색을 섞어 다른 여러 색을 만들 수 있다. 2차색은 녹색 G, 보라 P, 주황 YR으로 1차색을 섞어 만든 것이다. 3차색은 1차색과 2차색을 혼합해 만든 연두 YG, 청록 BG, 남색 PB, 자주 RP 등이다.

① 원색primary color

원색原色은 다른 색과 혼합해서 만들 수 없는 기본 색상을 말한다. 특성은 원색을 혼합하면 어떤 색이라도 만들 수 있지만, 반대로 다른 어떤 색을 혼합해도 원색은 만들수 없다. 물감의 안료와 같은 색료의 삼원색은 인쇄 잉크의 삼원색인 마젠타magenta, 노랑yellow, 시안cyan이다. 색광의 삼원색은 빨강, 녹색, 파랑으로 이것도 색료와 마찬가지로 삼원색을 혼합하면 모든 색광을 만들 수 있으나, 다른 색광을 혼합해서는 삼원색을 만들 수 없다.

② 보색complementary color

빛을 섞는 가산혼합에서 색광의 삼원색 중 함께 섞어 백색광이 되는 두 색을 보색補色이라 하며, 두 색료를 섞는 감산혼합의 경우 혼색의 결과가 검정 또는 짙은 회색이 되는 것을 보색관계라 한다. 색광의 삼원색 가운데 빨강과 녹색의 색광을 가산혼합하여 만든 노랑을, 나머지 하나인 파랑과 가산혼합을 하면 삼원색을 가산혼합한 것과 동일한 효과를 보이며 백색광 이 된다. 이때 노랑과 파랑처럼 두 가지 색광을 혼합했을 때 백색광이 되는 두 색광을 서로 상대에 대한 보색이라고 한다. 이 같은 관계는 노랑과 파랑, 시안과 빨강, 마젠타와 녹색 등에서도 마찬가지며, 서로를 가산혼합 했을 때 모두 백색광이 되므로 각각은 서로에게 보색관계가 된다. 한편 색료에서 각각 보색인 관계는 빨강과 시안, 녹색과 마젠타, 파랑과 옐로 등이다.

③ 색상환color circle

색상환色相環은 색채를 체계화시키기 위한 가장 일반적인 방법이다. 색상환은 원주 형태이며, 그 위에는 각기 다른 파장의 색상들이 순서대로 배열된다. 색상에 대한 감각의 변화는 반복되는 순환성이 있기 때문에 색상을 둥글게 나열한 것을 색상환 또는 색환이라고 한다.

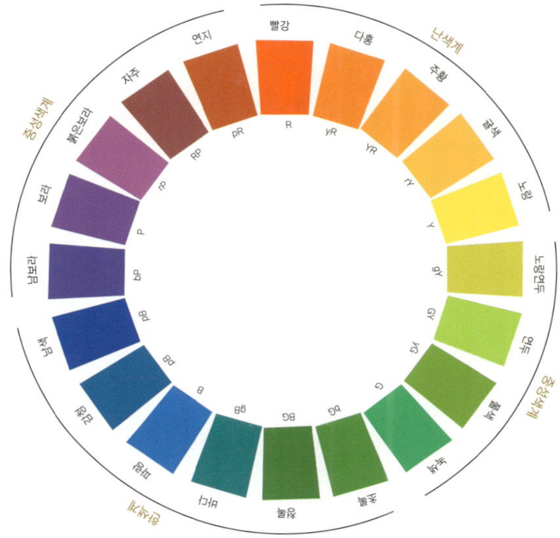

먼셀의 20 색상환

(2) 명도value of color

색의 밝음과 어두움의 정도를 명도라고 한다. 무채색과 유채색은 모두 명도를 가진다. 흰색과 검정 사이에 명도가 각기 다른 여러 회색을 배치하는데, 각 회색들이 균등하게 변하도록 배치한 것을 명도단계라고 한다. 물체의 표면이 빛을 흡수하고 반사하는 정도에 따라 색의 밝고 어두운 정도는 달라진다. 물체에서 들어오는 대부분의 빛을 흡수하면 어두운 색을 띠며, 반대로 대부분의 빛을 반사하면 밝은 색으로 보인다.

밝기	명도번호	무채색
고명도	10	
	9	
	8	
중명도	7	
	6	
	5	
	4	
저명도	3	
	2	
	1	
	0	

무채색의 명도단계

(3) 채도chroma

채도란 색의 맑은 정도를 가리키는 색의 순도純度 purity, 또는 포화도飽和度 saturation를 말하며, 색의 선명도나 색채의 강하고 약한 정도를 뜻한다.

동일 계열의 색상 중에서 채도가 가장 높은 색을 순색full color이라 하며, 주로 원색을 비롯한 색상환의 기본색들이 여기에 속한다. 그 밖에 회색이나 세 가지 이상의 색을 섞어 탁하거나 색감이 약하고 선명하지 못하며 채도가 낮은 색을 탁색濁色 dull color, 또는 흐린 색이라한다. 여러 색상을 많이 혼합할수록 그 색채는 무채색으로 변한다. 무채색에는 채도가 없다.

2) 색체계론

색채 표준은 색을 정확하게 사용하기 위한 규정이다. 색이 인간의 감성과 관련되어 있으므로 주관적일 수 있는 것을 양으로 측정하여 관리하는 것을 말한다. 먼셀 Munsell, 오스트발트 Ostwald, NCS, CIE 등 고유의 체계를 갖고 있는 표색계는 단체나 국가 또는 세계적으로 통용되는 단위로 표준화되어 사용된다.

(1) 먼셀 표색계Munsell color order system

1905년 미국의 먼셀 A. Munsell에 의해 창안되고, 1943년 일부 수정되어 국제적으로 널리 사용되고 있다. KS(한국산업규격)에서도 색표시법으로 먼셀 표색계를 채택하고 있다. 먼셀은 색을 정리하고, 인간의 시감을 고 려하여 감각적 색채계를 연구하였다. 그는 물체 표면의 색 지각을 기초로 심리적인 색의 속성을 색상, 명도, 채도로 분류하였다.

(2) 오스트발트 표색계Ostwald color order system

독일의 물리학자 오스트발트 Friedrich Ostwald가 1916년에 창안 발표하였다. 이 색표계는 물체 표면색의 표본을 체계화한 혼색계 색표계로 회전혼색기의 색채 분할면적의 비율을 변환시켜 여러 색을 만들고 그것과 동색인 것을 색표로 나타낸 것이며, 백색량과 흑색량을 기호로 표시한다.

(3) CIE 표색계

1931년 CIE(국제조명위원회)가 물체의 색은 비치는 조명에 따라 변하거나 보는 사람의 개인차에 따라서도 변한다는 문제점에 봉착하자 정량화된 색 표준의 기준을 발표하였다. CIE에서 개발된 표색계는 광원과 관찰자에 대한 정보를 표준화하고, 표준 광원에서 표준 관찰자에 의해 관찰되는 색을 수치화하였다.

(4) NCS 색체계Natural color system

NCS 색체계는 스웨덴 색채연구소에서 개발되어, 1927년 스웨덴 표준 협회에 채택되었다. NCS의 기원은 헤링E. Herring의 4원색설을 기초로 연구 발전 되었으며, 그 원형은 오스트발트 표색계이다.

2. 색의 대비

색의 대비란 두 색채의 효과를 비교하여 서로 간에 명백한 차이가 나타나거나 어떤 색이 다른 색의 영향으로 말미암아 실제와는 다른 색으로 변해 보이는 현상을 말한다. 색의 3속성인 색상, 명도, 채도에 따라서 색의 느낌이 달라지는데 이때 색채의 대비효과對比效果와 동화효과同化效果로 나타나게 되며, 실제로는 동화효과보다는 대비효과가 많이 나타난다.

색의 대비는 색의 3속성 중에서 그 현상이 뚜렷한 정도에 따라서 색상대비色相對比, 명도대비明度對比, 채도대비彩度對比와 색의 성질에 따라 한난대비寒暖對比, 보색대비補色對比, 연변대비緣邊對比, 그리고 면적의 효과에 따라 면적대비面積對比로 분류한다. 이러한 심리 효과가 일어난 시간차에 의해 동시대비同時對比와 계시대비繼時對比로 나눈다.

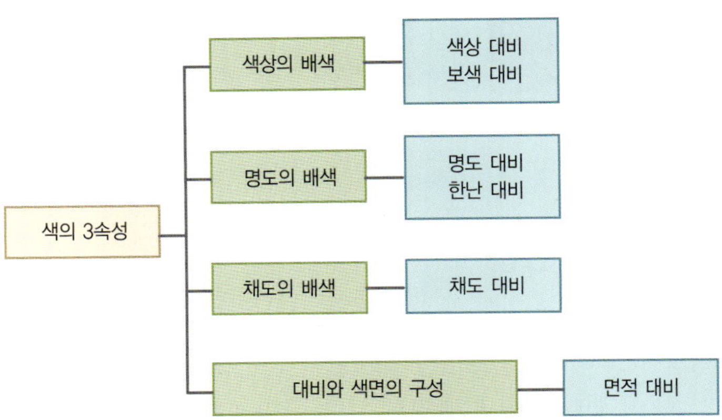

1) 삼속성에 의한 대비

색상대비

(1) 색상대비hue contrast

두 가지 이상의 배색에서 각각의 색을 단독으로 볼 때보다 색상의 차이가 더욱 크게 느껴지는 경우를 색상대비 色相對比라 한다. 색상대비는 1차색, 순색끼리 잘 일어나며 2차색, 3차색으로 갈수록 대비 효과가 적어진다. 색상대비를 주로 사용한 배색은 힘차고 활발하며 단호한 느낌을 준다.

명도대비

(2) 명도대비lightness contrast

명도가 다른 두 색을 인접시켰을 때 밝은 색은 더욱 밝아 보이고 어두운 색은 더욱 어두워 보이는 현상이다. 같은 색상도 배경이나 인접한 색에 따라 원래 색보다 어둡거나 밝게 인식된다. 이러한 현상은 유채색, 무채색 모두에서 일어난다.

(3) 채도대비saturation contrast

채도대비

채도가 다른 두 색을 인접시켰을 때 채도가 낮은 색은 더욱 낮아 보이고, 채도가 높은 색은 더욱 높아 보이는 현상이다. 채도대비가 나타날 경우 인접한 색은 더욱 선명하게 보인다.

2) 시간에 의한 대비

색채대비色彩對比 현상은 망막의 생리적 현상에 의해 일어난다고 알려져 있다. 망막에 빛이 비치면 망막의 시각세포視覺細胞를 자극하고, 그 결과 빛을 차단한 후에도 피로현상이 나타난다. 이 피로현상이 주는 시각적 영향에 의해 잔상이 되어 나타나는 것이다.

(1) 계속대비successive contrast

특정 색에 계속 노출되면 그 색과 관련된 광색소가 고갈되는 반면, 그 외의 광색소는 상대적으로 높은 수준을 유지한다. 예를 들어 파란색을 응시한 후 흰색을 보면, 파란색에 대해서는 약한 반응을 보이지만, 그 보색인 주황에 대해서는 상대적으로 강한 반응을 보이게 된다. 결국 파란색을 응시하던 관찰자는 주황색 잔상을 보게 된다. 또는 어떤 색을 보고 난 후에 다른 색을 보는 경우, 먼저 본 색의 영향으로 다음에 본 색이 다르게 보이기도 하는데, 이것은 눈이 스스로 원상을 회복하여 평형을 유지하고자 하기 때문이다. 이처럼 먼저 본 색과 나중에 본 색이 연속적으로 대비되어 변화하는 현상을 계속대비繼續對比 혹은 계시대비繼時對比라고 한다.

계속대비를 위한 실험

(2) 동시대비simultaneous contrast

동시대비란 시간 차이를 두고 본 색의 보색잔상이 나타나는 계속대비와는 달리, 서로 다른 색이 배색되어 있는 경우 각각의 색이 동시에 서로에게 영향을 주어 실제 색과 다르게 느껴지는 현상을 말한다.

이러한 현상은 각각의 색에 대하여 눈이 동시에 그 보색을 요구하기 때문인데, 만약 보색에 해당되는 색이 주변에 존재하지 않으면 눈은 그 색의 보색을 자연적으로 발생시킨다. 이 때문에 각각의 색은 서로에게 영향을 미치면서 동시에 각자가 지니고 있는 색의 특성을 더욱 강조하는 경향이 생긴다. 동시대비는 어떠한 두 색 사이에서도 발생한다.

동시대비

3) 기타 대비

(1) 보색대비complementary contrast

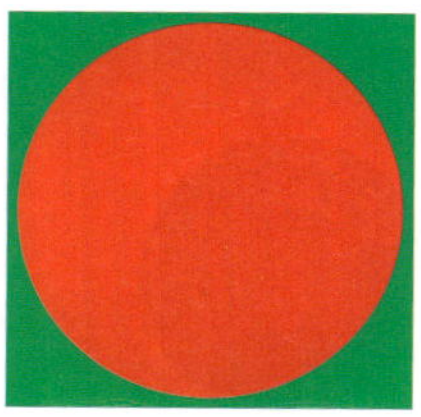

보색대비

서로 보색이 되는 색상이 대비되어 더욱 뚜렷하게 보이는 현상으로, 대비되는 두 색은 서로 영향을 받아 본래의 색보다 채도가 높아 보이고 선명하며 강하게 보이는 현상이다.

보색대비補色對比로 배색을 하는 경우에 보색의 색면을 올바른 비례로 사용하면 정적이고 안정된 영상 효과를 얻을 수 있으며, 보색의 색면이 서로 맞닿아 있거나 가까울 경우에 가장 선명한 효과를 낼 수 있다.

(2) 한난대비cold and warm contrast

한난대비

차가운 색과 따뜻한 색이 대비되었을 때 서로 영향을 받아 따뜻한 색은 더욱 따뜻하게, 차가운 색은 더욱 차갑게 느껴지는 현상을 말한다.

한난대비寒暖對比는 때로는 보색대비를 겸하는 경우가 있다. 이는 두 색이 서로 상반된 성질을 갖는 한 쌍이기 때문이며, 특히 쌍을 이루는 색상이 순색이거나 명도, 채도가 같은 경우에 한난대비가 생기기 쉽다.

(3) 면적대비contrast of area

면적대비

면적대비面積對比는 둘, 혹은 그 이상의 색면들의 상대적 넓이 사이의 관계를 말한다. 면적대비로 색의 대비를 강조할 때에는 활기 있는 색다른 표현을 할 수 있다.

(4) 연변대비marginal contrast

연변대비

어떤 두 색이 인접해 있을 경우에 두 색이 맞닿아 경계가 되는 부분에서 경계로부터 멀리 떨어져 있는 부분보다 색상, 명도, 채도 대비현상이 더욱 강하게 일어나는 현상을 연변대비緣邊對比라 한다.

3. 색채 배색과 이미지 스케일

1) 색채 배색

색채 배색이란 두 가지 이상의 색을 서로 배치, 조합하여 한 가지 색에서 얻을 수 없는 효과를 얻는 것을 말한다. 배색은 색채 조화의 기본적인 요소이다.

색상과 색조에 의한 배색방법이 일반적이며, 이때 "조화된 배색"이란 매우 인접한 유사 채도의 색상이나 혹은 같은 명도에 속하는 서로 다른 색상들로 조화를 이룬 것이다. 일반적으로 색채 배색은 통일감과 조화가 이루어지기 때문에 비교적 무리가 없으며 공간감과 연속성이 강조되고 조용하고 평화로운 느낌을 갖게 한다. 보색으로 배색할 경우 아주 자극적인 것에서 평범한 것에 이르기까지 다양한 변화를 줄 수 있다.

빨강, 노랑, 파랑 등 비비드 톤의 색을 이용하거나 보색관계의 색을 이용하면 보다 화려하고 생동감 있는 분위기 연출이 가능하다.

(1) 동일배색

같은 색상에 의한 다른 톤의 조합으로 동일색상이라고 하며 자연스러운 통일감과 완성감이 나온다. 색조tone에 있어서는 동일한 색조, 즉 톤 내에서의 조합을 동일색조라고 한다. 예를 들어 부드러운 느낌의 Ppale 톤의 옐로와 그린 계열의 조합 등 동일한 톤에 의한 동일배색은 차분하고 부드러운 느낌의 분위기를 만들어 준다.

동일배색

(2) 유사배색

색상환에서 이웃하는 색의 조합으로 빨강red을 기준으로 주황yellow red과 자주red purple 사이의 배색을 말한다. 특징으로는 자연스러운 배색의 변화로 안정적이고 차분한 느낌으로 정적인 이미지를 만들기에 좋은 배색

유사배색

이다. 색조에 있어서도 이웃하는 위치에 관계하고 있는 조합으로, 예를 들면 L light 톤과 Lgr light grayish 톤과의 배색 등 전체적으로 안정적인 느낌을 준다.

(3) 반대배색

반대배색

반대 색상에 의한 배색은 보색을 사이에 두고 전후 총 5색상의 조합으로, 예를 들어 빨강red에 대해서 연두색green yellow, 녹색green, 청록blue green, 청색blue, 남색purple blue과의 배색은 변화에 풍부한 효과를 만들어 낸다. 보색의 경우는 색상환에서 180도에 위치한 관계에 있는 조합이다. 예를 들어 빨강의 보색은 대립하는 청록blue green의 배색들로, 색의 대비감이 가장 큰 관계에 있고 강한 대비를 만들어 낸다.

반대 색조의 경우 색조의 위치한 거리가 멀리 떨어져 있는 관계의 조합으로, P pale 톤과 Dk dark 톤의 배색, V vivid 톤과 Vp very pale 톤 등의 배색은 대조적인 명도나 채도의 관계를 살리는 효과가 있으며 강한 대비감으로 강한 인상을 줄 수 있는 특징이 있다.

2) 이미지 스케일

우리는 생활 속에서 많은 색과 접하며 살아가고 있고 색을 통해 이미지와 메시지를 전달받고 있다. 이미지image란 일반적으로 어떤 대상물에 대해 마음속에 그려지는 상, 즉 심상心象으로 학자에 따라 다양하게 정의된다. 대상물에 대한 개인의 감정, 태도, 연상, 평가 등의 심리적 요인을 종합한 개념이다. 따라서 언어와 같이 누구에게나 공통적인 의미를 가져야 한다. 머리에 떠오르는 이미지를 구체적으로 시각화하는 것은 매우 어려운 작업이므로 간단한 이미지 스케일은 디자인 방향을 결정하기 손쉬운 방법 중의 하나이다.

이미지 스케일을 이용하면 색채계획 시 색에 대한 의미를 빠르게 파악할 수 있으며 객관적이고 논리적으로 파악할 수 있다. 일반적으로 이미지 스케일은 IRI 색채연구소에서 개발한 색상과 색조Hue & Tone 120 색체계를 많이 활용하고 있다.

(1) 단일색의 이미지

① 빨강

빨강은 자극적이며 감정을 고조시키는 효과가 있다. 색채 학자 비렌Faber Biren의 색채실험 결과에 따르면 빨간색의 환경에서는 실제로 심장박동이나 호흡이 빨라진다고 보고되었다. 빨간색은 불이나 피를 연상시키므로 정열과 열정을 상징한다. 또한 불을 연상하게 되므로 위험이나 경고의 의미도 지닌다. 그러나 빨강은 명도가 높아지고 색조가 약해지면 분홍색 계열이 되는데, 이때는 본래의 강렬한 이미지로부터 아주 다른 부드럽고 여성스러운 이미지를 갖게 된다.

② 주황

주황색은 2차색으로 인접한 빨강과 노랑의 속성을 공유하면서 주황색 고유의 이미지를 나타낸다. 주황은 순수한 빨강보다 강렬한 느낌은 다소 감소되지만 타오르는 불을 연상시켜 매우 따뜻하고 활기찬 느낌을 준다. 주황색의 색조가 약해지면서 밝아지면 기분 좋게 느껴지는 다양한 베이지색이 되고, 어두워지면 다양한 갈색이 되는데, 이러한 색조는 강렬함은 없지만 따뜻하고 풍부한 자연적인 이미지를 갖게 된다. 식욕을 자극하는 색채이기도 하여 식품포장food package에 자주 사용된다.

③ 노랑

노란색은 햇살의 에너지를 나타내는 색으로 명랑하고 힘찬 느낌을 주며, 가득한 햇살을 연상시킴으로써 행복을 상징한다. 노란색은 즐거움, 역동성, 생동감 등의 이미지를 지닌다. 주황 계열의 노랑은 황금색으로 부와 권위 등 노란색이 지닌 긍정적인 느낌을 강화시킨다. 노란색이 밝아질 때는 순색의 이미지를 유지하지만, 어두워지면 쉽게 순색의 이미지를 잃게 된다. 연두색 계열의 연한 노랑은 창백하고 약한 느낌을 주기도 한다.

④ 초록

초록색은 자연에서 가장 흔히 볼 수 있는 색으로 여러 가지 종류가 있다. 따라서 초록색은 자연의 색으로서, 파란색의 고요함과 노란색의 에너지가 합쳐져 있어 강렬하지도 침체되지도 않은 중성적인 느낌을 준다. 그렇지만 초록색은 자연환경에 이미 많이 전개되어 있는 색이기 때문에 지나치게 많이 사용하면 지루해지기 쉽다. 초록색이 어두워지면 엄숙함과 엄격함의 느낌을 증가시킨다.

⑤ 파랑

파란색은 자연에서 큰 부분을 차지하는 하늘과 바다의 색으로 따뜻한 느낌이 없는 차가운 색이다. 또한 고요하고 차분하고 명상에 잠기게 하는 색이다. 파란색의 환경에서는 실제로 호흡과 맥박이 낮아진다는 보고가 있다. 파란색은 평온한 느낌을 주며, 밝은 파랑은 해방감과 활기를 느끼게 하지만, 남색 계열의 어두운 파랑은 무겁고 우울하고 침체된 느낌을 준다. 일반적으로 파랑은 후퇴색이지만 고채도의 파랑은 진출 효과가 있다.

⑥ 보라

보라색은 빨강과 파랑이 혼합된 색으로서 우아함, 화려함, 풍부함 등을 느끼게 한다. 또한 품위 있는 고상함과 함께 외로움과 슬픔을 느끼게도 한다. 푸른색 계열의 보라는 어둡고 깊은 이미지를 지니며, 위엄과 부, 장엄함 등을 연상시키기도 한다. 빨강 계열의 보라는 여성적이며 화려한 느낌을 주지만, 다른 색상과 어울리기 힘든 까다로움을 지니고 있다. 보라색은 예민함, 감수성, 예술적 감각을 나타내기도 한다.

⑦ 갈색

갈색은 두 가지의 보색이 혼합될 때 만들어지는 다양한 톤의 중성색이다. 흙이나 낙엽, 목재, 돌 등에서 자주 발견되는 색이기 때문에 자연적이고 평온한 느낌을 준다. 갈색은 순색에서 보이는 생동감이나 역동적인 느낌은 결여되어 있으나 자연이 그렇듯이 오래도록 싫증 나지 않는 편안한 느낌을 지니고 있다. 엷은 색조의 갈색은 부담스럽지 않은 느낌을 주고,

어두운 갈색은 따뜻하고 편안한 느낌을 주나 단조로운 느낌을 주기도 한다.

⑧ 흰색

흰색은 색이 없는 무색이라고 표현되기도 하나 실제로는 모든 색의 혼합이라고 볼 수 있다. 흰색에서는 특정한 색상을 느낄 수 없기 때문에 단순함, 순수함, 깨끗함을 느끼게 한다. 위생적인 느낌을 주기도 하며, 많이 사용하면 공허함, 지루함을 느끼게도 한다. 약간의 다른 색채가 혼합되어 있는 흰색은 오프 화이트off white라고 부르며, 따뜻한 느낌의 흰색과 차가운 느낌의 흰색이 있다.

⑨ 검정

검정은 흰색과 반대로 아무런 색 파장도 반사하지 않는 색이다. 따라서 검정은 무겁고 어둡고 우울한 느낌을 주며, 두려움과 죽음을 나타내기도 한다. 흰색이 공허함과 단순한 이미지로 느껴지는 반면, 검정은 모든 빛을 흡수하기 때문에 복합적이고 깊은 느낌을 준다. 검정이 유채색들 사이에 사용되면 다른 색들을 더 선명하게 보이도록 하는 효과가 있다. 검정에도 따뜻한 느낌의 검정과 차가운 느낌의 검정이 있다.

(2) 색상 & 색조Hue&Tone 120 색체계

색체계 중 가장 대표적인 것은 먼셀A. Munsell이 연구한 색상, 명도, 채도에 의한 색체계이나, 먼셀의 색체계는 색의 느낌이나 이미지를 나타내기가 너무 복잡하고 그 느낌이 쉽게 연상되지 않는 단점을 가지고 있다. 이런 점을 보완하여 색을 설명하기 위해서 색에 대한 사람의 심리를 다룬 색상과 색조 체계를 이용한다. 이것은 색상과 색조라는 두 카테고리로 나누는데 이때 색상은 빨강, 파랑, 노랑, 회색, 검정 등 색의 이름을 말하는 것이고, 색조는 명도와 채도를 합쳐놓은 개념으로 색의 강하고 약함이나 어둡고 밝은 정도를 말한다.

색상과 색조는 사람이 하나의 색을 볼 때 느끼는 공통된 느낌이 있다는 점에서 착안하여 만들어 놓은 색체계이다. 색상과 색조 120 색체계는 10

가지 색상의 11단계의 톤으로 구성된 110개의 유채색과, 명도에 따라 10단계로 나눈 10개의 무채색 등, 모두 120색을 제시한 것이다.

(3) 색채 이미지 공간

단색 · 배색 이미지 공간의 기준 축에서 세로 방향은 부드러움soft과 딱딱함hard, 가로 방향은 동적dynamic과 정적static을 기준으로 한다. 공간 내에서 단색, 배색 형용사가 각각의 고유의 위치를 갖고 있다. 따라서 추상적인 이미지가 구체적인 색채 또는 이미지로 전환되어 해석할 수 있는 도구로 활용된다.

색상과 색조 120 색체계

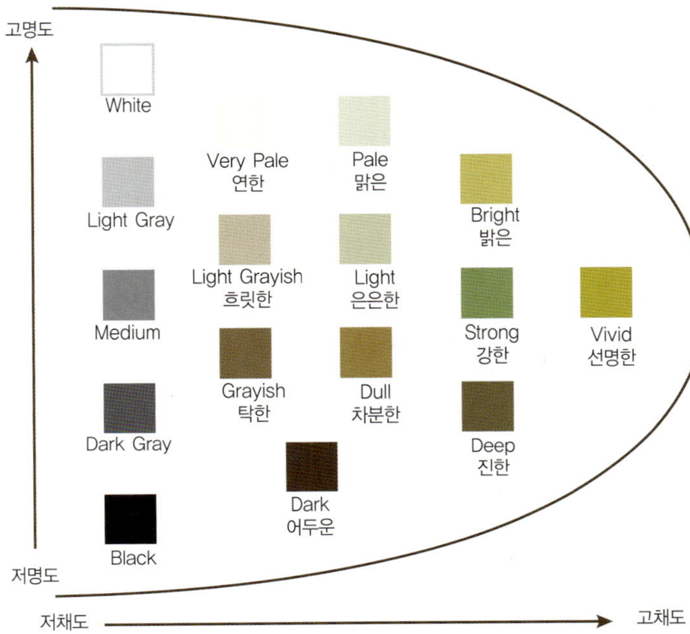
고명도
White
Very Pale
연한
Pale
맑은
Light Gray
Bright
밝은
Light Grayish
흐릿한
Light
은은한
Medium
Strong
강한
Vivid
선명한
Grayish
탁한
Dull
차분한
Dark Gray
Deep
진한
Dark
어두운
Black
저명도
저채도
고채도

색조표

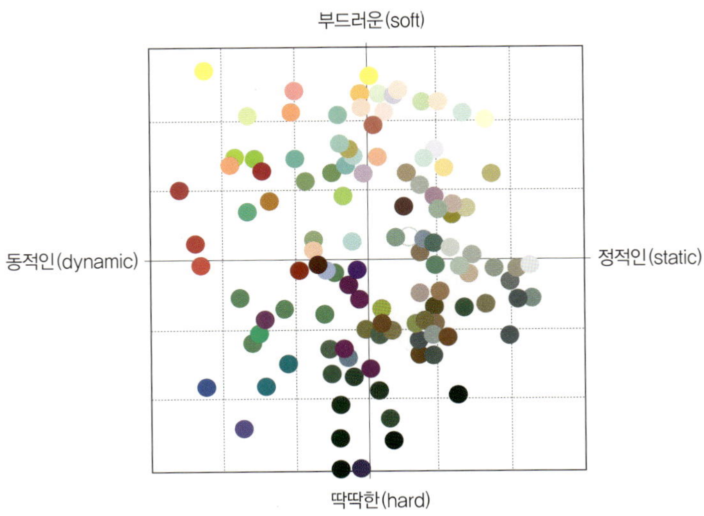
부드러운(soft)
동적인(dynamic)
정적인(static)
딱딱한(hard)

단색 이미지 공간

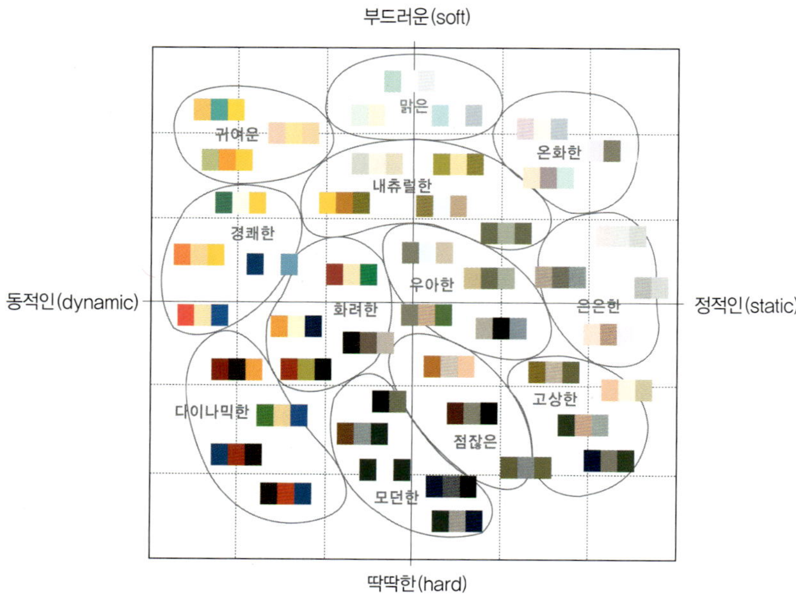

배색 이미지 공간

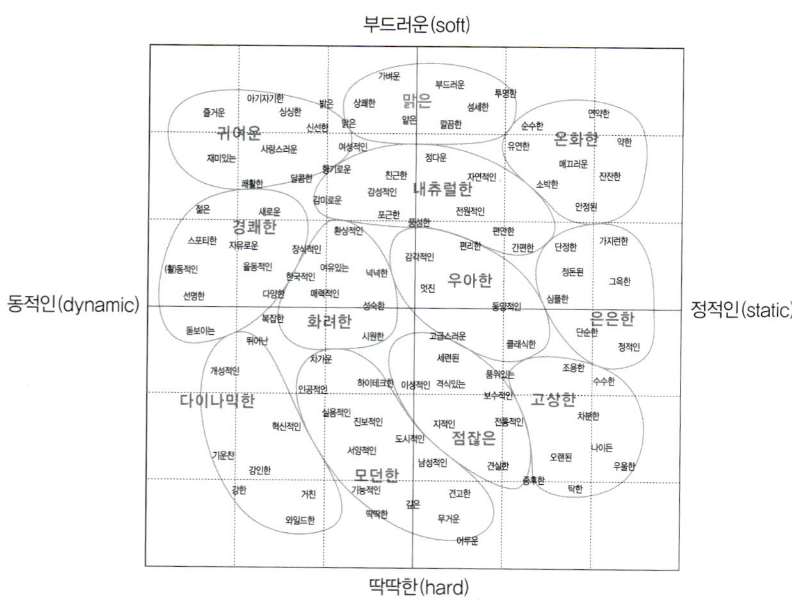

형용사 이미지 공간

4. 음식과 색채

1) 미각색

우리의 감각기관은 서로 보완기능을 가지고 있어 맛이나 향기에 관련된 상품을 개발할 때 색채계획은 매우 중요하다. 시각적 맛의 기대치가 실제 맛과 일치하지 않을 때 그 상품의 이미지는 소비자에게 오래 기억될 수 없기 때문이다. 실제로 우리는 음식의 색에 따라 식욕의 증진 혹은 감퇴 등의 즉각적인 반응을 일으킨다. 색상의 미각표정은 질감과 일체가 될 때 매력을 더한다. 음식에 있어 보라색은 일반적으로 좋지 않은 색이지만, 가지나 포도의 색이 매력적인 것은 표면의 질감이 보라색을 살려주기 때문이라고 볼 수 있다. 식생활에서 빨강, 갈색을 띤 식품 색에 녹색 계통을 더하면 식욕이 촉진된다.

예를 들어, 토마토나 당근의 빨강은 녹색의 파슬리나 양상추가 옆에 있을 때 신선하게 보이는 효과가 있다.

표 3-1 | 푸드색채

Red Foods	Orange Foods	Yellow Foods	Green Foods	Brown Foods	Purple-scarlet Foods	White Foods and Interiors
Apples	Acorn and butternut squashes	Apples	Anjou pears	Barley	Beets	Apples
Beets	Apricots	Bananas	Apples	Black beans	Boysenberries	Bamboo shoots
Blood oranges	Cantaloupes	Bartlett pears	Artichokes	Blackberries	Cabbage	Bananas
Bosc pears	Carrots	Butter	Asparagus	Black purple-black foods	Cranberries	Bean sprouts
Caviar	Cheddar chese	Cheese	Avocados	Blueberries interior	Eggplants	Casaba melon
Cherries	Clementines	Comice pears	Basil	Caviar	Figs	Cauliflowers
Crabs	Crenshaw melons	Corn	Broccoli	Chocolate	Grapes	Celeriac
Currants	Kumquats	Grapefruit	Brussels sprouts	Coconuts husk	Plums	Coconut
Edam cheese rinds	Mangoes	Lemons	Cabbage	Croutons	Purple peppers	Dried white beans
Fontina cheese rinds	Nectarines	Mangoes	Celery	Eggplants	Radishes	Endive
Gouda cheese rinds	Oranges	Pineapples	Cucumbers	Figs	Red cabbage	Fish fillets
Lobsters	Papayas	Turnips and rutabagas	Fennel	Fried foods	Red onions	Leeks interiors

Red Foods	Orange Foods	Yellow Foods	Green Foods	Brown Foods	Purple-scarlet Foods	White Foods and Interiors
Pink grapefruit	Apples	Wax beans	Figs	Fried onions		Lichees
Plums		Yellow bell peppers	Gooseberries	Grapes		Mushrooms
Pomegranates		Yellow squashes	Grapes	Kiwisskin		Onions
Radishes		Yellow tomatoes	Green bell peppers	Lentils		Parsnips
Raspberries			Greengaga plums	Meats		Pears
Red bell peppers			Greens for salad: Boston, romaine, ceberg, escarole, etc.	Mushrooms		Potatoes
Red endive			Honeydew melons	Mussels		Rice
						Scallion bulbs
Red leaf lettuce			Kwisflesh	Nuts		Scallops
Red lentils			Leeks	Olives		Turnips
Red onions			Limes	Prune plums		Water chestnuts
Red snapper			Olives	Prunes		White radishes
Rhubarb			Parsley	Raisins		
Salmon			Pea pods	Seckel pears		
Shrimp			Peas	Truffles		
Strawberries			Pistachio nuts	Wheat berries		
Tomatoes			Scallions			
Watermelons			Spinach			
			String beans			
			Watercress			
			Watermelon			
			Winter melon			
			Zucchini			

색과 식욕은 서로 직접적인 연관이 있으며 색자극에 의한 반응도 이미 알려진 바 있다. 밝고 따뜻한 색인 빨강, 주황, 노랑은 소화기관을 포함하여 인간의 자율신경계를 자극하는 반면, 부드럽고 차가운 색은 자율신경계를 이완시킨다.

스펙트럼spectrum에서 식욕을 가장 잘 돋우는 색은 주황색과 오렌지색 부분이며 이 색상은 우리로 하여금 유쾌한 기분이 들게 한다. 그러나 연두색 쪽으로 가면서 식욕이 점점 떨어지는 사실을 알 수 있다. 그리고 차가운 녹색이나 청록색이 되면 다시 식욕을 찾고, 그다음의 파란색에 이르면 다시 떨어진다. 산호색, 복숭아색, 연노랑, 연초록은 물론 주홍색, 홍학색, 호박색, 밝은 노랑 같은 색상은 식욕을 돋운다. 물색, 청록색과 같은 청색이나 녹색 계열은 식품 그 자체와는 어울리지 않으나 식품 진열대

의 배경색이나 후면 장식에 사용되면 주목을 끌고 돋보이게 만들어준다. 식욕을 돋우지 못하는 색으로 자홍색, 자주, 남보라, 연두색, 녹황색, 회색, 올리브색 계열, 겨자 색조와 회색조를 들 수 있다. 보색과 음식에 대한 관련성의 예로 녹색 샐러드는 핑크 접시 위에서 더 푸르고 신선해 보인다. 버터는 청록색 또는 푸른빛을 띠는 흰색에서, 빵은 녹색이나 청록색 접시 위에서 가장 신선해 보인다.

일반적으로 색이 진한 것이 엷은 것에 비해서 진한 맛을, 붉은색은 달게 혹은 강한 맛을, 녹색은 신맛을 느끼게 한다. 커피를 각각 황색, 녹색, 적색의 라벨을 붙인 뒤 미각 테스트를 한 결과, 황색 잔의 커피는 맛과 향을 모두 엷게, 녹색 잔에서는 신맛을, 적색 잔에서는 커피의 맛과 향을 모두 진하게 느꼈다. 이것은 커피뿐 아니라 통조림, 주스 등에서도 같은 결과를 보였다. 흰 버터와 연노랑 마가린이 제시되었을 때 어느 쪽이 진짜 버터인가를 시험한 결과 대다수의 사람이 흰색의 버터는 기름맛인 마가린이라 답하고, 연노랑의 마가린은 맛있는 버터라고 답하였다. 먹어본 경험이 있는 색은 식욕이 증가하나 그 음식의 색과 비슷하지 않을 때는 식욕이 떨어진다는 것을 알 수 있다.

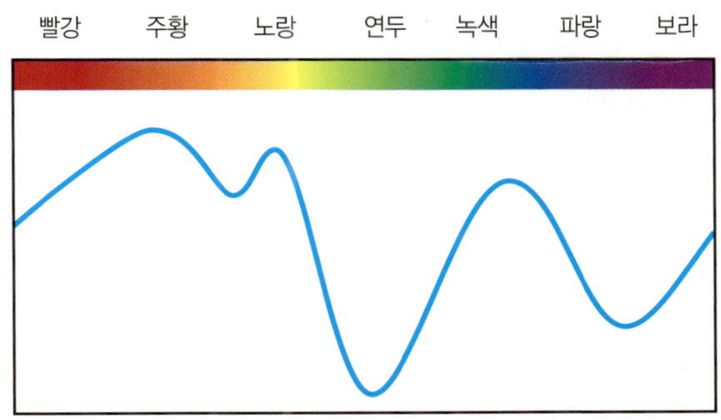

식욕의 스펙트럼 현상

2) 맛의 배색

여러 가지 맛의 느낌은 색종이를 사용하여 배색할 수 있다. 쓴맛, 단맛, 신맛, 떫은맛, 매운맛에 따라 각각 기본색을 선택하고 그 안에 다섯 가지 이하의 색으로 분할하여 배색한다. 이때 구체적인 연상이 일어날 수 있는 사물의 단순화된 형태는 가급적 배제하며 화면을 분할한다.

한편, 그릇의 종류와 색에 의해 요리의 맛이 좌우되는 현상을 후광효과 halo effect 또는 배경효과라고 한다. 사람이나 사물의 어떤 특징에 대해서 좋거나 나쁜 인상을 받으면, 그 사람이나 사물의 다른 모든 특징에 대해

맛의 배색

서도 편승하여 높거나 낮은 평가를 하게 되는 것을 말한다. 요리를 맛보는 식공간을 100%로 볼 때, 요리는 약 5%의 색 면적을 차지하여 악센트 컬러accent color가 된다. 그릇과 식탁이 25%의 면적으로 요리를 색채대비로 끌어올리는 서브컬러sub color가 된다. 식탁의 환경, 좌석, 바닥, 장식품, 정원 등의 주위 분위기가 나머지 70%의 색 면적을 차지하는 베이직 컬러basic color로 볼 수 있다. 이 100%의 식공간에는 맛을 보는 사람의 심리상태, 건강상태, 교양, 요리사의 태도와 같은 많은 요소가 관여된다. 이들 요소의 융합이 요리의 후광효과가 된다.

3) 컬러와 조리cooking by color

조리에 의한 컬러의 변화는 두 가지 방법으로 나눌 수 있다.

(1) 건열 조리법cooking methods using dry heat의 예

- 굽기broil
- 가열하기roast
- 소테하기saute
- 팬 프라이하기pan fry

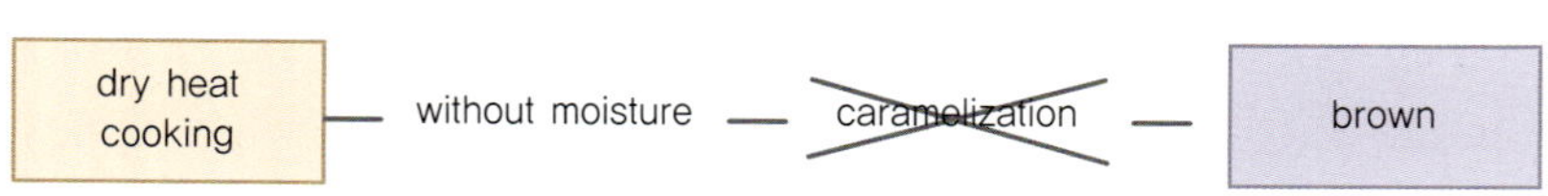

(2) 습열 조리법cooking methods using moist heat의 예

- 삶기braise, 스튜하기stew
- 삶기poach
- 끓이기boil, 약불에 끓이기simmer

moist heat cooking — with moisture — ~~caramelization~~ — white

4) 식품의 포장색Package color of food

제품 특성에 맞는 포장지 색상을 고르는 것이 매출과 직결된다. 예를 들어 라면포장의 빨강 계열의 색상은 더 빨갛게 매운맛을 나타내기 위한 제조업체들의 치밀한 마케팅 전략이 숨어 있다. 포장지의 색상을 통해 은연중에 제품의 특성을 알리는 것이다. 예를 들어 라면의 원조 격인 S사의 삼양라면이나 N사의 안성탕면 포장지는 빨간색보다 덜 자극적인 주황색 이후 대히트를 친 N사의 신라면의 경우, 빨간색이 많이 들어간 포장지로 나왔다. 그 뒤에 나온 B사의 매운콩라면이나 O사의 열라면은 신라면보다 더 빨갛다. 고추장도 예외 없이 빨간색 용기에 담겨 있다. 반면 여름에 많이 팔리는 비빔면은 시원한 맛을 강조하기 위해서 대부분 파란색과 흰색을 사용한다. 아이스크림도 파란색이나 흰색, 또는 부드러운 이미지의 파스텔톤 포장지를 주로 쓴다. 맛을 느끼게 하는 것보다 차갑고 달콤한 이미지를 느끼게 해야 하기 때문이다. 실제 식품매장의 디스플레이도 패키지 색상을 활용하여 소비자의 감성을 움직인다면 효과적인 매출로 이어질 수 있다.

S사 라면 패키지 색상

N사 라면 패키지 색상

SSG마켓의 식품매장 디스플레이

5. 한국의 전통색

오정색의 개념도

우리나라의 전통색은 예로부터 음양오행 사상에 근거하여 색채 문화를 이어왔다. 음양오행설에서 비롯된 오정색과 오간색, 그리고 잡색으로 분류되는 색체계가 한국 전통색의 바탕을 이루고 있다.

1) 오방색五方色, 오정색五正色

음양오행설에서 풀어내 순수하고 섞임이 없는 다섯 가지 색을 기본색으로 정해 이것을 정색이라 하며, 오색五色또는 오채五彩라고도 한다. 이처럼 청靑, 적赤, 황黃, 백白, 흑黑의 5가지 색을 오방정색이라 한다.

오방색의 기본색인 청은 동, 적은 남, 황은 중앙, 백은 서, 흑은 북쪽 방향을 가리키는 것으로 각 방향의 의미와 상징을 색채의 개념과 결부하면 [표 3-2]와 같다.

표 3-2 | 색채와 방위

오행	오방	오색	오상
화火	남쪽	적색	주작朱雀
수水	북쪽	흑색	현무玄武
목木	동쪽	청색	청룡靑龍
금金	서쪽	백색	백호白虎
토土	중앙	황색	태양太陽

음식의 맛과 색상에도 음향오행의 원리가 나타난다. 예를 들어 오색 고명은 음식을 화려한 색상으로 장식하고 시각적 효과로 미각을 돋우기 위

하여 사용되었다.

- 청색 : 푸른 고추, 파, 쑥갓, 미나리
- 황색 : 달걀노른자, 호두, 깨
- 흑색 : 표고버섯, 목이버섯, 김
- 백색 : 달걀흰자, 배
- 홍색 : 붉은 고추, 대추, 당근

2) 오방간색五方間色

오방간색은 오정색이 합쳐져 만들어진 중간색으로 녹綠, 벽壁, 홍紅, 자紫, 유황黃 색을 말하며 음의 색이라 한다. 동쪽의 청색과 서쪽의 백색 사이에서 벽색, 남쪽의 적색과 서쪽의 백색 사이에서 홍색, 북쪽의 흑색과 중앙의 황색 사이에서 유황색, 북쪽의 흑색과 남쪽의 적색 사이에서 자색이 만들어진다.

모든 간색은 음의 색으로 보았으며, 정색과 간색의 10가지 기본색을 음양이 잘 조화되도록 사용하는 것이 우주만물의 질서를 유지하는 것이라 보았다.

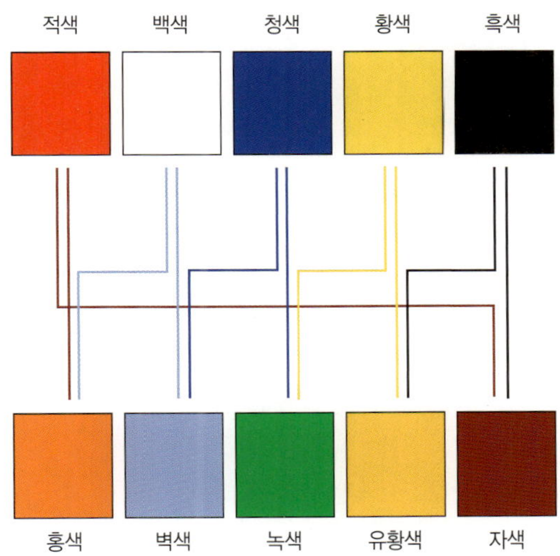

정색과 간색의 관계

3) 잡색雜色

잡색은 오방정색과 오방간색을 제외한 모든 색을 칭하는 말 또는 여러 가지 섞은 색을 뜻한다. 오방정색과 오방간색 이외의 모든 색명은 자연현상이나 사물에서 연상되는 이름을 사용하거나 기억색명, 관용색명으로 나타내었으며 한자로 풀이하여 표시하였다. 예를 들면 치색, 담황색, 설백색 등이 여기에 속한다.

Part 4

FOOD coordinator guide map

푸드 코디네이트

1. 푸드스타일링 도구 및 기법
2. 푸드 프레젠테이션

FOOD COORDINATE

푸드 코디네이트

1. 푸드스타일링 도구 및 기법

인쇄와 광고 매체의 음식 사진은 시각적인 면이 충분히 강조되어야 한다. 그러나 일반적인 조리법으로 시즐sizzle감이 잘 나타나게 음식을 연출하기에는 어려움이 따른다. 따라서 촬영을 위한 특별한 기법이 있어야 한다.

1) 스타일링을 위한 기본도구

사진에서 음식을 돋보이도록 하기 위해서는 일반 조리도구 외에 섬세한 연출을 위한 도구들이 필요하다. 여기서는 시각적 표현을 효과적으로 나타내는 데 필요한 도구 및 사용방법에 대해서 살펴본다.

■ 도구 박스

촬영에 필요한 기본 도구를 넣기 위한 상자로 휴대가 용이하고, 잘 깨지지 않는 재질이며 여러 개의 공간으로 구분되어 있는 것이 사용하기에 편리하다. 다양한 종류의 작은 칼이나 가위, 집게 등 좁고 길게 생긴 도구들은 천을 이용해 케이스를 만들어 사용하면 휴대하기 좋다.

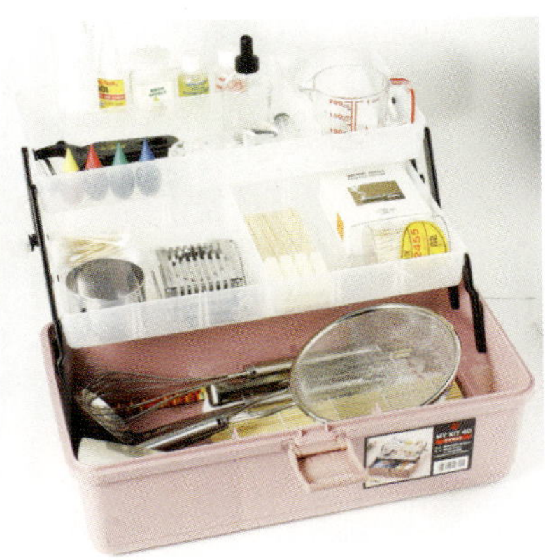

■ **페어링 나이프paring knife**

일반적인 칼보다 길이가 짧으며 칼날이 얇고 뾰족해서 채소나 과일의 모양을 낼 때 사용한다.

■ **작은가위small scissors**

재료를 작게 오려 내거나 섬세한 부분을 정리할 때 사용한다.

■ **필러peeler**

채소나 과일의 껍질을 벗기는 데 주로 사용하며, 과육이나 채소를 얇게 저며 고운 채를 썰기에 편리하다. 오이를 필러로 얇게 저민 후 다른 재료를 돌려 감아 연출할 때 이용하기도 한다.

■ **작은 스쿠퍼small scoop**

메론이나 수박 등의 과일을 동그랗게 떠낼 때 사용하는 도구로 크기와 모양이 다양하다. 다양한 크기로 떠낸 과일이나 채소의 리듬감 있는 연출에 효과적이다.

■ **제스터zester**

레몬이나 오렌지의 껍질을 가늘고 적당한 웨이브가 생기도록 벗겨내어 가니쉬로 이용하기 쉬우며 데커레이션 효과를 좋게 한다.

■ **조리용 붓brush**

음식의 표면에 색을 내거나, 윤기를 내기 위해 기름을 바를 때 사용한다.

■ **고운 체sieve**

맑은 국물을 연출하기 위해 국물의 불순물이나 찌꺼기를 걸러내는 데 사용하며, 파우더 슈거powder sugar 같은 고운 가루를 뿌릴 때도 많이 이용한다.

표 4-1 | 섬세 연출을 위한 도구

종류		용도
면봉	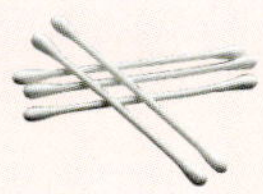	• 이물질이나 음식물이 원하지 않는 곳에 묻어 있을 경우 닦아낼 때 사용
핀셋		• 작은 식재료나 소품의 위치를 옮기거나 섬세한 연출을 위해 사용
깔때기	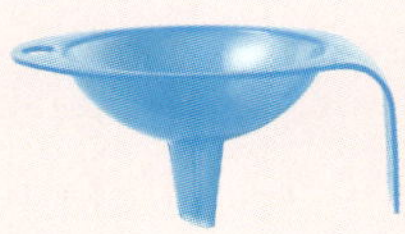	• 국물이나 음료를 부을 때 이용하면, 용기의 벽면에 묻히지 않고 바닥에도 흘리지 않아 편리하게 사용 가능
페이스트리백	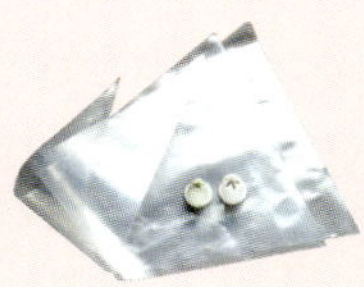	• 제과 · 제빵 데커레이션을 할 경우 생크림이나 초코 등을 넣어 이용하며, 앞에 모양깍지를 끼우면 다양한 모양의 연출이 가능
일회용 주사기/ 스포이트		• 소스를 군데군데 뿌려주거나 자연스럽게 흘러내리는 연출을 할 때 용이하며, 음료나 액체의 미세한 양을 조절할 때 많이 이용
분무기		• 음료의 캔, 음료 글라스, 과일, 채소 등의 물방울 효과로 신선함과 싱싱함을 연출하기 위해 사용

2) 스타일링을 위한 식품도구

표 4-2 | 스타일링을 위한 식품도구

종류		용도
캐러멜 색소		• 적은 양으로 음식의 갈색을 효과적으로 낼 수 있으며, 설탕으로 캐러멜 시럽을 만드는 시간을 줄여줌
물엿		• 음식의 윤기를 더해주고, 소스 등의 농도를 조절하는 데 도움을 줌
글리세린		• 물과 1:1로 섞어 스프레이하면 자연스러운 물방울을 연출할 수 있어 음료나 과일, 채소 등에 청량감을 더해줌
식용 색소		• 식재료의 색을 보완하여 선명한 음식의 색연출이 가능 • 음료의 색, 전류의 달걀노른자색 보완 등 다양하게 사용
젤라틴		• 뜨거운 물에 녹여 간단하게 사용할 수 있으며, 음식 표면이 마르는 것을 막아주고 윤기를 더해줌
오일		• 촬영 전 굽거나 튀긴 음식의 표면에 오일을 바르면 갓 조리한 것과 같은 윤기와 투명감이 더해줌 • 고슬고슬하게 지어진 밥을 연출할 경우는 베이비오일 같은 투명한 오일을 사용하는 것이 효과적
전분		• 물과 1:1로 섞어 녹말물을 만들어 소스나 국에 넣으면 농도 조절이 가능하며, 음식에 윤기를 더해줌 • 달걀지단을 부칠 경우도 녹말물을 적당량 넣어주면 매끈하게 만들 수 있음
커피		• 인스턴트 커피에 소량의 물을 첨가해서 빵에 바르면 먹음직스럽게 구워진 상태의 연출이 가능

3) 촬영을 위한 도구

(1) 배경background

그릇에 담겨진 음식의 색감을 더해주고 전체적인 분위기를 연출하기 위해 나뭇잎, 천, 종이, 타일 등 다양한 재료가 사용된다.

(2) 물방울 효과drop effect

촬영 시 뜨거운 조명 아래에서도 마르지 않아 신선한 과일이나 채소, 음료 연출에 효과적이다. 주사 바늘이나 이쑤시개를 이용해서 찍어 발라 섬세하게 연출한다.

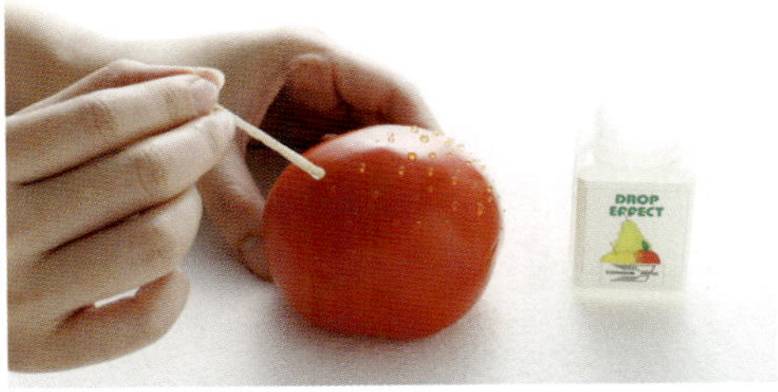

(3) 투명얼음crystal ice cube effect

실제 얼음과 같이 투명하게 생겼으며 녹지 않아 얼음이 필요한 위스키나 음료 촬영 시 효과적이다.

(4) 연기효과fog effect

뜨거운 음식에서 모락모락 피어오르는 연기를 연출할 수 있고 두 가지 용액을 막대에 붙여 떨어뜨리면 몇 분간 연기가 지속된다. 섞거나 덧바르면 효과가 없으니 주의한다.

(5) 거품효과foam effect

실제 맥주거품은 따라놓으면 쉽게 가라앉으나 인공적으로 만든 거품은 오래도록 맥주의 신선하고 풍부한 거품을 연출할 수 있도록 해준다.

(6) 얼음알갱이 효과ice effect

분말 형태이며 15분 정도 물에 불리면 자잘한 얼음 알갱이가 만들어져 팔빙수나 신선한 생선, 어패류를 연출할 때 사용한다. 4시간 정도 효과가 지속되며 색이 있는 물에서 불리면 컬러풀한 얼음알갱이를 만들 수 있다.

(7) 인조눈snow effect

고운 눈 형태로 조명 아래에서 녹지 않아 효과적인 연출이 가능하다.

4) 푸드스타일링 기법

(1) 면류 연출

① 파스타 연출

1. 파스타는 평소보다 조금 덜 익힌 후 기름에 볶아둔다.
2. 포크를 이용하여 돌돌 말아 모양을 잡은 후 그릇의 중앙에 소복이 담는다.
3. 파스타 면의 중간 중간에 채소들을 꽂아 모양을 잡아준다.
4. 파스타 소스는 숟가락으로 2~3회 반복하여 뿌린 후 스포이트로 중간 중간 흐르도록 뿌린다.
5. 완성된 파스타가 소복하고 풍성하게 보이도록 파스타 밑에 종이타월을 깔기도 한다.

② 라면 연출

1. 라면을 삶은 후 건져 얼음물에 담갔다 건져내거나 삶을 때 식초를 넣어 탄력 있는 면발이 되도록 한다.
2. 면을 보기 좋게 그릇에 담고 위에 각종 채소와 달걀노른자로 장식한다.
3. 국물은 수프를 넣고 끓인 다음 면보를 깔아둔 고운체에 걸러 건더기를 제거한 후 깔때기를 이용하여 조심스럽게 부어준다.
4. 차가운 그릇과 면에 팔팔 끓는 국물을 부어주면 자연스런 연기가 오래 지속된다.
5. 국물이 끓고 있는 장면은 납작하고 넓은 냄비에 생라면을 부숴 넣고 위에 고명을 올려 끓는 부분만 집중적으로 찍는다.

③ 국수 연출

1. 면을 실로 직경이 약 15mm가 되도록 묶어서 삶는다. 삶을 때 서로 달라붙지 않도록 젓가락으로 잘 저어준다.
2. 삶은 후 찬물에 담가 잘 헹궈 가지런히 준비한다.
3. 그릇에 면을 깔끔하게 정리하여 돌려 담는다.
4. 육수는 맑은 물에 간장을 이용하여 색을 조절한다.
5. 고명을 면 위에 가지런히 얹는다.
6. 국수에 육수를 조심스럽게 부어 면이 흐트러지지 않도록 한다.
7. 비빔국수의 경우 고추장 소스는 물엿을 넣어 윤기 나도록 준비하고, 채소는 얼음물에 담갔다가 건져 싱싱하게 연출한다.

④ 우동 연출

1. 면은 삶아 건진 후 체에 받쳐 수분만 살짝 없애고 그릇에 놓으면 찰기가 있어 모양이 그대로 유지된다.
2. 고명으로 어묵과 쑥갓을 사용한다. 쑥갓은 어리고 예쁜 잎을 따서 청고추 링ring을 만들어 끼운 후 자연스럽게 장식한다.
3. 뜨거운 국물을 그릇 뒷부분에서 깔때기를 이용해 조심스럽게 부어준다.
4. 해물우동의 경우 해물은 데쳐서 사용하고, 이쑤시개를 사용해서 우동의 면 사이에 꽂아 자리를 잡는다.
5. 튀김우동은 튀김 뒷면에 키친타월을 받치거나 면과 닿는 부분의 튀김을 가위로 잘라내 수분 흡수를 막아주어, 면이 불지 않고 튀김이 바삭하게 보이도록 연출한다.
6. 버섯우동은 생버섯을 사용하면 어색하므로 버섯을 끓는 물에 살짝 데쳐 찬물에 담갔다 사용한다.
7. 김치우동은 김치를 송송 썰어서 모양을 만든 다음 얹어주고, 고춧가루가 많은 것보다 맑은 상태로 연출하는 것이 자연스럽다. 따라서 김치를 한 번 씻은 다음 고춧물을 살짝 발라서 사용한다.

(2) 아이스크림 연출

1. 슈거파우더(500g), 마가린(100g), 콘시럽(1/3C, 초코 또는 딸기 시럽 가능)을 볼에 넣어 손으로 섞어준다. 부드럽고 점성이 없어질 때까지 반죽을 하고, 반죽이 물러졌을 경우에는 슈가파우더를 조금 더 첨가하면 모양 잡기가 쉬워진다.
2. 촬영 하루 전날 만들어 상온에 두어야 반죽이 부드러워져 연출하기 쉽다.
3. 반죽을 하나의 덩어리로 만든 다음, 스쿱을 사용해서 아이스크림 모양으로 떠준다.
4. 여분의 반죽으로 아이스크림의 표면과 옆면에 자연스러운 텍스처를 연출한다.
5. 콘이나 준비한 그릇 위에 아이스크림을 보기 좋게 담는다.
   콘에 아이스크림을 담을 때는 오아시스에 각도를 맞춰 꽂아서 연출한다.
6. 아이스크림이 자연스럽게 녹은 느낌이 나도록 하려면 솔에 약간의 물을 묻혀 칠해준다.
7. 시판용 아이스크림을 그대로 사용할 경우는 먼저 아이스크림 뚜껑을 열고 표면을 평평하게 만든 후 수저를 이용하여 물결 모양을 만든 다음 스쿱으로 떠서 연출한다.

(3) 햄버거 연출

1. 빵 표면에 참깨가 너무 적으면 순간접착제를 이용해 빵에 참깨를 붙이고, 가장자리는 가위로 깨끗하게 정리한다.
2. 완성된 고기의 크기가 빵의 크기와 같아야 하므로 고기 패티patty를 빵보다 크게 만든다. 이때 고기는 많이 치댈수록 표면이 매끄러워진다. 고기는 먼저 옆면을 동그랗고 평평하게 프라이팬에 돌려가며 익힌 후 앞뒷면을 익혀 주고, 뜨거울 때 그 모양대로 랩으로 싸 두어 모양이 변하지 않도록 한다.
3. 양상추나 다른 채소들은 색이 너무 연하거나 진한 것은 피하고

컬curl이 많은 부분을 잘라 이쑤시개를 이용하여 빵에 고정시킨다. 채소를 많이 겹쳐서 구불구불한 느낌이 나게 연출하는 것이 부피감을 준다.

4. 치즈가 고기의 열에 의해 살짝 녹은 것을 연출하기 위해서는 치즈의 모서리를 뜨거운 물에 한번 담갔다 꺼낸다.
5. 토마토는 붉은색을 띠면서 탱탱한 것으로 선택하여, 일정한 굵기의 둥근 모양으로 슬라이스한다. 자른 토마토에서 물기가 나와 치즈의 모양이 망가질 우려가 있으므로, 토마토 크기로 키친타월을 미리 잘라 치즈와 토마토 사이에 깔아준다. 토마토가 햄버거빵보다 크기가 작을 경우는 토마토 지름의 한쪽을 살짝 잘라 빵 크기만큼 벌려주고 양파도 마찬가지 방법을 이용한다.
6. 재료들을 차례대로 쌓은 다음에는 고기 옆면에 기름칠을 해주고, 케첩이나 머스터드소스를 스포이트나 일회용 주사기를 이용해 살짝 묻혀 흐르는 느낌이 나도록 연출한다.

(4) 밥류 연출

① 공기밥

1. 밥을 그릇에 담아 연출할 경우 밥알이 뭉치는 것을 방지하기 위해 끝이 뾰족한 젓가락으로 중간 중간 찔러주어 공기가 들어가도록 한다.
2. 밥솥에서 고슬고슬하게 지어진 밥을 연출할 때는 찹쌀을 섞어서 밥을 하며, 베이비오일(3~4인분, 1Ts)을 넣어 조리하면 밥에 윤기가 흐른다.
3. 클로즈업해서 찍을 경우는 밥알이 살아 있는 느낌이 들도록 연출해 주는 것이 중요하며, 이를 위해 쌀눈이 없도록 깔끔하게 도정된 쌀을 사용한다.

② 기타 밥류

1. 솥밥은 재료를 넣어 밥을 지은 후, 윗부분이 퇴색한 재료는 선명한 것으로 교체하여 준다.
2. 비빔밥은 나물의 두께를 일정하게 하고 대칭으로 색의 배합을 신경 써서 가지런히 담아준다. 이때 나물이 밥을 다 덮는 것보다는 밥이 살짝 보이면서 고명이 올라간 것이 더 먹음직스러워 보인다. 소스는 고추장에 물엿을 섞어 윤기 나게 해서 1ts 정도 올리고, 위에 잣가루를 뿌린다. 달걀은 프라이를 하거나 생 노른자를 올려 연출한다.
3. 볶음밥의 채소는 정갈하고 반듯하게 썰고, 밥과 채소를 따로 볶은 후 밥에 채소를 심어주듯이 연출한다.

4. 덮밥의 소스는 농도가 필요하므로 녹말물을 이용한다.
   채소는 생것을 준비하고 소스를 아주 뜨겁게 준비해서 뿌려주면 채소 색이 생생하게 연출된다. 소스는 식으면 막이 생기므로 내용물을 먼저 연출한 후 찍기 전에 뿌려준다.

(5) 죽 · 수프 연출

1. 죽이나 수프는 표면이 말라 막이 생기기 쉬우므로 그릇에 7부 정도만 담은 후 촬영 위치를 먼저 잡아둔다.
2. 촬영 직전에 죽이나 수프에 물을 타서 표면에 숟가락으로 조심스럽게 끼얹어 원하는 분량만큼 채워주면 촉촉한 느낌을 연출할 수 있다.

(6) 피자 연출

1. 피자는 한 조각을 들었을 때 치즈가 실처럼 늘어져 있는 장면을 연출하는 경우가 대부분이다. 이를 위해서는 굽자마자 바로 사진을 찍는 것이 중요하다.
2. 우선 피자도우의 한 조각을 삼각으로 잘라낸다.
3. 피자의 한 조각을 들었을 때 치즈가 강조되도록 하기 위해 피자의 조각난 부분에 의도적으로 많은 양의 치즈를 얹어 준다.
4. 토핑 topping 재료 중 색이 가장 빨리 변하는 것을 제일 나중에 올리거나, 오븐에서 구워낸 후 피망이나 페퍼로니pepperoni를 빼고 다시 새것으로 교체하여 남은 열로 충분히 익은 느낌이 나도록 한다.
5. 버섯은 생것으로 살짝 구워 기름을 바른 후 토핑한다.
6. 토핑 재료는 실제 제품보다 충분히 올려 연출해야 먹음직스러워 보인다.
7. 피자를 오븐에서 살짝 색이 나도록 구운 다음 토치램프torch lamp(휴대용 가스 버너)를 이용하여 피자 위에 강한 열을 가해주면 보기 좋은 색을 연출할 수 있다.
8. 익힌 피자를 피자 판에 놓고 삼각 스패출러spatula를 이용하여 잘라 놓은 부분을 천천히 들어 올리면 녹은 치즈 부분이 자연스럽게 연출된다.

(7) 김치 연출

1. 배추는 잘랐을 때 단면이 고르고 촘촘한 것으로 선택한다.
2. 김치 양념은 고운 태양초 고춧가루에 뜨거운 물과 물엿을 넣고 섞어서 촬영 때마다 덧발라준다.
3. 무채, 실파, 미나리는 따로 채 썰어 양념한 후 김치 위에 고명으로 연출한다.
4. 숨 쉬는 김치의 연출은 길쭉한 풍선 등을 사용해서 옆에서 공기를 넣어준다.

(8) 달걀프라이 연출

1. 달걀은 노른자가 중앙에 가도록 하는 것이 중요하므로 다른 그릇에 미리 깨어 준비한다.
2. 충분한 양의 기름을 프라이팬에 붓고 기름이 데워지면 달걀을 조심스럽게 부어 익힌다.
   이때 기름의 온도가 너무 높지 않도록 주의한다.
3. 달걀흰자 위에 데워진 기름을 끼얹어 주면서 익힌다.

(9) 연기 연출

1. 음식에 연기 나는 장면을 연출하기 위해서는 뒷배경을 어둡게 하는 것이 효과적이다.
2. 음식 뒤에는 스티머steamer를 들고 연기를 흘려주거나 담배연기(담배를 흡인한 후 머금은 연기)를 빨대를 통해 음식 위에 뿜어주기도 한다. 그리고 화학적 반응을 이용한 약품도 사용한다.
3. 최근에는 컴퓨터 그래픽CG 작업을 하는 경우가 많다.

(10) 음료 연출

① 일반 음료

1. 글라스에 이물질이나 지문이 없도록 깨끗이 씻는다.
2. 글라스에 자동차용 왁스를 스펀지에 묻혀 컵에 살짝 바른 후 닦아내고 글리세린을 물과 1:1로 섞어 스프레이해서 물방울 연출을 한다. 이때 글라스에 글리세린이 들어가지 않도록 키친타월로 입구를 막아준다.
   또한 글라스를 차게 해서 준비하면 물방울을 잘 표현할 수 있다.
3. 음료는 카메라의 반대 방향에서 조심스럽게 채워준다.
4. 음료의 색은 포스터물감을 사용하여 색감을 좋게 하기도 한다.

② 알코올음료

1. 위스키의 경우는 촬영 전에 불 위에 올려 살짝 데워주면 알코올 성분이 글라스에 퍼지는 것을 막아 색이 선명하고 투명도가 좋아진다.
2. 촬영용 맥주는 미리 공기를 빼두었다가 촬영 때 거품이 생기지 않도록 깔때기로 조금씩 천천히 글라스에 따른다.
   잔에 따르면서 생긴 필요 없는 거품은 조심스럽게 걷어내고 약품을 이용해 만든 거품은 주사기를 이용해 필요한 두께가 되도록 넣어 준다.
3. 거품이 올라오는 효과를 주기 위해 소금을 넣기도 한다.

(11) 치킨 연출

① 프라이드치킨

1. 닭은 튀기는 동안 살과 껍질이 벌어질 수 있으므로 껍질을 당겨 핀으로 고정시킨 후 밀가루를 발라준다. 특히 다리 부분에 신경을 쓴다.
2. 다리의 모양이 중요하며, 접시에 담을 때 X자로 교차해서 둔다.
3. 프라이드치킨의 표면은 믹스베이스를 사용하고, 튀길 때 쇼트닝shortening이나 라드lard를 사용하면 바삭바삭한 느낌이 더해진다.
4. 표면의 컬이 원하는 모양으로 나오지 않았을 때는 접착제를 이용하여 튀김옷을 붙여서 연출한다.

② 양념치킨

1. 양념치킨은 잘못 담으면 한 덩어리로 보이기 쉬우므로 날개, 다리 부분을 이용해 라인을 조절한다.
2. 실제 양념치킨의 소스는 물엿을 1/3 정도 섞어서 윤기 있게 연출한다.
3. 소스에 너트류를 뿌리면 먹음직스럽게 표현할 수 있다.

③ 삼계탕

1. 닭의 가슴 부분이 위로 오도록 그릇에 놓는다.
2. 닭은 오래 삶으면 살이 쉽게 물러지므로 살짝만 삶아 형태를 유지해 준다.
3. 내장을 제거한 부분은 표시나지 않게 바느질하고, 다리는 낚시줄이나 이쑤시개를 이용해 고정시킨다.
4. 대추, 인삼은 육수를 끓이는 중간에 넣어 익힌 후 올려준다.
5. 사진을 찍기 전에 배 윗부분과 다리 부분에 반드시 물로 스프레이해서 마른 느낌이 들지 않도록 한다.

(12) 튀김요리 연출

1. 빵가루는 하루 지난 식빵을 굵은 체에 내려서 사용해야 튀김의 컬이 살아난다.
2. 튀긴 후 부스러기 튀김을 정교히 올려 풍성한 느낌이 나게 한다.
3. 튀김의 절단면이 보이는 경우에는 자른 단면에 커피를 살짝 발라 식감이 나도록 연출한다.
4. 롤 형태 튀김 속의 치즈나 내용물은 절단 후 빨리 굳거나 흘러내려 속이 비어 보일 수 있다. 따라서 만들 때 속을 가득 채워 주고, 튀긴 후 적당히 식힌 다음 세로로 세워 아래 방향으로 몰아준 다음 잘라준다.

(13) 커피 연출

1. 실제 원두커피로 촬영하는 경우 간혹 표면에 지방이 뜰 우려가 있으므로 촬영을 위해서는 갈색 소스를 이용하여 색을 낸다.
2. 골드브라운, 레드 등의 컬러를 전반적으로 이용해서 따뜻한 느낌이 나도록 연출하면 효과적이다.
3. 카푸치노 커피는 기계를 이용해 우유로 거품을 내줘야 거품이 자연스러워 보이며, 달걀흰자를 이용하기도 한다.

4. 컵 라인에 커피가 자연스레 묻은 것을 연출하기 위해 면봉으로 커피를 살짝 발라준다.
5. 아이스커피는 커피와 물을 1 : 5 정도로 섞어 시원한 느낌으로 연출한다. 생크림이 들어갈 경우 다 세팅된 후 마지막에 얹어야 쉽게 분리되지 않는다. 아크릴판, 스테인레스 스틸, 유리, 크리스털을 소품으로 활용하면 효과적이다.

(14) 고기류 연출

1. 냉동제품으로 대부분 연출하며, 생고기는 핏물이 흘러 마블링에 물들 수 있기 때문에 세팅 후 바로 찍어야 한다.
2. 갈비찜은 간장을 조금만 넣어야 자연스러운 색 연출이 가능하다.
3. 갈비구이는 생고기 상태로 넓은 접시에 담아서 연출하거나, 뒷부분에 구운 고기를 두고 앞부분은 생고기로 연출한다.
4. 불고기의 경우 동판 위의 앞부분에는 익은 고기와 국물, 뒷부분은 생고기와 채소를 놓는 형태로 많이 연출한다.
5. 삼겹살은 살짝 냉동된 상태로 연출하는 것이 효과적이다.
6. 보쌈은 세팅한 후 가장 포인트가 되는 부분의 고기를 금방 삶아 건진 것으로 교체하여 바로 찍는다. 보쌈 고기를 옆으로 돌려서 담을 경우 볼륨감이 없어 보일 수 있으므로 사이에 키친타월을 끼워서 뒤를 살짝 세워준다.
7. 샤부샤부는 고기와 채소, 냄비를 배경에 두고 최상급 마블링의 고기를 젓가락으로 드는 장면이 주로 연출된다.

2. 푸드 프레젠테이션

음식은 물리적인 영양공급을 위해 기본적으로 맛과 영양을 추구해야 하지만, 동시에 식사를 하는 동안 오감을 통해 만족감을 느끼게 하는 정신적인 영양 공급원이기도 하다. 그러므로 음식을 더욱 먹음직스럽게 보이게 하기 위해서는 식재료의 특성에 따라 자르는 방법, 장식하는 방법, 색과 형태를 이용하는 방법 등에 대한 지식이 필요하다. 푸드 프레젠테이션food presentation이란 미각을 기본으로 하여 먹는 이로 하여금 심리적 영향을 미치는 요리의 인상을 시각적으로 만족감을 주는 작업이다. 효과적인 푸드 프레젠테이션을 위해서는 신선한 식재료의 선택, 조리법에 맞는 효과적인 자르기 방법, 식재료가 가진 본래의 색 유지를 위한 조리법, 알맞은 형태와 질감의 그릇에 담기 등이 고려되어야 한다.

1) 푸드 프레젠테이션의 기본basic food presentation

1. 클라이언트가 요구하는 기본 사항을 기억한다.
2. 먼저 레시피대로 실제 음식을 만들어 본 후 참고로 삼거나 촬영 시 대용으로 이용한다. 촬영용 음식은 비주얼 효과를 고려해 레시피의 모든 단계를 거치지 않는 경우도 많다.
3. 음식과 소품의 프레젠테이션에 있어 카메라 앵글과 광원이 어떠한지, 카메라의 정면이 어느 쪽을 향해 있는지를 항상 고려해야 한다.
4. 어두운 부분과 밝은 부분의 밝기 차이에 유의해야 한다.
5. 흰색이 있는 부분은 사진에서는 더욱 눈에 띄고 큰 면적으로 느껴지므로, 색을 완화하고 면적을 좁히는 대안도 생각해 본다.
6. 채워진 부분과 여백에 유의해서 프레젠테이션해야 한다.
7. 큰 면적, 빈 부분, 돌출된 부분은 단순하고 지루해 보이기 쉽다. 예를 들어, 테이블클로스로 덮인 부분 등이 해당된다.
8. 접시의 가장자리 부분은 그림의 액자 같은 역할을 한다. 따라서 음식을 너무 많이 담아 가장자리를 가리는 일은 없어야 한다.

9. 좌우대칭으로 담긴 음식은 포멀한 느낌을 주고, 비대칭으로 담긴 음식은 편안한 느낌을 준다.
10. 슬라이스 된 여러 조각을 프레젠테이션할 때 카메라 방향으로 나란히 놓느냐, 놓지 않느냐는 시각적으로 큰 차이를 가져온다.
11. 비슷한 모양의 아이템들을 나란히 배열하면 보는 이의 눈을 한 방향으로 이끄는 역할을 한다.
12. 네모, 원 등 명확한 형태가 두드러지는 재료(링 모양으로 썬 양파, 토마토 등)를 다룰 때는 그 형태를 다른 재료로 가리거나, 카메라에 정면으로 놓이지 않도록 해야 한다. 음식 프레젠테이션뿐만 아니라 소품 프레젠테이션 때에도 적용된다.
13. 아이템들의 두께, 크기, 위치 등에 있어 통일성을 유지하는 것이 사진에서 더 매력적으로 보인다.
14. 독특한 곡선이나 모양을 지닌 과일과 채소는 직선이나 밋밋한 모양의 것보다 훨씬 보는 재미가 있다.
15. 채소와 과일을 다양한 모양으로 잘라본다. 예를 들어 피망의 갈고리 같은 곡선, 양파 단면의 둥근 모양, 껍질 콩이 그려내는 긴 대각선의 느낌 등이 있다.
16. 요리가 전체적으로 자연스럽게 어울리도록 만든다. 인위적인 느낌이 들지 않도록 한다. 예를 들어 콩밥의 경우 쌀알 사이사이에 자연스럽게 콩이 드러나보이게 하고, 밥 위에 얹어 놓기만 하는 것은 피하도록 한다.
17. 잘게 다진 프레쉬 허브나 마른 허브 가루를 음식 위에 흩뿌려주면 장식과 마무리 효과를 낼 수 있다.
18. 시리얼이나 칩 등 독특한 모양을 지닌 아이템은 단순하다. 완벽한 모양의 아이템보다 보는 이에게 더 큰 재미를 준다.
19. 딥소스, 땅콩버터, 스프레드 등을 바를 때는 부드러우면서도 시원스런 느낌이 나게 바른다. 너무 짧게 반복해서 바르면 너무 많은 선이 생겨 복잡한 느낌이 든다.
20. 샐러드를 준비할 때 그린 잎들을 옆으로 눕혀 담기보다는 세워 꽂는 느낌으로 프레젠테이션하는 것이 더 생생한 느낌을 준다. 편평해 보이기 쉬운 재료를 다룰 때 이 방법을 사용하면 좋다.

21. '규칙이란 깨기 위해 있는 것' 을 항상 염두에 두고 프레젠테이션에 임한다.
22. 요리가 화려하면 색상이나 무늬가 화려한 접시는 사용하지 않는다.
23. 요리의 질감은 고객에게 식욕을 돋우는 미세한 부분이므로 부드럽게 보여야 할 부분과 거칠게 보여야 할 부분을 명확하게 구분하는 것이 좋다.
24. 접시 장식에는 식용할 수 없는 재료는 사용하지 않아야 한다.
25. 요리가 접시에서 차지하는 비율은 70%를 넘지 않는 것이 좋다.

2) 나라별 푸드 프레젠테이션

(1) 한식 푸드 프레젠테이션

① 일반적 특징

한국 음식은 그릇에 담기는 재료의 형태가 주로 채썰기나 다지기 방식으로 다듬어져 조리되므로 면적인 구성보다는 선적인 구성이 많다. 서양 음식과 비교해볼 때 색채대비가 강하거나 입체적으로 보이기보다는 평면적인 표현이 더 많아, 한식 푸드 프레젠테이션에 있어 배경이 되는 접시의 형태는 대부분 평면성을 고려한 디자인이다. 조선시대에 사각접시나 굽이 달린 그릇이 사용되었다는 기록이 있으나 오늘날에는 밥, 국, 찜 등 깊이가 필요한 몇몇 음식을 제외하고는 평면의 원형접시가 주로 사용된

한식 푸드 프레젠테이션의 현대적 응용

다. 그릇의 색채나 문양은 화려하기보다는 단순하고 소박한 느낌을 주므로 그릇에 담기는 음식의 형태와 색채를 중시하다 보니, 가운데가 봉긋하게 소복이 담는 프레젠테이션이 일반적이다. 절기에 따라 사용되는 그릇의 재질이 달라지기도 하지만 그릇 자체의 색과 질감이 나름대로의 멋을 가진 옹기, 유기, 백자, 청자 등이 다양한 음식의 배경 역할을 톡톡히 해낸다. 선택한 그릇 크기에 맞게 음식을 담고 다양한 식재료를 이용한 고명으로 마무리하여 시각적 포인트를 살리는 것이 한식 푸드 프레젠테이션의 기본이다.

② 방법

절기에 따라, 반상 차림의 종류에 따라, 다양한 음식을 선보이는 한식은 음식 자체의 시각적인 표현방법이 인위적이기보다는 자연 그대로의 재료를 이용하여 표현하는 것이 대부분이었다. 오방색을 기본으로 조화롭게 사용한 고명은 양념이 되는 동시에 음식을 아름답게 보이도록 마무리하기 위해 얹어내거나 뿌리는 것으로, 장식을 목적으로 한다. 주로 사용되는 고명으로는 고기완자, 달걀지단, 미나리 초대, 알쌈, 석이버섯, 은행, 통깨, 잣가루, 실고추 등이 있다.

표 4-3 | 한국음식의 대표적인 고명

고명의 종류	만드는 방법
고기완자	• 쇠고기를 곱게 다지고, 다진 두부를 섞어 소금양념을 하고, 밤톨만한 크기로 동그랗게 빚은 다음, 밀가루 · 달걀물을 입혀 프라이팬에 굴려가면서 익힘 • 신선로, 전골, 완자탕 등에 고명으로 사용 • 담는 냄비의 크기에 따라 크기는 조절
달걀지단	• 달걀을 깬 다음 황, 백으로 나누어 알끈을 제거한 뒤 소금을 약간 넣고, 잘 저어 기름을 두르고 달군 팬에서 익힘 • 음식의 종류에 따라 탕이나 전골에는 골패형, 나물이나 국수장국에는 채썰기를 함
미나리 초대	• 미나리를 다듬어 깨끗이 씻은 후 위아래를 가지런히 맞추어 꼬치에 꽂아 밀가루와 달걀물을 씌워 팬에 지진 후 꼬치를 빼고 필요에 맞게 썰어 이용
알쌈	• 쇠고기를 곱게 다져 양념한 후에 콩알 크기로 빚어 팬에 익힘 • 달걀을 풀어 팬에 한 숟가락을 떠서 타원형으로 반쯤 익힌 다음 만들어놓은 쇠고기를 얹어 반달모양으로 접어 부침

석이버섯	• 미지근한 물에 불려 비비면서 깨끗이 씻어 배꼽을 뗀 후 돌돌 말아 곱게 채 썰거나 마름모꼴로 잘라 사용 • 달걀흰자에 섞어 지단으로 만들어 쓰기도 함
은행	• 겉껍질을 까고 알맹이를 기름 두른 팬에 굴리면서 익혀 파랗게 익으면, 키친타월에 놓고 비벼서 껍질을 벗김 • 찜이나 신선로에 고명으로 쓰거나 꼬치에 끼워 사용
통깨	• 볶은 후에 으깨서 뿌리거나 그대로 사용한다.
잣	• 잣은 고깔을 떼어 통잣으로 사용하거나 반으로 저며 비늘잣으로 사용 • 키친타월을 깔고 칼날로 다져 잣가루(실백)를 내어 사용
실고추	• 건고추를 잘라 씨를 뺀 다음 젖은 행주로 깨끗이 닦아 채 썰어 김치와 나물에 사용

③ 실제

■ 불고기, 잡채, 갈비구이

한국 음식의 대표적인 잔치 음식의 메뉴인 이들 음식은 조리된 이후의 색채가 브라운 컬러이므로 대체로 문양이 없는 흰색, 검은색의 심플한 형태의 그릇에 담아 형태감을 살린다. 검은색의 그릇에 담을 때는 남겨놓았던 달걀지단과 실백과 같은 밝은 색의 고명을 얹어 낸다.

■ 신선로

신선로는 여러 가지 어육과 채소를 색을 살려 돌려 담고 장국을 부어 끓이면서 먹는 음식으로, 구자탕口子湯 · 열구자탕悅口子湯 · 탕구자湯口子라고도 한다. 신선로의 기원은 조선시대 연산군 때 한림호당翰林湖堂을 지낸 정희량鄭希良이 무오사화戊午士禍를 겪은 다음 갑자년甲子年에 다시 사화가 있을 것을 예견하고 속세를 피하여 산중에 은둔하여 살 때, 화로를 만들어 거기에 채소를 끓여 먹었는데, 그의 기풍이 마치 신선과 같았다 하여 그릇을 신선로라 하였다 한다. 신선로는 맨 밑바닥에는 쇠고기를 채 썰어 갖은 양념을 한 것이나 고기에 무를 넣어 은근히 끓인 것을 함께 썰어 넣는다. 그 위에 생선전 · 천엽전 · 간전 · 미나리 또는 파 초대를 담고 그 위에 해삼 · 전복을 얹고 맨 위에 달걀지단 황백, 표고버섯, 석이버섯, 붉은 고추, 쇠고기 완자, 호두 깐 것, 은행 볶은 것 등을 돌려 담는다. 이렇게 담은 것에 쇠고기 맑은장국을 붓고 중앙의 노爐에 숯불을 담아 끓이면서 먹는다. 이렇듯 안에 담기는 재료가 다양한 모양과 색을 가지고 있으므로 색이 겹치지 않도록 담는다. 신선로 용기인 유기 컬러를 돋보이게 할 수 있도록 테이블클로스나 러너 등을 어두운 컬러로 선택하고, 궁중음식으로 전래된 것을 고려해 볼 때 견직물 소재를 배경으로 사용하여 고급스럽게 연출하는 것이 좋다.

■ 비빔밥

비빔밥은 한식 푸드 프레젠테이션의 기본인 오방색이 모두 담겨 있는 대표적인 음식이다. 고슬고슬하게 지은 밥을 대접에 담고 그 위에 미리 만들어둔 여러 가지 나물 · 고기 · 달걀 등을 색을 맞추어 모양 있게 담는다. 먹을 때에 비벼서 먹는 음식으로 골동반骨董飯이라고도 한다. 섣달 그믐날 저녁에는 남은 음식을 해를 넘기지 않는다는 뜻으로 비빔밥을 만들어 먹는 풍습이 있었다. 유기나 백자 등 오목한 볼 형태의 그릇에 밥을 담고 위에 각종 재료를 채썰기하여 단시간에 볶아 색이 서로 겹치지 않도록 가지런히 둘러 담는다. 가운데 달걀지단을 얹어내기도 하며, 고추장을 함께 담아낼 때는 채 썰어 조금 되게 해서 담는다.

■ 찌개, 전골류

찌개나 전골류는 끓이다 보면 재료가 섞여 식재료의 신선함이나 재료구분이 명확하지 않게 된다. 대체로 주재료가 되는 생선이나 고기류를 먼저 담아 끓이다가 향신의 역할을 하는 마늘, 파는 나중에 넣고 불을 끄기 전에 고명 역할을 하는 쑥갓이나 버섯류를 얹어낸다. 직접 끓인 냄비가 아닌 따로 담아낼 때는, 주재료를 먼저 담고 마지막에 국물을 70% 정도 붓고 위에 채소나 고명을 얹는다. 찌개나 전골류는 재료의 풍성함 때문에 정갈하고 세련된 이미지보다는 담는 그릇에 따라 소박하기도 하고 풍성하기도 하므로, 뚝배기나 무게감이 있는 그릇을 사용하는 것이 좋다.

■ 구절판

구절판九折坂은 요리를 담는 기명器皿을 말하기도 하는데, 둘레에 8개의 칸과 가운데 1개의 칸으로 모두 9가지를 담을 수 있게 되어 있는 목기였으나 음식의 명칭이 되었다. 담는 음식에 따라 진 구절판과 건 구절판의 2종류로 나뉜다. 진 구절판은 미나리 · 오이 · 달걀지단 · 전복 · 해삼 · 새우 · 삶은 닭고기 · 쇠고기 · 표고버섯 · 석이버섯 · 느타리버섯 · 도라지 중에서 계절과 기호에 맞추어 8가지를 선정하여 길이가 같도록 가늘게 썰어서 기름에 볶아 빛깔을 맞추어 차례로 담는다. 중앙에는 밀가루에 달걀흰자를 섞어 종이처럼 얇게 밀전병을 부쳐서 담는다. 마른 구절판은 마른 안주만을 담은 것으로 여러 가지 육포 · 어포 · 마른 새우 등에서 8가지를 골라 담고, 중앙에는 보통 생밤을 담는다. 꼭 정해진 재료를 사용하지 않더라도 오방색을 기본으로 제철에 나는 각종 재료를 조화롭게 담은 음식이다

(2) 일식 푸드 프리젠테이션

① 일반적 특징

서양요리는 흔히 나이프와 포크 등을 이용하여 잘라 먹기 때문에 접시에 요리 재료의 가진 모양 그대로 담는 것을 기본으로 한다. 그러나 일본요리는 젓가락으로 먹기 때문에, 재료를 그 나름의 크기로 자르거나 나누거나 하는 것이 대부분이다. 따라서 완성된 요리는 기본적으로 둥근 형태나 네모반듯한 형태를 하고 있다.

음양의 조화

식재료 색채 중시

여백의 대비

일본요리는 깨끗하고 담백한 재료 그대로의 맛을 솔직하게 드러내는 반면, 요리를 담는 방법은 상당히 기교적이다. 음식을 담을 때 일정한 양식과 법칙이 기본적으로 적용되는데, 이는 종교상의 이유 · 세시풍속 · 고서를 통한 유래 등에서 이유를 찾을 수 있다. 담는 요리의 형태 · 크기 · 수량 · 식기의 관계에 있어서는 오랜 기간의 경험을 통해 이루어진 것으로 보인다. 일반적으로 그릇과의 조화를 고려하여 담는 것이 기본이며, 주재료와 부재료의 분리 연출보다는 통합적인 연출이 특징이다.

② 방법

일식 프리젠테이션을 하는 방법으로는 음양의 법칙, 오색의 조화, 여백을 두는 것, 음식을 활용한 장식이 있다.

첫째, 음양의 법칙을 고려할 때, 직선은 음陰의 형태, 구丸나 곡선을 그리는 것은 양陽의 형태이다. 일본요리에서는 담은 요리와 그릇의 관계에 있어서도, 음양이 갖춰진 것을 잘된 것으로 인정한다. 예를 들어 사각이나 오각의 무조림을 담을 그릇은 둥근 형태를 쓴다. 또한 말아서 만든 요리처럼 절단면이 원형이라면, 그릇은 각이 있는 접시를 쓰는 것이다. 하지만 이것은 기본적인 개념이지만 반드시 지켜야 하는 것은 아니다. 때로는 규칙을 무너뜨리는 것이 참신한 담음새가 되는 경우도 있기 때문이다.

둘째, 일본요리에서는 식재료의 원래 색감을 살려 오색을 조화시키는 방법을 즐겨 사용한다. 색채는 담음새에도 큰 영향을 미치고, 아름다움은 물론, 맛있게 보이는 것으로도 이어지기 때문이다. 다양한 식재료의 유통으로 재료가 가진 다양한 색과 조리 이후의 변화된 색을 이용하여 색채감을 살린 풍부한 요리를 담아내는 것이다.

셋째, 일본요리뿐만 아니라 모든 요리에는 요리와 담는 그릇과의 밸런스를 취하는 것이 필요하기에 여백 처리가 중요하다. 먼저 담을 요리의 크기와 분량에 비례해 그릇에 어느 정도의 공간, 여백이 있는가 하는 것을 가늠한다. 무늬가 없는 그릇은 60~70%를 요리가 차지할 때 깔끔하고 안정감이 있어 그릇 자체가 가진 모양도 살릴 수 있다. 계절에 따라 여름에는 과감하게 여백을 50% 정도 취하고 겨울에는 경우에 따라서 20~30% 정도의 여백도 괜찮다. 또한 그림이 많은 그릇은 여름철이든 겨울철이든 그림을 충분히 감상할 수 있도록 여백을 주어 담을 요리의 양을 정하는 것이 좋다.

텐모리

넷째, 일식도 한식의 고명처럼 텐모리てんもり라는 음식 장식으로 마무리하는 것이 특징이다. 텐모리란 요리를 담을 때, 마지막으로 향이 있는 제철야채 같은 것을 가늘게 썰거나, 갈아 내린 것을 요리 위에 소량 얹거나, 계절을 대표하는 꽃 또는 잎을 얹는 것을 가리킨다. 텐모리에는 두 가지 목적이 있다. 하나는 요리 그 자체에 향기·색채·계절감을 더하는 것이 실질적인 목적이며, 또 하나는 먹는 사람에게 요리의 신선함을 위해 '텐모리의 색이 변하지 않은 동안 혹은 마르지 않은 동안에 제공하고 있습니다.' 또는 정성껏 대접하고 있습니다.' 라는 의미를 전달하는 것이다.

③ 실제

일식 담기의 기본이 되는 회 담기에 적용되는 방법으로, 자연의 형태를 축소한 수미산須彌山(불교의 우주관에서 세계의 한가운데에 높이 솟아 있다고 하는 산)을 형상화하여 담는 방법이 있다. 이 외에 일반적으로 나뭇잎이나 꽃잎 등 자연물을 사용해 음식을 장식함으로써 계절감을 살리거나 무끼모노むき物라고 하는 무, 당근 등의 채소를 얇게 벗겨 여러 가지 사실적 모양을 내어 장식하는 방법도 있다.

수미산

다음과 같은 고전적 담기의 방법이 현대에도 그대로 적용되고 있다

스기모리

타와라모리

카사네모리

타이모리

마제모리

아와세모리

찬합담기

- **스기모리**杉盛り: 삼나무 형태에서 유래한 것으로 응용 범위가 가장 많은 담기 방법으로, 그릇 바닥에서부터 차례로 담는 원추형 형태이다.
- **타와라모리**俵盛り: 쌀가마를 쌓아놓은 형태에서 유래한 것으로 일정한 모양을 담을 때 사용하며 안정된 삼각형 담기이다.
- **카사네모리**重ね盛り: 그릇바닥에서 순차적으로 쌓는 것은 타와라모리와 비슷하나, 일정치 않게 다른 모양으로 쌓는 담기이다.
- **타이모리**平盛り: 평면이 되게 일렬로 담는 형태의 담기로, 변화가 없기 때문에 그릇과의 조화를 고려해 곁들일 음식으로 변화를 준다.
- **마제모리**混ぜ盛り: 여러 가지 종류를 섞어 조리한 요리 담기로서 곁들이를 포인트로 이용한다.
- **아와세모리**合せ盛り: 일정 거리를 두고 흩어지지 않게 보이도록 담는 방법이다.
- **찬합담기** : 꽃놀이, 뱃놀이, 산놀이 등 교외활동뿐만 아니라 연주공연, 병문안 등에 다양하게 사용되는 담기이다. 본래 4단이 기본으로 위에서부터 1단 전채, 2단 안주, 3단 생선류, 4단에는 조림 등을 담는다.

(3) 양식 푸드 프레젠테이션

① 일반적 특징

서양 요리란 아시아의 요리를 제외한 유럽과 미국에서 발달한 요리를 말한다. 즉 서양 요리는 그리스, 이탈리아, 프랑스를 중심으로 발전된 요리를 일컫는다. 제2차세계대전 이후 급속히 발전한 경제 및 군사 대국인 미국에 의해 전 세계에 전파되었고, 미국의 상업주의적인 문화가 가미되면서 변형되었다.

서양의 식품재료로 수산물 · 육류가 두루 쓰이며, 우유 · 유제품 · 유지가 많이 이용된다. 조미료로는 식품의 맛을 그대로 유지시킬 수 있도록 소금을 사용하고, 음식의 풍미를 위하여 향신료와 주류를 사용하며, 재료와 조리법에 어울리는 소스가 다양하다는 점이 그 특징이다. 서양요리는 식품의 선택이 광범위하고, 재료의 분량과 배합이 체계적이고 합리적이다. 오븐을 사용하는 조리가 발달하여 간접적인 조리방법으로 식품의 맛과 향미, 색상을 살려 조리하는 것도 독특하다.

모든 구성요소가 제 기능을 다하도록 역할을 부여하여 요리의 예술성을 높이고 그 요리를 먹는 고객을 만족시키는 것이 프레젠테이션의 목적이다.

접근 방식과 내용을 체계화하여 통일된 이론으로 접근한다면 의미 있는 작업이 될 수 있다. 프레젠테이션의 구성요소는 다음과 같다.

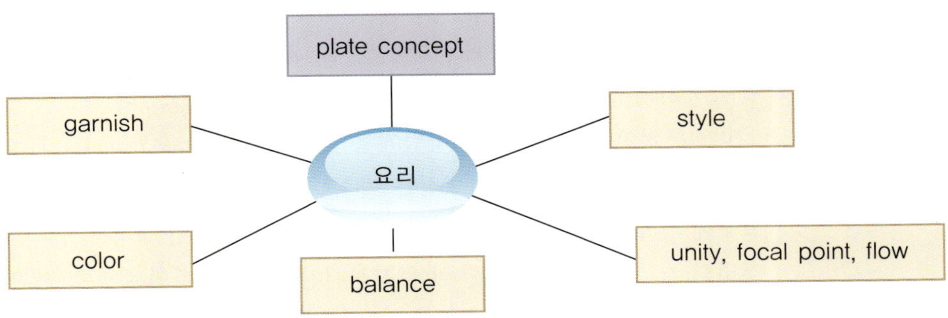

프레젠테이션의 구성요소

② 방법

상품이 추구하는 기본적인 존재 목적을 염두에 두고 요리를 만들어 그릇에 담을 때 필요한 것이 콘셉트이다. 이를 위해서는 이 요리를 먹을 고객이 누구이며, 모임이 어떤 성격의 자리인지를 알아야 한다. 고객과 식사의 목적을 알게 되면 그릇을 선택하고 어떤 콘셉트로 담을 것인지 계획을 세울 수 있다. 즉 생일파티나 잔치의 음식이라면 화려하고 경쾌하게 담고, 엄숙한 회의나 격식을 갖춘 모임이라면 그에 상응하는 분위기를 맞추어야 한다.

전통적인 프레젠테이션 비전통적인 프레젠테이션

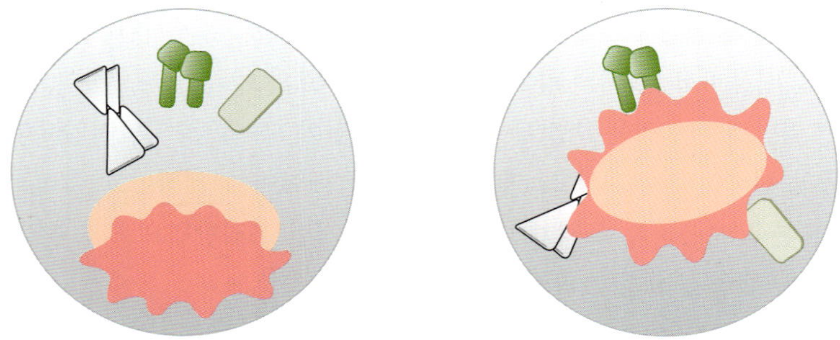

서양 요리의 플레이트 콘셉트

서양 요리를 접시에 담을 때를 기준으로 본다면 다음과 같이 두 가지로 구분하여 볼 수 있다.

전통적인 프레젠테이션 방법은 6시 방향에 주요리가 있고, 12시를 중심으로 좌우 대칭이 되므로 안정감이 있어 편안함을 준다. 또한 밝은 이미지를 연출할 수 있으므로 잔치나 경사, 대형 행사에도 쓸 수 있다. 하지만 조리사의 창의성을 마음껏 발휘할 수 없다는 한계가 있다.

비전통적인 프레젠테이션 방법에서 중요한 개념은 구성structure과 분산scatter이다. 즉 조리사의 창의성을 발휘하게 하여 먼저 고객의 상황이나 요구에 맞게 음식을 어떻게 담을 것인가 하는 전체적인 구상을 먼저 하고 준비된 요리를 적절히 그릇 위에 분산시킨다. 이때 주의해야 할 것은 프레젠테이션의 원칙은 있어야 한다는 것인데, 이 점에 유의하여 조화와 대비의 멋을 살려내야 한다.

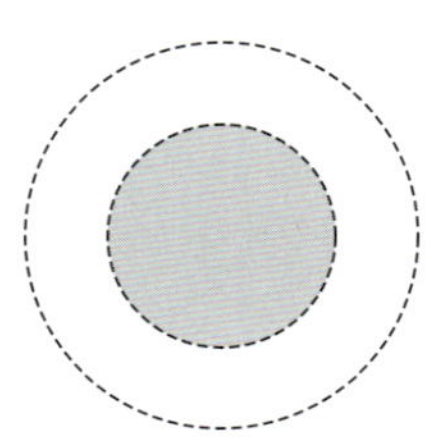

item	flavor	color	texture	height	shape

plate presentation sheet

③ 실제

■ 접시 담기의 기본basic food presentation

접시 담기를 할 때에는 기본 요소인 균형balance, 색상color, 모양shape, 질감texture, 향flavor, 크기size 등을 고려하여야 한다.

접시 담기에서 고려해야 할 사항으로는 주재료와 곁들임 재료의 위치선정과 식사하는 사람의 편리성, 음식의 외관과 원가, 재료의 크기 등을 고려하여 다음과 같은 접시 담기의 원칙을 준수하는 것을 권장한다.

- 접시의 내원을 벗어나지 않게 담는다.
- 담기는 고객의 편리성에 우선 초점을 두어 담는다.
- 재료별 특성을 이해하고 일정한 공간을 살려가며 담는다.
- 지나치게 획일적이지 않도록 하되 일정한 질서와 간격을 두며 담는다.

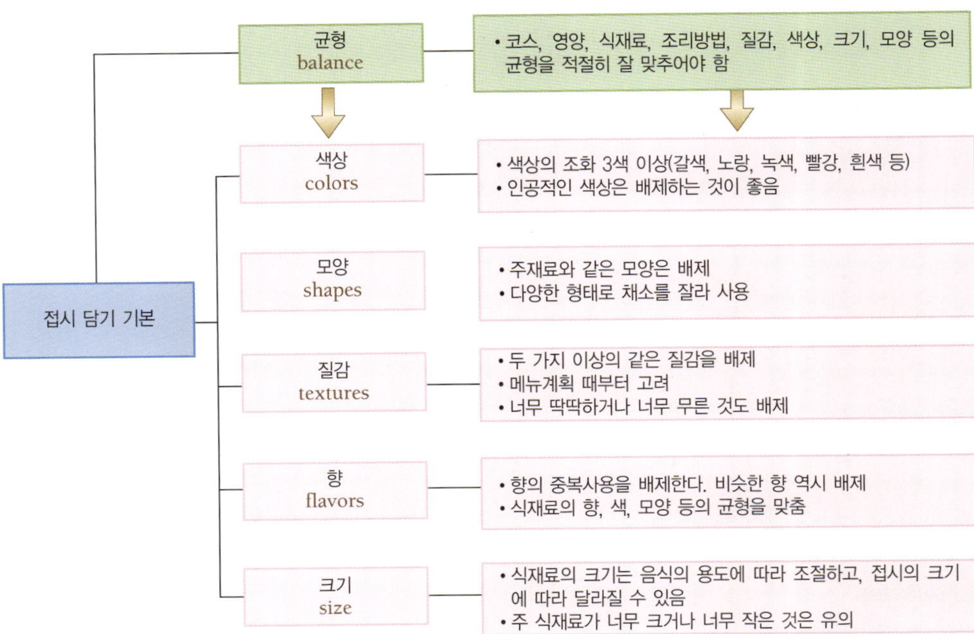

접시 담기의 기본

- 먹을 수 없는 가니쉬의 사용은 배제한다.
- 소스의 사용으로 음식의 색상, 모양이 흐트러지지 않도록 담는다.

■ 콜드 푸드 플레이트 담기cold food plate presentation

콜드 푸드 플레이트 담기의 3대 요소로는 센터피스centerpiece, 주 요리의 서빙 포션the slice or serving portion of main food, 가니쉬garnish이다. 콜드 푸드 플레이트 담기를 할 때에는 콜드 푸드 플레이트 담기 3요소를 충족해야 하며, 식재료의 성격을 고려하고 그 특성에 따른 접시 선

*그로스삐에스는 프랑스어로서 메뉴의 주요리를 말함

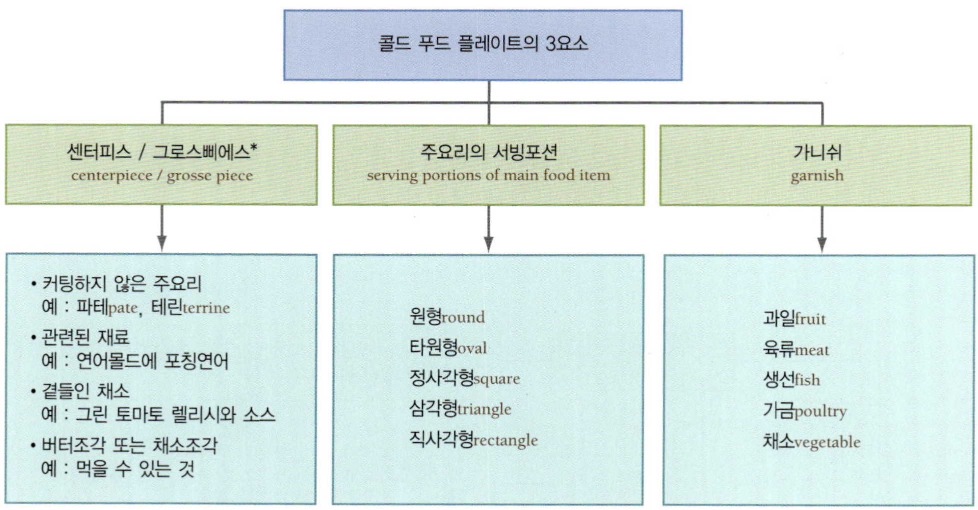

콜드 푸드 플레이트의 3요소

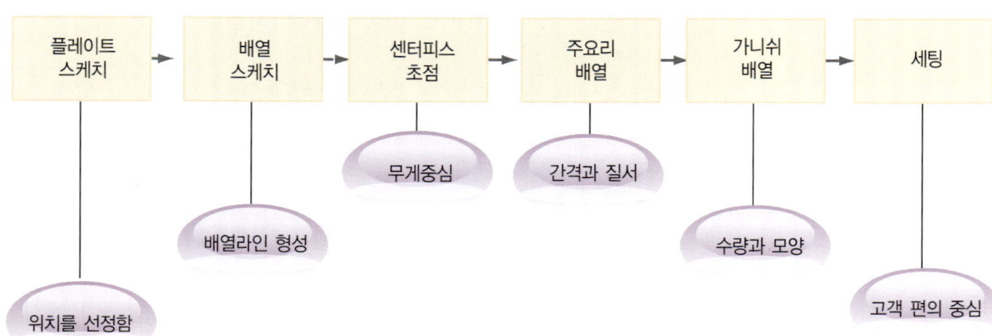

콜드 푸드 플레이트 담기 순서

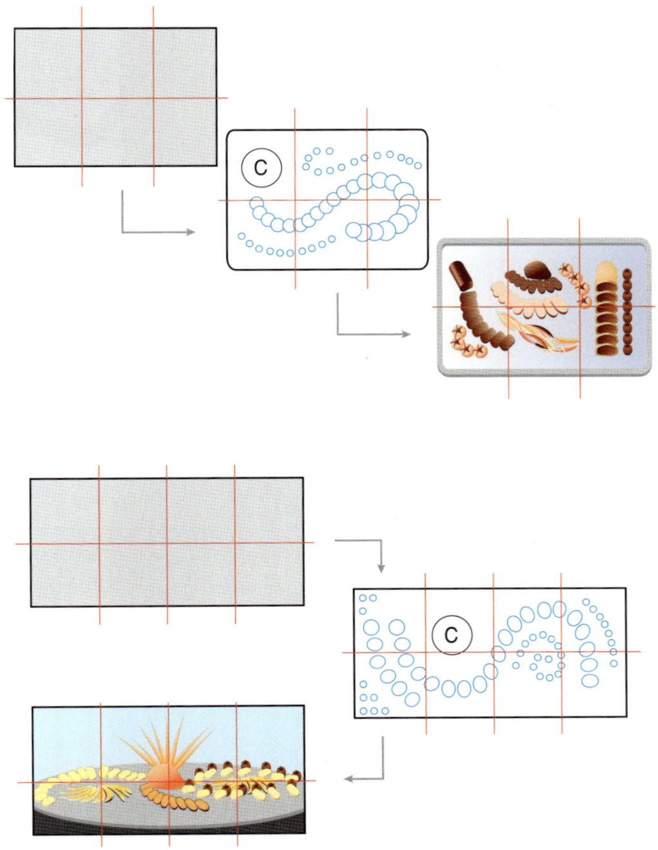

콜드 푸드 사각플레이트 담기의 예 1

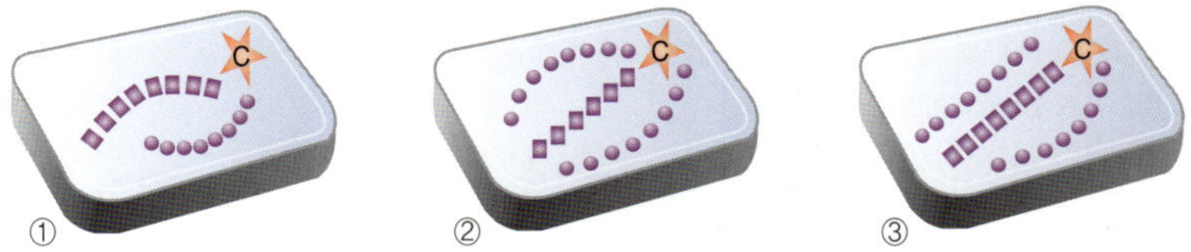

① 곡선라인curved lines : 센터피스를 중심으로 곡선으로 배열한 형태
② 곡선과 직선이 혼합된 라인curved lines and straight lines : 센터피스를 중심으로 직선과 곡선을 혼합하여 배열한 형태
③ 곡선과 직선이 혼합된 라인curved lines and straight lines 곡선과 직선을 혼합하여 배열한 형태

콜드 푸드 사각플레이트 담기의 예 2

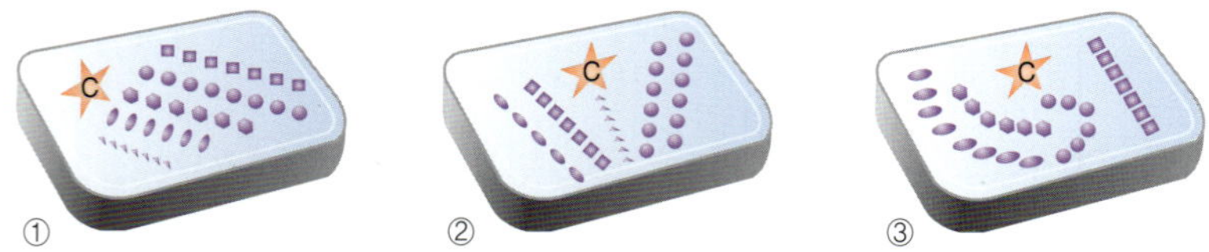

① 스트레이트 라인straight lines 센터피스를 플레이트 모서리 쪽에 놓고 재료를 대각선으로 배열한 형태
② 다양한 직선 라인variation of straight lines : 직선라인을 다양한 방향으로 배열한 형태
③ 곡선과 직선이 혼합된 라인curved lines and straight lines: 곡선과 직선을 혼합하여 배열한 형태

콜드 푸드 사각플레이트 담기의 예 3

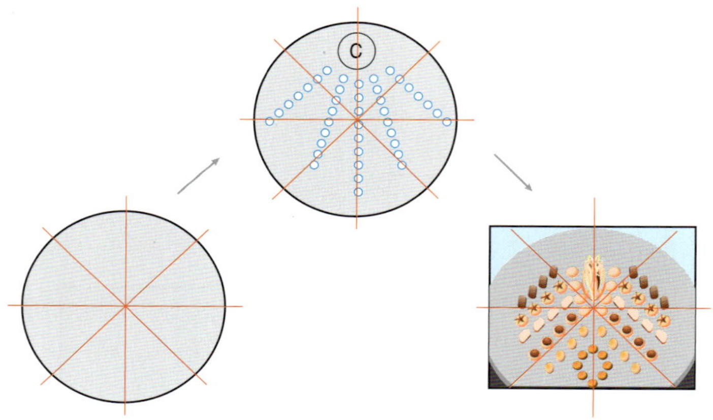

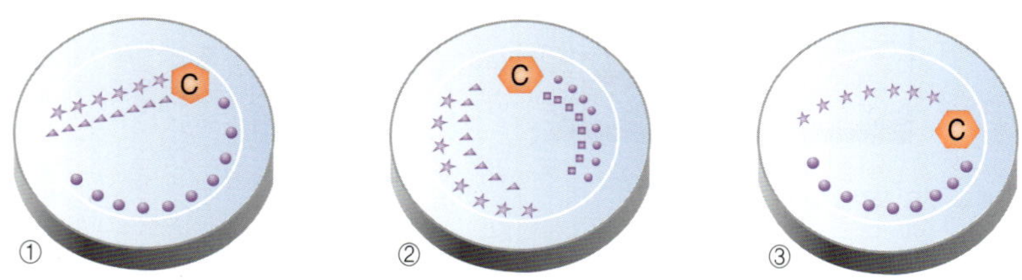

① 곡선과 직선이 혼합된 라인curved lines and straight lines: 곡선과 직선을 혼합하여 배열한 형태
② 곡선라인curved lines 1 : 센터피스를 중심으로 곡선으로 배열한 형태
③ 곡선라인curved lines 2 : 센터피스를 중심으로 곡선으로 배열한 형태

콜드 푸드 원형플레이트 담기의 예 4

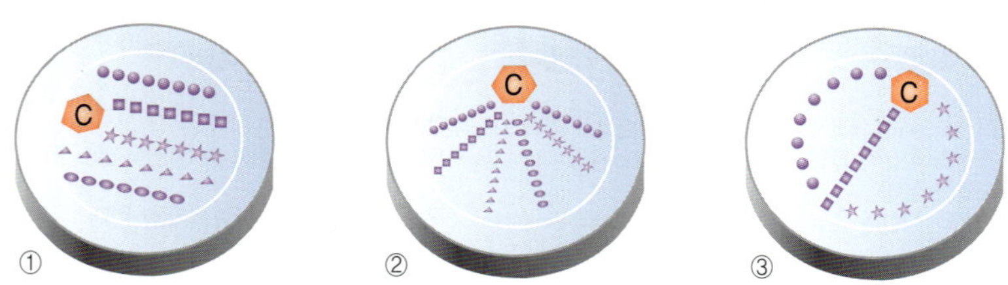

① 스트레이트 라인straight lines 센터피스를 플레이트 모서리 쪽에 놓고 재료를 대각선으로 배열한 형태
② 다양한 직선 라인variation of straight lines : 직선라인을 다양한 방향으로 배열한 형태
③ 곡선과 직선이 혼합된 라인curved lines and straight lines : 곡선과 직선을 혼합하여 배열한 형태

콜드 푸드 원형플레이트 담기의 예 5

택과 접시 면적을 고려해야 한다. 또한 식재료를 접시에 놓을 때는 1회 작업으로 마무리해야 접시에 자국이 남지 않아 깨끗하게 담을 수 있다.
가니쉬garinsh는 프랑스어로 '꾸미다, 장식하다, 완성하다, 공급하다'란 뜻으로 우리의 고명에 해당한다. 보통 양식에서 많이 쓰이는데 요리를 보기 좋게 하기 위해 음식 옆에 파슬리나 레몬 등으로 장식하는 것을 뜻한다. 가니쉬는 정해진 틀이 있는 것이 아니며, 모양이나 색을 고려하여 선택하는 것이 좋다.
가니쉬를 접시에 놓을 때에는 같은 재료를 중복해 사용하거나 동일한 모양을 사용하지 않아야 한다. 가니쉬의 크기는 접시의 크기를 고려하고 색상은 되도록 대비되는 색상을 선택하는 것이 좋으며 영양적인 면도 고려해야 한다. 지나치게 복잡한 것은 피하는 것이 좋다.

(4) 중식 푸드 프레젠테이션

① 일반적 특징

중국음식은 다양한 조리기술로 음식을 예술적으로 표현하며 그릇은 요리의 종류, 색채, 분량에 따라 타원형, 원형을 주로 사용한다.

- 한 접시 음식의 경우 주재료와 부재료의 분리 배치보다는 섞인 형태로 연출한다.
- 음식 장식은 별개의 식재료로 음식과 분리하여 따로 하는 것이 특징이다.
- 음식의 레이아웃이 덩어리가 진 원추모양이면 장식은 별개의 식재료로 음식과 분리하여 따로 하는 것이 특징이다.
- 중국요리를 다른 나라와 비교하여 특징짓는 요소는 재료, 썰기(자르기), 조미료, 불의 세기, 그것들의 바탕인 사상을 들 수 있다.
- 실제 조리에서 재료의 엄격한 선택, 정교하고 세밀한 썰기, 다양한 맛내기, 적절한 불세기 조절 등을 함으로써 색色, 양量, 미味, 향香, 기氣의 5박자를 고루 갖춘 중국요리가 만들어지는 것이다.

② 방법

■ 전채前菜

가장 먼저 나오는 음식으로 색, 맛, 향이 조화를 이루어 다음에 제공될 음식에 호감을 갖게 하며, 눈을 즐겁게 하여 입맛을 자극하는 것으로 제공한다.

■ 두채頭彩

탕채와 열채를 제공한 후에 식사류 앞에 나오는 주 메인요리로서, 상어지느러미 요리나 제비집 등의 고급 식재료를 사용하는 요리를 냉채 다음에 제공하여 국물과 부드러운 재료의 맛을 느끼게 하는 요리이다.

■ 주채主彩

주 메인 요리에 첫 번째로 제공되는 해산물요리는 주로 새우, 해삼, 패주, 오징어, 우럭 등을 사용하여 최대한 재료 본래의 맛을 즐길 수 있도록 찜이나 튀김의 조리법을 사용한다. 두 번째로 제공되는 고기요리는 쇠고기, 돼지고기, 닭고기, 오리고기 등을 사용한다. 주로 돼지고기가 많이 이용된다. 두부요리, 생선이나 고기 요리 다음에 제공된다.

■ 탕채湯彩

맑은 탕이 주로 나오며 식사 전에 제공된다.

■ 면점面点

쌀이나 밀가루로 만든 음식으로 주로 면으로 된 음식이나 만두, 포자 등이 나온다.

■ 첨채甛彩

후식으로 차갑거나 뜨겁게 낸다.

③ 실제

식재료를 응용하여 장식하는 방법에는 가운데 주 음식을 담고 주변을 장식하는 주변장식, 반대로 장식이 가운데 모이며 그 장식을 중심으로 음식을 배치하는 중앙장식, 음식과 장식을 혼합하여 배치하는 혼합장식 등이 있다.

토마토를 이용한 주변장식

오이를 이용한 주변장식

레몬을 이용한 주변장식

- 주변장식은 조리한 음식을 접시에 담은 후 음식의 색깔, 모양, 맛, 크기에 따라 접시의 주변을 장식하는 방법이다.
- 중앙장식은 음식을 담는 접시의 중앙에 조각품을 장식하는 방법이다.
- 혼합장식은 음식과 조각품을 구분하지 않고 음식의 상태에 따라서 적절하게 혼합하여 장식하는 방법이다.

중앙장식

혼합장식

채소를 이용한 장식 연출법

Part 5

FOOD Coordinator guide map

음식사진의 이해와 촬영기법

1. 음식사진의 이해
2. 음식사진의 디자인과 구도
3. 디지털카메라와 기능
4. 음식사진 촬영기법

UNDERSTANDING OF FOOD PHOTOGRAPHY AND TECHNIQUE

음식사진의 이해와 촬영기법

1. 음식사진의 이해

음식사진은 음식과 그와 관련된 식품을 찍는 사진을 말한다. 음식사진은 식감이 잘 표현되도록 하는 것을 목표로 하지만, 사진에서는 음식의 맛과 향 등을 알 수 없으므로 시각적으로 그것들을 느끼게 하는 것이 키포인트이다. 그렇게 하기 위해서는 사진의 테크닉과 스타일링이 무엇보다도 중요하다.

또한 음식사진은 신속한 촬영을 요한다. 시간이 경과될 수록 음식은 형태의 변화가 진행되며 수분, 유분 등의 건조와 온도 하락에 따른 응고가 일어나기 때문이다. 이는 음식사진의 표현에서 가장 중요한 요소의 하나인 시즐sizzle감의 표현을 저해한다. 이러한 이유로 온도에 민감한 아이스크림 등을 촬영할 경우, 더미dummy로 만든 음식으로 앵글과 조명, 소품들의 적절한 배치를 정한 다음 실제로 찍을 음식으로 교체하여 빠르게 촬영하기도 한다.

Tip 시즐sizzle이란 프라이팬에서 음식이 익는 소리인 "지글지글"이란 뜻이다. 하지만 음식사진에서는 음식을 먹음직스럽게 보이기 위한 관능적 자극을 일으키는 표현 요소를 말한다. 고등어구이 사진을 예로 들면, 기름에 의해 표면에 윤기가 흐르게 보이도록 한 사진은 시즐을 잘 표현한 것이다.

조명 반사에 의해 시즐감이 잘 표현된 사진(부분확대)

1) 음식사진의 분류

음식사진은 크게 두 가지로 분류할 수 있다. 첫 번째는 용도에 따른 분류인데 이것은 다시 광고사진, 잡지사진, 카탈로그사진, 패키지사진, 무크지사진, 메뉴사진 등으로 세분할 수 있다. 같은 음식의 사진이라도 용도에 따라 표현 방법이 조금씩 다를 수 있으며 사용처의 편집디자인 방향에 의해 스타일링이나 촬영기법, 음식과 배경 등의 레이아웃layout이 달라질 수도 있다.

두 번째는 구성에 따른 분류로서, 세분하면 단순사진, 배경사진, 이미지사진이 있다. 이는 음식사진 안에서 주가 되는 음식과 소품, 배경 등의 구성과 관계있다. 단순사진보다는 이미지 사진이 스타일링에 필요한 소품이 많으며, 연출 시간도 오래 걸리고 사진으로서의 완성도와 촬영을 위한 다양한 테크닉이 필요하다.

광고사진

(1) 용도에 따른 분류

■ 광고사진

신문, 잡지의 광고나 포스터 등에 쓰이며 기업의 이미지 부각이나 제품의 직접적인 홍보 목적의 사진이다. 음식사진 중에서 가장 높은 퀄리티quality를 요하므로 음식의 완성도뿐만 아니라 접시의 선택에서부터 각 소품의 배치, 배경의 색과 재질 등 모든 것에 유의해야 한다.

잡지사진

카탈로그사진

■ 잡지사진

잡지의 특성상 주로 독자에게 정보를 주기 위한 사진이다. 잡지의 편집 방향에 따른 그 달의 특정 칼럼에 적합한 내용과 계절감을 필요로 한다. 잡지 사진은 일반적으로 정해진 디자인 레이아웃 안에서 진행되며 사진 위에 칼럼 제목이나 설명 문구가 들어가는 경우도 많다. 이때 사진의 여백을 적절히 주어 필요한 글이 충분히 들어갈 수 있도록 해야 하며, 글자의 가독성을 높이기 위해 복잡한 패턴의 배경은 피한다.

■ 카탈로그사진

특정 제품이나 기업의 홍보를 목적으로 만드는 소책자에 들어가는 사진을 말한다. 때로는 특정 조리기기의 활용법을 위하여 제작하기도 한다. 책 전체의 통일감을 위하여 유사한 톤이나 색채, 재질을 배경으로 쓰거나 비슷한 조명을 사용하여 톤 앤 매너tone and manner를 유지한다.

패키지사진

■ 패키지사진

제품의 포장에 쓰이는 사진으로 판매하는 제품의 시즐sizzle감을 극대화하여 소비자로 하여금 제품의 구매욕을 자극해야 한다. 따라서 단순하면서도 표현하고자 하는 내용을 한눈에 알아볼 수 있어야 하며, 광고사진과 더불어 음식사진 중에서 가장 완성도가 높은 사진이다.

무크지사진

■ 무크지사진

특정한 콘셉트에 의해 단행본 책자에 사용되는 음식 사진으로 카탈로그 사진과 마찬가지로 전체적으로 비슷한 톤 앤 매너를 갖는다. 무크지에는 이미지 사진과 조리과정 사진, 음식재료 사진 등이 쓰이며 편집 방향에 따라 현장사진이 쓰일 수도 있다. 이미지로 쓰이는 사진은 음식의 정확한 형태보다는 맛이나 분위기 등을 느낄 수 있도록 해야 한다. 음식의 정확한 형태와 재료 등은 조리과정 사진에서 설명된다.

■ 메뉴사진

음식을 선택할 때 참고로 할 사진이므로 단순하면서도 설명적이지만 심미성을 강조해야 하며, 특히 시즐이 잘 나타나야 한다. 한 페이지에 여러 사진이 배치되므로 정돈된 디자인을 위하여 같은 페이지의 음식은 대부분 같은 배경으로 촬영된다. 정확한 음식의 형태를 보여주기 위하여 아웃포커스out-of-focus 기법은 잘 사용하지 않는다.

메뉴사진

(2) 구성에 따른 분류

메인접시와 소품, 배경의 쓰임과 역할에 따라 단순사진, 배경사진, 이미지사진 세 가지로 나눌 수 있다. 간혹 패키지사진 등 중요한 사진도 디자인에 따라 단순사진으로 촬영하기도 하지만, 일반적으로 작게 쓰이거나 비중이 낮을수록 단순사진으로, 크게 쓰이거나 비중이 높을수록 이미지사진으로 촬영을 한다.

■ 단순사진

흰색 배경 위에 음식이 담긴 접시를 놓고 찍는 사진이다. 촬영 후 사진은 포토샵을 이용하여 접시의 외곽선 밖을 잘라내고 접시와 그 안의 음식만 사용한다. 주로 음식의 정확한 정보만을 필요로 할 때 촬영한다. 정보를 가장 잘 나타내도록 명암에 의한 조명의 효과나 아웃포커스 등의 카메라 테크닉을 쓰지 않고 정직하게 표현한다.

단순사진

■ 배경사진

음식이 담긴 그릇뿐 아니라 배경도 함께 사용하는 사진으로 가능한 한 소품 연출은 하지 않는다. 다양한 컬러의 배경을 사용할 수 있으며, 소재도 종이에서 천, 나무, 대리석, 타일 등 제한 없이 사용한다. 단순사진에 비해 그림자를 효과적으로 넣어 입체감을 강조할 수 있으며 배경을 그러데이션gradation으로 처리하여 단순함을 줄일 수 있다. 주로 음식만을 강조하려는 목적에서 촬영되며, 배경은 음식과 조화를 이루어야 한다.

■ 이미지사진

메인이 되는 음식과 그릇뿐 아니라 배경, 서브음식 그리고 소품까지 조화롭게 촬영한 사진을 말한다. 사전에 촬영 스태프와 논의를 거친

배경사진

이미지사진

후 콘셉트를 정하고 그 콘셉트에 의해 최대한 음식이 잘 표현될 수 있도록 여러 가지 소품의 사용과 스타일링 기교, 사진의 테크닉이 발휘된다. 소품은 주로 주재료에서 추출한 식재료 또는 메인 음식과 어울리는 서브 음식을 사용할 수도 있다. 이때 각 사물 간의 배치는 디자인적 감각을 발휘하여 조화를 이루어야 하며 메인 접시는 주로 황금분할golden section 선 위에 위치한다.

2) 음식사진의 앵글

음식사진은 일반적인 사진의 앵글과는 다르게 구분될 수 있다. 일반적인 사진의 앵글 개념이 인물사진과 풍경사진에 기초하여 하이앵글high-angle, 아이레벨eye-level, 로우앵글low-angle로 구분하나, 음식사진은 탑앵글top-angle, 아이앵글eye-angle, 로우레벨low-level로 나눌 수 있다. 이 중 아이앵글과 로우레벨은 음식사진에만 국한된 용어로서 일반적인 사진에서 다루는 아이레벨, 로우앵글과 각각 대응되는 용어이지만 카메라의 각도가 다르다. 아이레벨은 수평으로 바라보는 편안한 시선의 앵글이다. 하지만 테이블 위에 있는 음식을 의자에 앉은 사람이 편안히 바라볼 때 시선의 각도는 아래로 약 45도를 이룬다. 이러한 이유에서 수평의 앵글이 아닌 약 45도 정도 아래로 바라보는 각도를 가장 편안한 앵글로 정의한다. 로우레벨 또한 원래의 의미는 카메라가 피사체보다 낮은 높이에서 위로 올려다본 앵글이나 테이블 위에 있는 음식을 테이블 아래에서 촬영할 수 없으므로 또한 다른 각도로 정의한다.

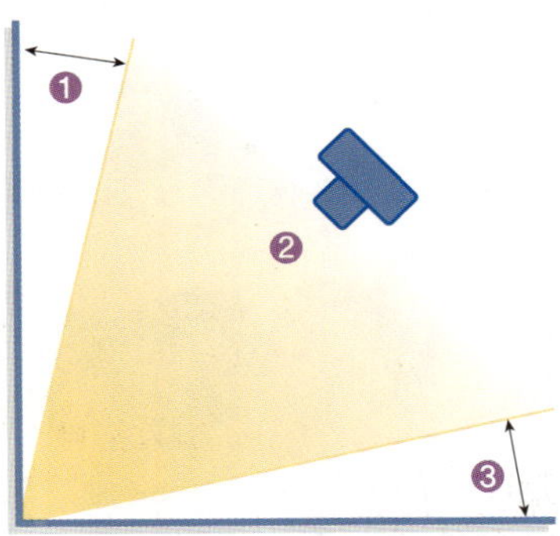

① 탑앵글 약 80~90도
② 아이앵글 약 20~80도
③ 로우레벨 약 5~20도

> **Tip 앵글**
> 일반적으로 사진학에서의 아이레벨이라 함은 사람의 눈높이에서 수평으로 대상을 바라보는 카메라 각도를 말한다.

탑앵글

(1) 탑앵글

버드아이뷰bird-eye-view라고도 하는데, 이는 배경과 카메라와의 각도가 80~90도 정도를 이루며 주로 테이블 위 사물들의 배치에 중점을 두고 촬영한다. 음식의 형태와 각 접시의 크기 비교, 음식의 색채 조화나 배경의 특징을 표현하기에는 좋지만 입체감을 살리기 어렵다. 넓은 접시 위에 적은 양의 음식을 담고 적당히 접시를 잘랐을 경우 여백의 미를 살릴 수 있고 접시의 외곽선이 주는 원의 리듬감 표현에 좋지만 높이가 있는 음식 표현에는 적합하지 않다.

아이앵글

(2) 아이앵글

일반적인 음식사진의 앵글이며 카메라의 각도가 20~80도 정도를 이루는 것을 말한다. 사람이 식탁에 앉았을 때 음식을 보는 각도이므로 편안한 시선의 앵글이다. 익숙한 음식형태를 촬영할 수 있는 앵글이며 담음새 표현에 적합하다. 편안한 시선은 평범해 보일 수 있으나, 입체감과 거리감을 살리기 좋고 아웃포커스out-of-focus를 잘 활용할 수 있는 앵글이기도 하다.

(3) 로우레벨

약 5~20도의 카메라 각도를 말한다. 극단적인 앵글로서, 음식과 소품을 낯설고 새로운 형태로 표현할 수 있으며, 음식 접시의 배경으로서 테이블뿐만 아니라 벽도 함께 필요하다. 메인 접시 앞쪽으로 소품 등을 배치하기 어렵고 음식의 디테일을 파악하기 힘들지만 높이가 특징인 음식과 와인병, 잔 등의 소품을 사용할 때에 적합한 앵글이다. 또한 배경으로 각도가 다른 두 면을 사용하므로 공간감을 표현할 수 있으며, 사물들 간의 거리차가 가장 많이 나는 앵글이므로 아웃포커스 기법을잘 활용할 수 있다.

로우레벨

3) 음식사진에서의 포커스

음식사진에서는 렌즈의 효과 중 하나인 피사계심도의 조절에 따라 각기 다른 스타일의 사진을 만들 수 있다. 피사계심도의 조절은 카메라 테크닉 중에서 가장 대표적인 것으로 음식사진에서 특히 잘 활용되고 있다.

(1) 팬포커스

팬포커스pan focus 사진은 사진 내의 모든 사물이 선명하게 초점이 맞춰진 것을 말하며 전체 사물의 형태를 잘 설명할 수 있다. 즉 메인 음식뿐만 아니라 소품

팬포커스

이나 서브 메뉴도 형태가 잘 보이도록 하며, 특히 메인 요리가 두 개 이상일 때 주로 사용한다. 하지만 시선이 한곳에 집중되지 않아 주메뉴에 대한 집중도가 떨어지고 사물의 직설적인 표현이 된다.

(2) 아웃포커스

아웃포커스out of focus 사진은 프레임frame 내에서 가장 중요하다고 생각되는 한 부분만 선명하게 초점을 맞게 하고 나머지는 흐려지도록 하는 것이다. 음식사진에서는 주요리의 일부분만 포커스를 맞추고 프레임 내의 나머지 부분은 흐려지도록 함으로써 주제를 최대한 부각시킬 수 있다. 이러한 기법은 주제를 우선적으로 파악할 수 있고 집중감을 갖도록 하며, 나머지 아웃포커스 된 부분들은 어느 정도 형태가 생략되므로 추론하고 상상하게 하는 것에 효과적이다. 특히 프레임 내에서 같은 소재가 반복될 때 그중 하나만 포커스를 맞춤으로써 반복으로 인한 지루함을 피할 수 있다.

아웃포커스

2. 음식사진의 디자인과 구도

사진에서의 구도composition란 프레임 속 피사체들의 미적 배치를 말한다. 미적 배치는 카메라의 앵글이나 랜즈의 초점거리에 따라서도 변한다. 회화나 디자인 분야에서 오래전부터 연구되어 온 구도는 현재의 사진분야에서도 활발히 활용되고 있다. 특히 피사체 배치의 디자인적 요소인 형태, 크기, 색채, 질감 등 조형의 기본요소를 조절하는 것을 중요하게 여겨왔다. 풍경사진이나 인물사진과 달리, 음식사진은 테이블 위의 음식과 이와 관련된 요소들을 의도대로 배치시키고 모양, 크기 등을 선택할 수 있다. 따라서 디자인적 역량이 가장 많이 요구되는 사진분야이고 그만큼 구도도 중요하다.

또한 음식사진에서 음식과 접시, 배경, 소품 등의 구성요소를 프레임 안에서 미적으로 어떻게 배치를 하느냐에 따라 다양한 구도가 생긴다. 접시와 소품의 위치, 개수, 각각의 크기와 간격 그리고 배경 여백의 넓이 및 위치에 따라 디자인적 미감이 달라지고 구도가 결정되며 집중, 상승, 조화, 원근, 균형, 통일, 역동, 리듬, 운동, 긴장 등이 유발된다.

음식사진의 기능에 있어서 정보전달communication이 목적이라면,그 정보를 효과적으로 전달하기 위해서는 이미지를 잘 지각할 수 있도록 요소들을 구성하는 것도 중요하다. 전달력을 극대화하기 위해 형상 인지이론인 게슈탈트 심리학Gestalt psychology의 적용은 디자인 분야에서는 일반화되어 있으며 음식사진에도 잘 적용된다. 이러한 게슈탈트 심리학의 시각적 상호작용을 통하여 사람의 시선을 유도하고 집중시키며 미적 감각을 극대화할 때 비로소 정보전달의 목적을 잘 실현할 수 있다.

Tip 게슈탈트 심리학

1921년 독일의 베르트하이머Max Wertheimer 박사에 의해 주창된 이론으로, 인간이 시각요소들을 전체로 지각하기 위하여 어떻게 조직하고 그루핑grouping하는지에 대한 근거를 제시하였다. 이 이론의 전제는 "부분의 합은 전체와 다르다."라는 것이며 사물들 간의 지각적 조직화의 원리를 파악하는 심리학의 한 학파이다.

1) 원근perspective

원근법은 2차원의 평면에서 3차원의 공간감을 지각하기 위하여 고안된 방법이다. 사진에서는 전통적 원근법인 선 원근법과 대기 원근법뿐만 아니라 광학적 효과인 아웃포커스를 이용하여 원근감을 표현할 수 있다. 즉 선명한 부분을 기준으로 아웃포커스 된 앞쪽과 뒤쪽은 시각적으로 거리감이 생기게 된다.

Tip **원근법**

선 원근법은 투시도법이라고도 하며 평행한 두 선의 간격을 가까운 곳은 넓고 먼 곳은 좁게 표현한다. 대기 원근법은 가까운 곳은 선명하게, 먼 곳은 대기의 먼지나 수증기에 의해 뿌옇게 보이는 것처럼 표현하는 것이다.

2) 변화variety

변화는 흥미를 유발하고 구성에 특징을 부여한다. 음식사진에서 프레임 내의 선들과 오브제들의 놓인 방향이 프레임 라인과 평행하지 않을 때 시각적으로 변화를 느낄 수 있다. 또한 직접적인 선으로 연결되어 있지 않으나 오브제와 오브제를 연결한 가상의 선들도 프레임라인과 평행하게 놓지 않고 적당한 각도를 이룰 경우에도 변화가 생긴다. 하지만 변화만 너무 강조되면 무질서하게 보일 수 있다. 따라서 질서와 정리의 기능을 하는 통일이 적당히 혼합되어야 한다.

Tip **가상의 선**

게슈탈트 심리학에 따르면 사람은 이미지를 볼 때 떨어진 물체들을 심리적으로 연결하는 경향이 있고 각 물체의 형상이 비슷할수록 심리적 연결은 더욱 강해진다고 한다. 이러한 경향은 프레그난츠pragnanz를 유발하기도 한다.

3) 긴장tension

원형의 그릇과 그릇 사이의 간격이 적당한 거리를 이룰 때 이 그릇들은 긴장감을 유발한다. 두 원은 빠르게 회전하는 물체를 연상시키고 서로 닿거나 겹치지 않고 닿기 직전의 최대한 가까운 거리를 이룰 때 두 그릇에서 긴장감이 생긴다는 것이다. 이는 원과 원뿐만 아니라 원과 직선, 직각과 직선 사이에서도 생기며 그릇과 프레임라인과의 적당한 간격에서도 긴장감이 생긴다.

4) 운동motion

오브제를 대각선의 방향으로 배치하는 것은 방향성과 동감動感을 표현한다. 여기에 더 나아가 이중 대각선 구도를 구사하면 역동감과 함께 변화와 리듬감을 동시에 표현할 수 있다. 또한 사다리꼴 구도는 안정감을 주면서 원근감을 표현하며 방향성과 상승의 느낌을 준다.

5) 3등분할의 법칙rule of thirds

보기에 가장 조화롭고 아름다움을 느낄 수 있는 약 '1 : 1.6'의 비례를 황금비율이라 하고, 선분이나 도형을 약 '1 : 1.6'의 비율로 나누는 것을 황금분할golden section이라 한다. 사진에서는 프레임의 가로와 세로를 3등분하여 서로 교차하는 지점이 3등분할지점이 된다. 이때 3등분할지점에 중요한 오브제를 위치시키면 미적 효과와 함께 강조와 시각적 안정감을 준다.

6) 형상과 배경figure and ground

어떤 이미지에서 가장 먼저 눈에 띄게 하는 오브제나 특정 부분이 형상이 되고 그 외의 것은 배경이 되는 것을 말한다. 사람은 상대적으로 선명한 형상이나 특징적인 것을 먼저 인지하는 심리적 특성이 있기 때문이다. 음식사진에서 가장 중요한 주메뉴를 먼저 눈에 띄게 하는 방법으로 아웃포커스 기법을 쓰거나, 주메뉴 이외의 부분을 밝거나 어둡도록 조명 효과로 처리한다.

또한 아웃포커스를 하게 되면 형상을 적당히 생략하는 효과이므로, 흐려진 부분들은 그 형태를 단번에 파악하기 힘들다. 하지만 형상(포커스가 맞은 부분)에서 배경(아웃포커스된 부분)으로 이동한 시선은 생략된 형상을 볼 때는 기억속의 비슷한 형상과 조합되어 유추 인식하게 된다. 이런 형상과 배경의 원리를 음식사진에 이용하면 시선을 집중시키고 주제를 한눈에 파악할 수 있게 한다.

Tip **형상과 배경**
계슈탈트 심리학에 의하면 이러한 현상은 심리적인 요인에 의해 발생한다. 예를 들면 추운 겨울날 오랫동안 버스를 기다리고 있었는데 드디어 저 멀리서 버스가 오고 있다면, 그 버스 외에는 다른 풍경들은 눈에 들어오지 않는다. 이때 그 버스는 형상이 되고 나머지 건물과 도로, 다른 자동차들 심지어 내가 탈 버스가 아닌 똑같은 모양의 다른 버스마저 배경이 되는 것이다.

7) 프레그난츠pragnanz

게슈탈트 심리학의 중요한 이론으로서, 그루핑grouping에 의하여 사물을 단순화하여 보려는 경향을 말한다. 단순화란 어떤 이미지를 볼 때 지각의 조직화가 일어나는 것이며, 이때의 이미지 요소들은 도형의 가장 기본 형태인 삼각형으로 주로 그루핑된다. 음식사진에서는 주메뉴와 서브메뉴, 소품 등이 심리적 선으로 연결된 삼각형으로 단순화되며 그 삼각형의 모양에 따라 안정감, 변화, 리듬감 등을 갖는다. 이때 가장 이상적인 구도는 삼각형 각 변의 길이가 각각 다르면서 동시에 그 변이 수직과 가로로 된

프레임라인frame line과 평행하지 않을 때다. 이런 비정형의 삼각형을 이룰 때 음식사진은 변화와 리듬감이 극대화된다.

8) 프레이밍framing

피사체를 사각형의 틀인 프레임frame에 의도적으로 담는 것이 프레이밍이다. 프레이밍을 어떻게 하느냐에 따라 이미지는 설명적이 될 수도 있고 함축적 의미를 가질 수도 있다. 음식사진에서는 주로 메인 접시의 크롭crop을 어떻게 하느냐가 프레이밍의 주된 과제이다. 접시를 자르는 것은 남겨진 부분을 통하여 생략된 부분을 유추하게 하는 것이므로 음식사진을 함축적으로 보여주는 효과적인 방법이다. 접시는 대부분 대칭이므로 프레임 밖의 잘린 부분은 잘리지 않은 부분에 의하여 인지된다.

하지만 접시 양쪽을 자를 때에는 같은 비례로 자르는 것은 답답하고 단

조롭게 보일 수 있기 때문에 황금분할로 자르는 것이 좋다. 한쪽만 자를 경우, 1/3 이상 과도하게 자르는 것 또한 답답해 보일 수도 있다. 특별한 경우가 아니라면, 접시의 한쪽만 자를 때에는 잘린 부분이 많으면 많을수록 반대편의 접시와 프레임 라인 사이의 공간을 좁게 해야 한다. 접시를 잘랐다는 의미는 음식에 더욱 접근하기 위한 것이므로 반대편의 넓은 여백은 설득력을 잃어버리게 된다.

3. 디지털카메라와 기능

1) 디지털카메라

렌즈 달린 컴퓨터라 일컫는 디지털카메라digital camera는 과거 필름카메라에 비해 다양한 기능과 편의성을 가지고 있다. 필름에 대한 비용이 들

지 않으며 찍은 후 바로 볼 수 있고 감도와 컬러밸런스를 간단한 조작만으로 조절할 수 있는 점이 디지털카메라의 큰 매력이다.

과거 전통적인 카메라에서 상을 읽고 기록을 담당했던 필름이 이미지센서image sensor인 CCDCharge Coupled Device 혹은 CMOSComplementary Metal-Oxide-Semicon-ductor와 메모리카드로 분리 대체된 것이 디지털 카메라의 가장 큰 변화이다. 이미지센서는 영상을 0과 1의 전자신호로 전환시키고, 전환된 데이터는 메모리카드로 이동되어 저장된다. 이렇게 디지털화된 이미지는 컴퓨터에 저장, 보관되며 웹사이트에 올려 많은 사람과 공유할 수 있으며 전 세계 어디든 전송할 수 있다. 또한 포토샵 등의 사진편집 프로그램을 이용하여 손쉽게 색이나 밝기를 조정하고 이미지를 합성, 편집할 수 있다.

또한 필름사이즈에 따라 달라지던 사진의 해상도가 디지털카메라에서는 이미지센서의 크기와 화소 수에 따라 달라진다. 저장매체인 메모리카드는 용량이 크면 클수록 많은 사진을 담을 수 있으며 동영상 촬영도 거의 대부분의 디지털카메라에서 지원된다. 아직도 초고가의 디지털카메라가 일부 프로 사진가들을 위해 존재하지만, 초창기에 비해 가격이 상당히 저렴해졌으며 기능은 더욱 향상됐다. 휴대폰, 특히 스마트폰의 카메라도 비교적 좋은 화질과 다양한 기능으로 인해 디지털카메라의 대용으로 일부 사용되기도 한다.

2) 디지털카메라의 종류

디지털카메라의 종류는 일반적으로 네 가지로 분류할 수 있다. 가장 단순한 콤팩트카메라와 가장 기능이 많고 성능이 좋은 DSLR카메라, 그리고 콤팩트카메라에 여러 기능을 더한 하이엔드카메라, DSLR카메라의 기능은 유지하면서 휴대를 간편하게 만든 미러리스카메라 등이다. 중요한 기능적 특징으로는 콤팩트카메라와 하이엔드카메라는 렌즈 교환이 안 되고 미러리스카메라와 DSLR카메라는 렌즈 교환이 가능해 다양한 렌즈를 이용할 수 있다는 점이다. 각 카메라는 종류별로 분명한 장단점이 있고 휴대성과 가격에서도 차이가 크므로 용도에 맞는 것을 구매하기 위해서는 잘 살펴볼 필요가 있다. 일상적인 사진을 찍을 것이라면 콤팩트카메라나 하이엔드카메라로도 충분하며, 다양한 테크닉을 발휘하거나 대형인화 및 인쇄를 목적으로 한다면 RAW 파일을 지원하고 여러 종류의 렌즈를 활용할 수 있는 미러리스카메라나 DSLR카메라를 선택하는 것이 좋다.

> **Tip** **RAW 파일**
> 원래의 이미지 정보를 그대로 가지고 있는 파일이다. 비압축 파일로서 색감과 밝기 등 여러 가지 보정을 하여도 화질의 손상이 적다. 하지만 파일의 용량이 크고 보통의 사진 뷰어 프로그램에서는 열리지 않으므로 초보자는 다루기 어렵다. RAW 파일은 특정 프로그램을 이용, 현상의 과정을 거쳐 JPEG나 TIFF 파일 등으로 변환해야 사용할 수 있다.

(1) 콤팩트카메라compact camera

가격이 저렴하며 작고 가벼워 휴대가 간편하다는 것이 최대의 장점이다. 크기가 작다는 것은 렌즈의 구경과 이미지센서가 작다는 것을 의미하므로 화질은 상대적으로 떨어진다. 그렇다 하더라도 일상생활의 기록 용도로는 충분하다. 1,000만 화소 정도의 카메라는 어느 정도 확대인화를 하여도 화질에 큰 손상은 없다.

대부분 콤팩트카메라는 조리개우선자동(Av, A), 셔터스피드우선자동(Tv, S), 완전자동(P), 수동(M) 등의 촬영모드선택 기능이 없다. 즉 자동노출 모드로만 촬영하게 되며 조리개수치와 셔터스피드를 임의대로 선택하여 조절할 수 없어 다양한 테크닉을 구사하기에는 한계가 있다. 렌즈는 대부분 줌렌즈zoom lens가 장착되어 있어 편리하지만, 오토포커스auto-focus 외에 선택할 수 없으므로 원하는 곳에 임의대로 초점을 맞추기가 힘들다. 또한 작은 렌즈는 빛을 많이 받아들이지 못하므로 어두운 곳에서 빠른 셔터스피드를 사용하기 힘들고, 피사계심도depth of field를 깊게 하므로 아웃포커스out of focus를 구사하기가 어렵다. 요즘은 스마트폰이 그 역할을 대신하고 있어 설 자리가 점점 줄어들고 있다.

(2) 하이엔드디지털카메라hi-end camera

콤팩트카메라에 조리개와 셔터스피드를 임의대로 선택할 수 있게 한 카메라다. 완전자동을 포함한 여러 가지 촬영모드를 선택할 수 있고 이미지 센서와 렌즈의 크기도 콤팩트카메라보다 크므로 화질이 더 좋다. 임의의 조리개와 셔터스피드를 선택함으로써 동적인 표현이나 아웃포커스와 팬포커스pan focus의 정도를 조절할 수 있다. 그 외에도 대부분 RAW파일을 지원하며 고배율의 줌렌즈가 장착되어 있어 광각에서 망원까지 다양한 초점거리를 사용할 수 있다. 줌렌즈 구동은 전동으로 작동되어 편리하기는 하지만 신속한 줌인zoom in, 줌아웃zoom out을 할 수 없고, 어떤 카메라는 최대 조리개수치가 F1.8까지 지원하여 얕은 피사계 심도를 구현할 수도 있다. 이처럼 휴대가 간편하고 다양한 기능을 가졌지만 더 성능이 좋은 미러리스카메라와 DSLR카메라의 대중화로 다양한 신제품은 나오지 않고 있다.

(3) 미러리스카메라mirrorless camera

하이브리드카메라hybrid camera라고도 불리는 이 카메라는 DSLR카메라에서 거울을 제거한 카메라라는 뜻이다. 전통적인 SLR카메라는 렌즈를 통해 들어온 이미지를 렌즈 뒤의 거울에 의하여 반사시켜 파인더를 통해서 볼 수 있는 구조이다. 그렇지만 이 거울과 거울이 있던 공간을 없애고 이미지를 카메라 뒷면의 LCD모니터를 통해서 보도록 만들었다. 이렇게 함으로써 카메라는 획기적으로 작아졌고 셔터를 누를 때 미러가 위로 올라가면서 발생하던 미러 충격도 없어졌다. 또한 DSLR카메라와 같이 고성능의 다양한 렌즈를 사용할 수 있으며 렌즈의 크기 또한 작아 휴대가 간편하다. 하지만 렌즈와 이미지센서가 작아지면서 화질이 DSLR카메라보다 떨어지며 실상이 아닌 모니터에 재현된 이미지를 보고 촬영해야 하므로 때로는 답답함을 느낄 수 있다. 또한 렌즈 교환 시 이미지센서가 외부에 노출되므로 먼지나 습기 등으로 오염되지 않도록 주의해야 한다.

Tip 미러 충격

SLR카메라는 셔터버튼을 누르는 순간 미러가 위로 올라가고 셔터가 열리며 비로소 필름에 빛이 닿는다. 이때 미러가 위로 올라가며 카메라에 진동을 만드는데 이를 미러 충격이라 한다. 셔터를 누를 때 "찰칵"하고 나는 소리의 대부분은 미러 충격음이다. 미러 충격은 느린 셔터스피드에서나 클로즈업 시 사진을 흔들리게 하는 원인이다.

(4) DSLRdigital single lens reflex카메라

가장 진보된 형태의 카메라로서 전통적인 SLR카메라를 디지털카메라로 만든것이다. 무겁고 가격은 비싸지만 빠른 오토포커스는 신속하게 피사체를 포착할 수 있으며 대형 이미지 센서와 고해상도의 렌즈는 최고의 화질을 보장한다. 또한 다양한 기능과 첨단 기술의 적용으로 원하는 사진을 얻는 데 편리하다. 디지털카메라는 1초 이하의 느린 셔터스피드를 사용하거나 ISO를 올리면 노이즈가 발생하고 해상력이 저하되는 특성이 있었다. 하지만 최근의 DSLR카메라는 초고감도의 ISO에서도 노이즈 발생이 획기적으로 줄었으며, 장시간 노출 시에도 노이즈리덕션noise reduction 기술의 발달로 많이 발생하지 않는다. 따라서 사진 촬영에서 가장 열악한 환경이라 할 수 있는 빛의 양이 적은 곳에서도 좋은 화질의 사진을 얻을 수 있게 되었다. 또한 수십 종의 고성능 렌즈를 활용할 수 있고 다양한 액세서리는 카메라 테크닉을 최대한 발휘하도록 도와준다. 고화질의 동영상 기능으로 방송 및 영화에서도 DSLR카메라를 많이 사용하고 있으며 크롭바디crop body DSLR카메라는 기본 줌렌즈를 장착하고도 상대적으로 저렴한 100만원 이하의 가격으로 인하여 대중화 되었다. 하지만 무게와 미러 충격으로 초보자는 자칫 사진이 흔들릴 수 있으며 복잡한 기능은 오히려 활용성을 떨어뜨려 콤팩트 카메라와 같이 완전자동 모드로 사용하는 유저도 많다.

Tip DSLR카메라의 종류

이미지 센서의 크기에 따라 크게 두 가지 종류가 있는데, 풀 프레임 바디 full frame body라 불리는 24×36mm 크기의 이미지센서를 장착한 고급 기종과 그보다 조금 작은 사이즈인 약 15×22mm 크기의 보급형인 크롭 바디가 있다. 24×36mm는 원래의 필름 규격이며 같은 초점거리의 렌즈라도 풀 프레임 바디에 비해 크롭 바디에서는 1.6배 더 망원이 된다.

3) 디지털카메라의 기능

디지털카메라는 수많은 기능을 가지고 있고 각 메이커마다 기능의 위치나 사용법, 용어도 다르다. 하지만 기본적인 디지털카메라의 기능은 동일하므로 이 기능들을 먼저 이해하는 것이 디지털카메라 활용의 첫걸음이다. 그 뒤 매뉴얼을 꼼꼼히 읽어 보고 카메라 기능 중 자신에게 필요한 것을 선택하여 잘 활용하는 것이 바람직하다.

(1) 조리개aperture

렌즈에 위치한 날개 모양의 장치이다. 이미지센서에 도달하는 빛의 양을 면적으로 제어하여 노출을 조절한다. 조리개의 중요한 역할은 피사계심도depth of field, 즉 아웃포커스와 팬포커스의 정도를 조리개의 수치를 통해 조절하는 것이다. 조리개수치가 낮을수록 심도는 얕아지고 높을수록 깊어진다. 고급 렌즈는 렌즈 구경이 크고 조리개의 최저 수치가 낮아 심도를 더 얕게 할 수 있으며 어두운 곳에서도 상대적으로 빠른 셔터스피드를 구사할 수 있어서 유리하다. 보통 조리개수치 앞에 영문 알파벳 "f"를 붙여 표시한다.

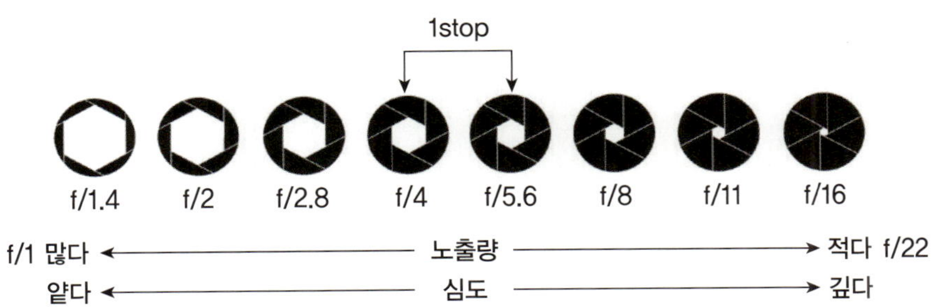

조리개수치 및 특성

조리개는 1stop(단계)마다 노출량이 두 배씩 변한다. 즉 f4에서 f5.6으로 이동하면 노출량은 반이 된다. 보통 단계를 1/3stop씩 조절하도록 되어 있으나 설정에서 1/2stop으로 바꾸면 좀 더 편리하게 사용할 수 있다.

Tip 피사계심도는 포커스를 맞춘 곳을 기준으로 앞과 뒤의 포커스가 맞는 범위를 말한다. 심도가 깊으면 앞과 뒤의 모든 곳에서 포커스가 맞고 심도가 얕으면 포커스를 맞춘 곳만 선명하고 나머지는 흐려진다. 흐려지는 정도는 포커스를 맞춘 곳으로부터 먼 곳에 있는 피사체일수록 점점 더 심해진다.

피사계심도	얕다	깊다
조리개수치	낮다	높다
피사체와의 거리	가깝다	멀다
렌즈의 초점거리	길다	짧다
이미지센서	크다	작다

(2) 셔터shutter

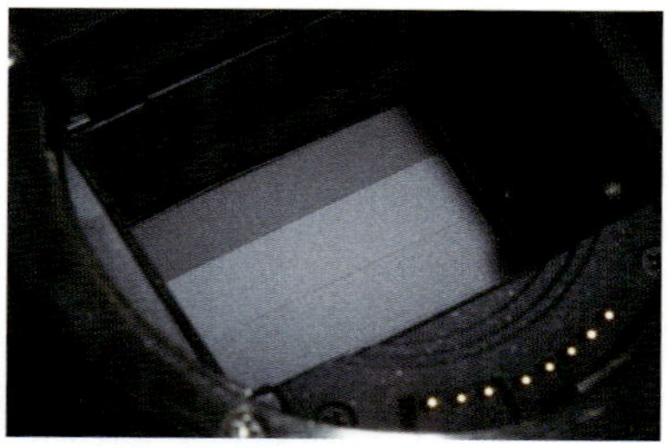

카메라 바디의 이미지센서 바로 앞에 위치한다. 조리개와 함께 노출량을 조절하는 장치로서 시간으로 빛의 양을 제어한다. 셔터의 중요한 기능은 피사체의 동감動感 조절이다. 고급 기종에서는 30초에서 1/8000초까지의 셔터스피드를 지원하고 보통 20초에서 1/2000초까지의 셔터스피드를 사용할 수 있다. 느린 셔터스피드는 움직이는 피사체를 표현하고, 삼각대를 사용하지 않을 경우 카메라 자체도 흔들릴 수 있다.야경 사진에서 자동차의 불빛이 도로 위에 흐르는 것처럼 표현된 것은 수초의 느린 셔터스피드를 사용한 것이다. 반면에 고속 셔터스피드는 빠르게 움직이는 피사체도 정지시켜 포착할 수 있다. 흔들리지 않은 사진을얻기 위해서는 어느 정도 빠른 셔터스피드의 확보가 중요한데, 초보자는 손으로 들고 사진을 찍을 경우 보통 1/60초보다 빠른 셔터스피드를 선택하는 것이 좋다. 또한 셔터스피드가 두 배로 빨라지면, 1/2만큼 빛을 받는 양은 줄어들고 노출량 또한 1/2 감소하게 된다(예 : 1/60초 → 1/125초).

(3) 노출과 보정

노출exposure은 셔터스피드와 조리개의 조합으로 이루어진다. 이 두 가지를 조절하여 항상 같은 양의 빛이 이미지센서에 닿도록 하는 것이 노출의 기본 개념이다. 따라서 밝은 곳에서는 빠른 셔터스피드와 좁은 조리개

조리개	1	1.4	2	2.8	4	5.6	8	11	16	22	32
셔터스피드	4	8	15	30	60	125	250	500	1000	2000	4000

같은 색끼리 조합된 노출량은 다른 색들의 조합과 같으므로 같은 밝기의 사진이 찍힌다.
즉 f 5.6 + 1/125초 = f 2.8 + 1/500초 = f 11 + 1/30초가 된다.

셔터와 조리개의 상관관계

로 빛을 조금만 받아들이고 어두운 곳에서는 느린 셔터스피드와 넓은 조리개로 빛을 많이 받아들인다. 이때 고려해야 할 사항은 사진에서 운동감을 표현할 것인가, 심도를 조절할 것인가이다. 한쪽의 노출량을 늘린 만큼 한쪽은 뺌으로써 같은 노출량으로 조절할 수 있기 때문이다.

표 5-1 | 같은 노출값에서 셔터와 조리개수치에 따른 변화

	피사계심도	셔터스피드
F5.6 + 1/125	중간	중간
F2.8 + 1/500	얕음	빠름
F11 + 1/30	깊음	느림

또한 노출 보정기능에서는 사진의 밝기를 조절할 수 있다. 이는 카메라의 노출계가 지시하는 대로 찍지 않고 임의로 빛의 양을 조절하는 것으로, 카메라의 노출보정 버튼(−/+)을 눌러 (−)쪽으로 이동하면 어두워지고 (+)쪽으로 이동하면 사진이 밝아진다.

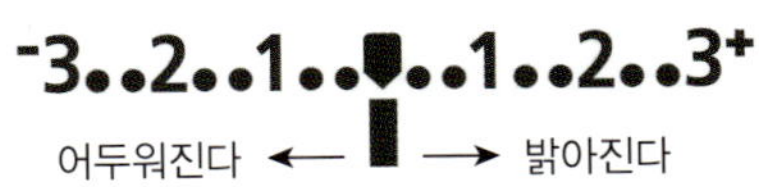

(4) 감도sensitivity

이미지센서의 빛에 대한 민감도를 말한다. "ISO"로 표시하며 ISO100보다 ISO200은 빛에 대하여 두 배 더 민감하다. 따라서 같은 피사체에서 동일한 조리개수치와 셔터스피드일 경우 ISO200이 두 배 더 밝은 사진이 된다. 또한 어두운 곳에서 셔터스피드 확보가 어려운 경우나 심도를 깊게 하고자 할 경우 ISO를 높이면 빠른 셔터스피드와 깊은 피사계 심도를 구현할 수 있다. 다음은 ISO 수치를 나열한 것으로 수치가 두 배가 되면 민감도도 두 배가 되며 노출도 두 배 높인 효과가 된다.

ISO수치와 빛에 대한 민감도

저하 ← 민감도 → 증가

ISO 50 100 200 400 800 1600 3200 6400 12800

(100 ↔ 400) 4배의 민감도 차이

하지만 감도를 너무 높이면 노이즈가 발생하고 해상도가 떨어지므로 주의해야 한다. 프로사진가들은 꼭 필요한 경우가 아니라면 보통 ISO100으로 촬영을 한다. 또한 카메라마다 고감도에서 발생하는 노이즈의 정도가 다르므로 자신이 사용하는 카메라의 노이즈 발생 정도를 테스트해 보고 확인한 후에 사용하는 것을 권장한다. 일상을 기록하는 사진이라면 어느 정도 노이즈가 발생하더라도 관계없으나 중요한 인쇄물 등을 위한 경우 일반 디지털카메라를 ISO1600 이상의 고감도로 촬영하면 노이즈가 발생하므로 주의해야 한다.

(5) 화이트밸런스white balance

특정 광원에서 흰색이 흰색으로 표현될 수 있도록 조절하는 것이 화이트밸런스를 맞추는 것이다. 태양광을 비롯한 형광등, 백열등 등은 각각 빛의 색이 다르다. 태양광은 백색광으로서 기준이 되는 광선이고 형광등은 녹색을, 백열등은 오렌지색을 띤다. 백색이 아닌 광원 아래의 피사체는 색이 다르게 찍힌다. 이때 화이트밸런스를 조절하여 어떤 광원 아래든지 피사체의 본래 색으로 사진이 나오도록 해야 한다.

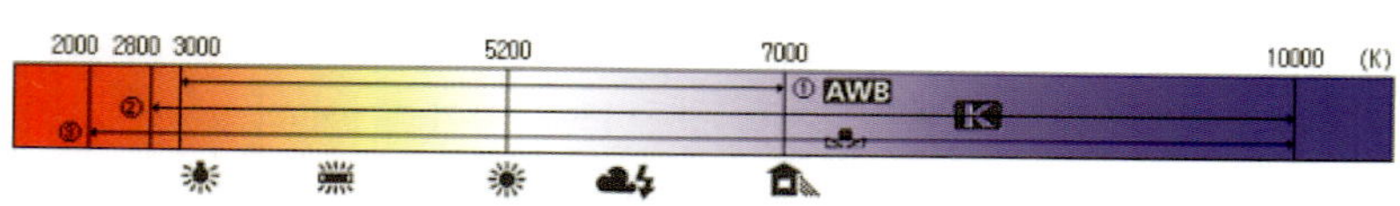

색에도 온도가 있다. 그것을 색온도color temperature라고 하고 켈빈Kelvin(K)로 표시한다. 일상생활에서는 그늘이 약 7000K로 가장 높으며 기준이 되는 한낮의 태양광은 5200K, 가장 낮은 백열등은 3200K 정도이다. 광원의 특성은 색온도가 높을수록 푸른색을, 낮을수록 붉은색을 띤다. 실내에서는 형광등이나 백열등과 창을 통하여 들어온 태양광이 섞이므로 색온도를 가늠하기 힘들다. 이러한 경우 먼저 자동 화이트밸런스 AWB, auto white balance를 선택하여 촬영하고 만족스럽지 못하다면 수동으로 조절해야 한다.

표시	모드	색온도(약 K: 캘빈)
AWB	자동	3000 – 7000
	태양광	5200
	그늘	7000
	흐림	6000
	텅스텐광	3200
	백색 형광등	4000
	플래시	6000

(6) 렌즈lens

렌즈는 빛을 모아 이미지센서에 상을 투영하는 역할을 한다. 렌즈의 주요 장치로는 내부에 조리개가 있으며, 외부에는 피사체의 포커스를 조절하는 포커스 링focus ring이 있고, 줌렌즈zoom lens에는 초점거리를 조절하는 줌 링zoom ring이 하나 더 있다. 요즘의 렌즈는 대부분 AFauto focus를 지원하며 손 떨림을 방지하는 ISimage stabilizer 기능이 탑재된 렌즈도 있다. 렌즈의 종류는 화각에 따라 표준렌즈, 망원렌즈, 광각렌즈로 나뉘며, 기능에 따라 줌렌즈, 매크로렌즈macro lens 등으로 나뉜다.

- **표준렌즈**standard lens

  사람의 시각과 비슷한 47° 의 화각을 갖고 있으며 사람이 눈으로 보는 듯한 자연스러운 사진을 찍을 수 있다. 초점거리는 50mm이다.

- **망원렌즈**telephoto lens

  표준렌즈의 초점거리인 50mm보다 긴 렌즈로 멀리 있는 피사체를 가까이 끌어당겨 사진을 확대하여 찍을 수 있다. 또한 100mm 정도의 망원렌즈는 이미지의 왜곡이 적고 가벼우며 화질도 비교적 우수하여 제품이나 인물사진에서 많이 사용된다.

■ 광각렌즈wide angle lens

표준렌즈인 50mm보다 초점거리가 짧은 렌즈를 말하는 것으로 넓은 화각을 가지고 있어 주로 풍경사진이나 실내 전경을 찍을 때 사용한다. 이 렌즈로 인물을 찍으면 왜곡이 생겨 우스꽝스러운 인물사진이 된다.

■ 줌렌즈zoom lens

하나의 렌즈에 다양한 초점거리를 구사할 수 있는 렌즈로서 편리성 때문에 일반적으로 많이 사용되는 렌즈이다. 표준성 줌렌즈는 광각과 망원렌즈를 하나의 렌즈로 모두 사용할 수 있다. 단초점 렌즈에 비해 화질이 떨어지는 단점이 있다.

■ 매크로렌즈macro lens

작은 물체를 가까이 클로즈업 촬영이 가능한 렌즈로, 100mm 매크로렌즈의 경우 24×36mm 넓이의 피사체까지 클로즈업하여 찍을 수 있다.

Canon 100mm 매크로렌즈

100mm 매크로렌즈 f2.8, 1/125초

(7) 화질image quality

디지털카메라는 기본적으로 다양한 사이즈의 사진을 선택하여 저장할 수 있다. 파일의 종류로는 크게 비압축파일인 RAW와 압축파일인 JPEG로 나눌 수 있다. RAW는 가장 좋은 화질을 구사하나 용량이 크고 현상이라는 과정을 거쳐야 하므로 초보자가 다루기 쉽지 않다. JPEG의 경우 대부분 Large, Medium, Small 등 3가지의 사이즈로 세분되며 또한 화질에 따라 같은 사이즈라도 고화질◢fine과 보통▟normal 화질을 선택할 수 있다. 프로사진가의 경우 최고의 화질을 구사하기 위하여 주로 RAW를 사용한다. 프로사진가가 아니라도 만일의 사용을 위하여 JPEG 중에서도 가장 큰 사이즈와 고화질을 선택하는 것이 좋다. 참고로 약 2,200만 화소의 CANON 5D Mark Ⅲ의 각 화질별 파일크기(8GB 메모리카드를 사용한 경우)와 저장 가능 매수, 인화 가능 사이즈 등은 우측 표와 같다.

기록 화질 설정값(근사치)

화질		기록 화소수(메가픽셀)	프린트 크기	파일 크기(MB)	촬영 가능 매수	최대 연속 촬영 매수
JPEG	◢L	22M	A2 이상	7.0	1010	65(16270)
	◢L			3.7	1930	1930 (30990)
	▟M	9.8M	A3 이상	3.8	1860	1860 (29800)
	▟M			2.0	3430	3430 (55000)
	◢S1	5.5M	A4 이상	2.5	2810	2810 (45140)
	▟S1			1.3	5240	5240 (83980)
	S2[*1]	2.5M	약 9×13cm	1.4	5030	5030 (80520)
	S3[*2]	0.3M	–	0.3	19520	19520 (312420)
RAW	RAW	22M	A2 이상	27.1	260	12(18)
	M RAW	10M	A3 이상	19.1	370	10(11)
	S RAW	5.5M	A4 이상	15.1	480	12(15)

(8) 촬영모드shooting mode

촬영 시 카메라의 노출계가 지시하는 노출 값을 토대로 셔터스피드와 조리개수치를 정하여 적정 밝기로 촬영을 한다. 이때 조리개와 셔터스피드를 조작하는 방법이 여러 가지가 있다. 크게 수동노출, 반자동노출, 자동노출 방식이 있다.

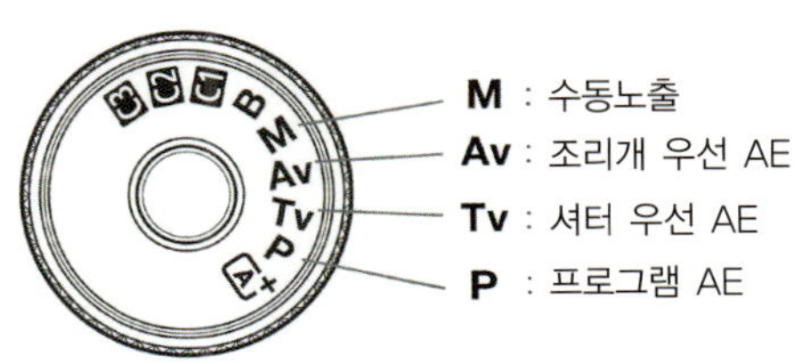

- M모드manual exposure : 수동노출 모드로서, 노출계가 작동하지만 셔터스피드와 조리개 두 가지 모두를 임의대로 선택하여 촬영하는 방식이다. 사용하기 번거로우나 노출 측정이 어려운 특수한 상황에서는 유용하다.

- AV모드A모드, aperture-priority auto exposure : 조리개 우선자동노출 모드로서 임의의 조리개수치를 선택하면 그에 맞는 적정 셔터스피드를 자동으로 카메라가 설정해 주어 촬영하는 방식이다. 피사계심도를 주로 조절하는 사진에서 사용한다.
- TV모드S모드, shutter-priority auto exposure : 셔터스피드 우선자동노출 모드이다. 셔터스피드를 정하면 그에 맞는 조리개수치를 카메라가 자동으로설정하여 촬영한다. 동적인 표현의 사진을 촬영해야 할 경우나 특히 흔들리지 않아야 하는 사진을 촬영할 때 주로 사용한다. AV 모드와 함께 반자동 모드이다.
- P모드programed mode : 완전자동 모드로서, 내장된 프로그램에 의해 촬영 환경에 맞는 적절한 셔터스피드와 조리개수치 두 가지 모두를 카메라가 자동으로 설정하여 촬영한다. 노출 결정에 자신이 없거나조리개와 셔터스피드에 대한 이해도가 낮을 때 주로 사용한다.

4. 음식사진 촬영기법

음식사진의 촬영에서 가장 중요한 요소는 신속한 촬영이다. 신속한 촬영만이 음식의 형태를 고스란히 살릴 수 있고 씨즐감도 제대로 나타낼 수 있다. 또한 적절한 카메라 테크닉과 조명의 사용은 음식사진을 한층 더 빛나게 한다.

기본적인 조명의 성질은 간단하다. 라이트소스light sauce가 크면 콘트라스트가 약한 부드러운 광선을, 반대로 작으면 콘트라스트가 강한 날카로운 광선을만든다. 또한 피사체에 가까이 있으면 부드러운 그림자 윤곽을, 멀리 있으면 선명한 그림자 윤곽을 만든다. 예를 들어 직사광인 태양의 경우 아주 멀리 있고 그로 인해 라이트소스가 작아졌으므로 그림자 윤곽이 또렷하고 콘트라스트가 강하다. 초보자는 부드러운 조명부터 시작하는 것이좋다. 프로사진가에게도 선명하고 강한 그림자의 처리는 쉽지 않은 일이다.

1) 카메라와 주변 도구의 세팅

(1) 노출 모드

자연광으로 촬영 시에는 조리개우선자동 모드인 Av(또는 A)에 놓는다. 대부분의 음식사진 촬영에서는 심도를 우선적으로 고려하여 사진을 찍는데, 조리개가 피사계심도를 담당하기 때문이다. 조리개를 열어 심도를 얕게 할 경우 눈으로 느끼지 못했던 음식의 다른 모습을 볼 수 있으며 조리개를 조여 심도를 깊게 할 경우 음식의 세세한 디테일이 정확히 묘사된다.

노출 모드

인공광인 사진용 플래시를 사용할 때에는 수동노출 모드(M)에 놓는다. 이때 노출량의 조절을 조리개가 담당하므로 조리개의 조작으로만 노출을 맞춘다. 피사계심도를 조절할 때에는 원하는 심도를 표현할 조리개수치를 세팅한 다음 플래시의 광량을 조절하거나 조명과 음식 간의 거리를 조절하여 노출량을 조리개수치에 맞춘다. 셔터는 1/125초에 세팅하는 것이 일반적이며 인덕션induction, 촛불 등과 같은 불빛을 표현해야 하는 경우에는 플래시의 모델링라이트modeling light를 끄고 1/4초나 1/8초의 느린 셔터스피드로 촬영해야 붉은 불빛을 표현할 수 있다. 또한 플래시로 촬영 할 때에는 카메라에 내장된 노출계는 사용할 수가 없다. 따라서 별도의 노출계가 없는 경우, 일단 원하는 조리개수치를 세팅을 하고 사진을 찍은 다음 카메라 뒷면의 LCD 창에 띄워진 사진을 보고 적정 노출을 가늠한다.

(2) 화이트밸런스

음식사진에서 식재료의 신선도나 식감의 향상을 위하여 정확한 화이트밸런스로 촬영하는 것이 좋다. 다만 한식이나 토속적인 음식의 경우 화이

느린 셔터스피드를 이용하여 백색광인 플래시 광에 앰버색인 모델링 광이 혼합되도록 하여 전체적으로 앰버톤을 띠게 하였다. 셔터스피드 1/2초, 조리개 F11

트밸런스를 조정하여 약간의 앰버톤amber tone을 띠게 할 경우 전통적인 분위기를 만들 수 있다.

자연광 촬영 시에는 실내든 야외든 AWB 모드를 권장한다. 만약 색감이 만족스럽지 못하다면 수동으로 조절해야 한다. 실내촬영의 경우 창을 통하여 들어오는 빛이 유리의 색 때문에 화이트밸런스를 태양광에 세팅하면 자칫 녹색이 돌 수 있기 때문이다. 야외의 그늘도 벽이나 기타 주변의 색에 따라 광선의 색온도가 달라지기도 한다.

사진용 플래시를 사용하여 촬영할 경우에는 AWB 모드에서는 정확한 화이트밸런스를 측정하기 어렵다. 이는 순간적으로 발광하는 빛의 경우 카메라가 화이트밸런스를 자동으로 측정하여 맞춰주지 못하기 때문이다. 지속광인 할로겐램프 조명의 색온도는 보통 3200°K이나 브랜드마다 다를 수 있으며 노후 정도에 따라 색온도가 낮아지므로 AWB 모드를 사용하는 것이 좋다.

(3) 삼각대(트라이포드tripod)

음식사진은 기본적으로 삼각대를 사용해야 한다. 삼각대를 고정하고 앵글angle과 프레임frame의 넓이를 결정한 다음 파인더를 보면서 메인 접시와 소품들을 적절히 배치하는 것이 일반적이다. 실내에서 자연광으로 촬영할 경우, 광량의 부족으로 셔터스피드가 느려질 수 있으니 삼각대를 사용해야 흔들린 사진을 방지할 수 있다.

(4) 렌즈

기본적으로 망원렌즈를 사용한다. 프로사진가들은 100mm의 매크로렌즈를 주로 사용하는데, 그 이유는 100mm 정도의 망원렌즈가 음식의 형태와 접시의 모양을 왜곡시키지 않기 때문이다. 특히 음료잔과 같이 높이

100mm 망원렌즈

28mm 광각렌즈

두 사진 모두 맨 앞쪽 유리컵의 크기가 같으나 광각렌즈에서 배경이 더 넓게 잡힌다. 따라서 불필요한 배경이 많이 나오게 되며 창틀의 수직선도 프레임 밖으로 기울어진다.

가 있는 것은 망원렌즈를 사용해야 프레임 바깥쪽으로 기울어지는 것을 어느 정도 보완할 수 있다.

또한 매크로렌즈는 클로즈업을 하기에 용이한 렌즈로 음식의 디테일 표현에 효과적이다. 만약 100mm 매크로렌즈가 없을 경우 100mm에 가장 근접한 렌즈를 선택하면 된다. 크롭바디crop body 카메라라면 표시된 렌즈 mm수에 1.6을 곱한 것이 실제 렌즈의 초점길이가 된다.

광각렌즈의 사용은 음식사진 촬영 시 피해야 한다. 왜냐하면 광각렌즈는 접시의 형태를 왜곡시키고 카메라의 수평이 맞은 상태에서도 좌우양쪽으로 기울어지게 만들기 때문이다. 또한 메인 음식 뒤쪽의 배경이 넓게 잡히므로 불필요한 것들이 프레임에 잡힐 수 있기 때문이다.

(5) 반사판

반사판

음식사진의 촬영에서 반사판의 사용은 필수이다. 주로 흰색 폼보드 form board를 잘라서 만들며 종이테이프를 이용하여 ㄱ자로 세울 수 있도록 한다. 반사판이 없을 경우 두꺼운 흰 종이를 반으로 접어서 사용한다. 반사판은 조명의 반대쪽에서 조명을 반사시켜 음식이나 접시 아래의 그림자 부분을 밝게 하여 콘트라스트를 완화시켜준다. 반사판을 사용하지 않을 경우 접시 아래의 그림자는 필요 이상으로 짙어질 것이고 음식의 굴곡진 부분은 어두워서 잘 보이지 않을 것이다. 필요한 경우 다양한 높이와 사이즈를 사용할 수 있으며 2개 이상을 동시에 사용하기도 하고, 강하게 반사시켜야 할 경우 실버 반사판을 사용하기도 한다.

2) 자연광 촬영

(1) 실내

광량이 풍부한 창가에서 촬영하고 초보자는 직사광선을 피한다. 이때 창은 조명이 되고, 보통의 창은 인공 조명의 소프트박스보다 크므로 직사광선이 아니라면 부드러운 광선이 될 것이다. 그리고 실내의 전등을 모두 꺼 한 가지 색의 빛만 존재하는 단일광 상황을 만든다. 단일광으로 촬영하는 것은 사진에서 부분적으로 다른 색이 도는 것을 방지할 수 있다.

카메라는 창의 반대편에서 창 쪽을 향하여 역광 내지는 반역광으로 촬영한다. 이때 노출을 음식에 맞춘다면 창에서 가까운 쪽 배경은 밝고 카메라 쪽으로 올수록 점차 어두워지는, 적당한 그러데이션gradation이 생긴 배경을 만들 수 있다. 음식의 입체감을 극대화 하기 위해 시계의 4시나 8시 방향으로 그림자를 만들려면 창과 카메라와의 각도가 135도 정도인 반역광 상태를 만든다. 이때 창의 반대쪽에 반사판을 사용하여 창에서 들어오는 빛을 반사시켜 짙은 그림자 부분을 완화시킨다.

실내에서 자연광 촬영의 예(ISO100,셔터스피드 10분의 1초, F2.8)

(2) 실외

실외라도 직사광선은 피하는 것이 좋다. 음식이 빨리 마를 뿐만 아니라 콘트라스트가 필요 이상으로 강해지기 때문이다. 건물이나 기타 그늘에서 촬영할 경우 카메라의 방향은 건물 쪽이 아닌 빛이 들어오는 쪽을 향해야 프레임 아래쪽으로 오는 자연스러운 그림자를 만들 수 있다. 만약 나무 그늘 아래에서 촬영할 경우는 나뭇잎 사이로 들어오는 작은 직사광선들이 드라마틱한 조명을 만들 것이다.

실외에서 자연광 촬영의 예

3) 인공광 촬영

(1) 조명의 종류

크게 지속광 조명과 순간광 조명으로 나눌 수 있다. 지속광은 백열전구나 할로겐전구로 된 조명과 같이 계속적으로 켜져 있는 조명을 말한다. 색온도는 붉은빛을 내는 약 3400K이며 발열이 심하다. 근래에는 발열이 적은 사진용 LED조명이 출시되었으나 고가로 인해 아직까지 대중화되진 못했다. 지속광은 비교적 가격이 저렴하고 눈으로 조명의 상태를 보고 촬영할 수 있으므로 초보자에게는 적당하나 광량 조절에 제약이 있고 전구의 수명이 짧은 것이 단점이다.

순간광은 사진용 플래시가 대표적이며 색온도는 약 6000K로 약간 푸른 빛을 띤다. 순간적으로 빛을 내는 것은 몸체의 콘덴서condenser가 전기를 모았다가 한꺼번에 고압의 전류를 제논튜브xenon flash tube lamp에 방전시켜 발생한다. 순간적으로 발광하는 빛을 예상할 수 있도록 지속광인 할로겐의 모델링 램프가 있으며, 셔터스피드가 아주 느린 경우를 제외하고 노출이나 색온도에 영향이 없다. 액세서리가 다양하고 작은 크기에도 큰 광량을 낼 수 있는 것이 가장 큰 장점이다. 또한 광량 조절 폭이 지속광에 비해 넓으며 발열이 적지만 상대적으로 고가이고 주요 부품이 유리로 되어 있으므로 취급에 주의해야 한다. 우리나라는 오랫동안 고가의 수입산에 의존했지만, 근래에는 저렴하고 디자인과 품질이 우수한 다양한 국산 브랜드 제품의 출시로 많이 대중화가 되었다.

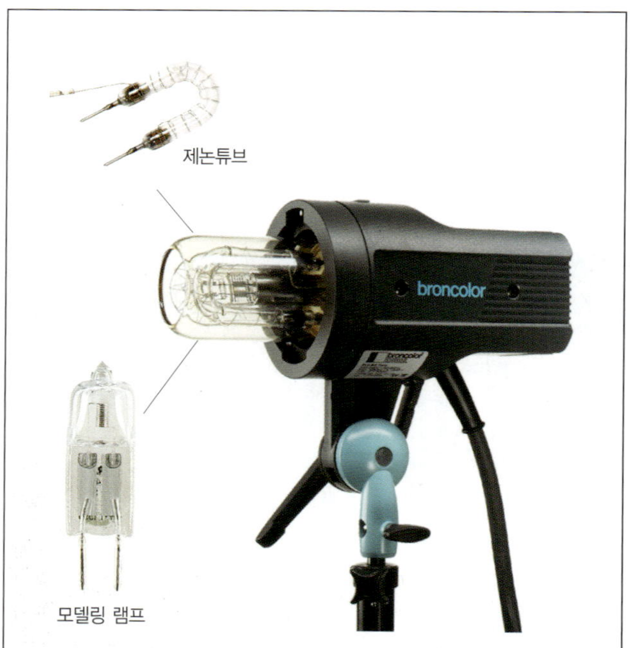

사진용 플래시flash

(2) 인공광원의 종류

인공광원에는 확산광과 직광이 있으며 자연광과 비교하면 전자는 그늘, 후자는 직사광선과 비슷하다. 확산광을 만드는 대표적인 액세서리로 직사각형의 소프트박스soft box와 우산umbrella이 있는데, 우산은 음식사진에서 접시에 우산 모양의 조명 반사를 만들므로 결과적으로 깔끔하지 않아 잘 사용하지 않는다. 확산광은 그림자의 외각선이 부드럽고 콘트라스트가 약해 일반적으로 많이 사용되며 초보자도 사용하기 어렵지 않다.

직광은 기본적인 갓인 표준 리플렉터standard reflector를 사용하며 경우에 따라 표준 리플렉터에 허니컴honeycomb을 장착하여 더 좁은 영역에 빛을 비출 수 있다. 또한 메인 접시를 중심으로 비출 경우 주변부는 어두워져 메인 접시가 강조되고 분위기 있는 음식사진을 만들 수 있다. 하지만 기본적으로 콘트라스트가 강해 그림자가 강조되고 소품의 그림자가 메인 접시에도 생길 수 있으므로 초보자가 잘 사용하기에는 어려움이 있다. 허니컴은 조사각도는 벌집의 크기에 따라 보통 10도에서 40도까지 있다.

허니컴을 이용한 콘트라스트가 강한 사진

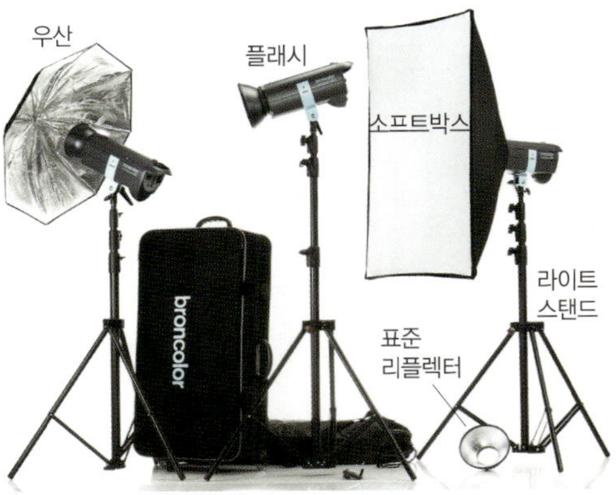

인공광(셔터스피드 1/2초 조리개 f8)

허니컴honeycomb

(3) 기초 조명법

사진의 조명은 카메라와 피사체 그리고 광선의 방향에 따라 순광, 사광, 측면광, 반역광, 역광으로 나뉜다. 카메라 쪽에서 카메라 앞쪽의 피사체에 조명을 비추는 것이 순광이고, 카메라의 앞쪽에서 카메라 쪽의 피사체에 비추는 것이 역광이다. 빛의 방향에 따라 피사체의 입체감과 콘트라스트가 달라지고 이로 인해 분위기의 변화가 생기므로 신중한 선택을 해야 한다.

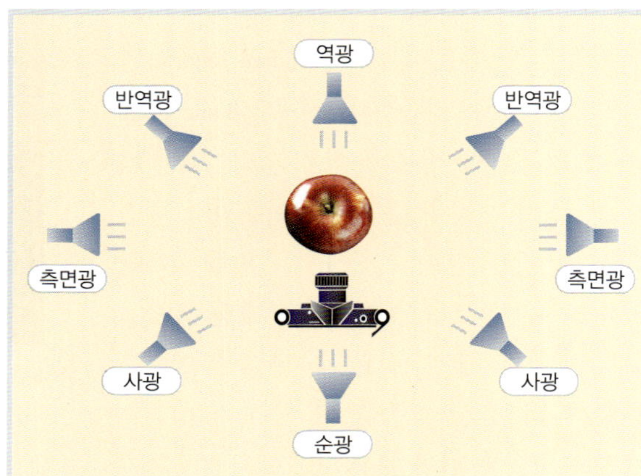

광원의 방향에 따른 조명 방법

대부분 음식사진은 반역광이 일반적이나 역광으로도 촬영한다. 음식을 창가에 두고 창 쪽을 향하여 찍는 것도 전형적인 역광 촬영법이다. 사진에서 그림자의 방향이 위에서 아래로 지는 것이 자연스럽게 보이기 때문이다. 이때 주의할 점은 카메라 앵글이나 조명의 높이를 너무 낮게 잡아 광선이 직접 카메라렌즈에 들어오지 않도록 해야 한다. 직접 들어온 광선은 부분적으로 또는 전체적으로 콘트라스트와 선명도가 저하된 뿌연 사진이나 헐레이션halation 등 광학적 이상 현상을 만든다.

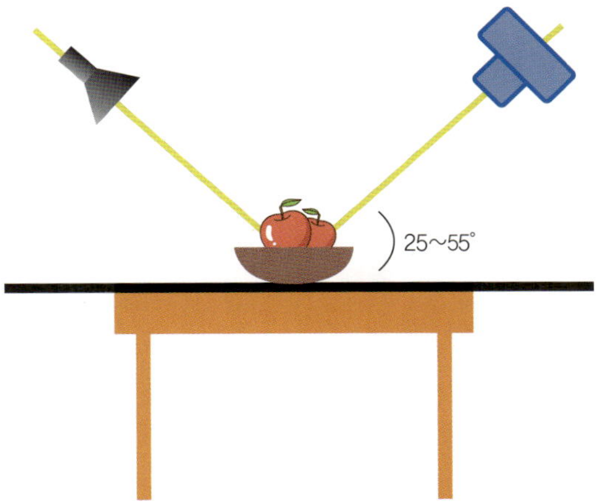

역광상태의 조명과 카메라와의 각도

위의 그림은 역광일 때의 조명과 카메라의 방향과 각도를 표시한 것으로, 대부분 조명과 카메라의 각도는 테이블과 25~55도를 이룬다. 조명이 음식을 비추는 각도와 카메라가 음식을 바라보는 각도가 같을 때 음식 표면의 조명반사가 하얗게 생긴다. 적당히 음식 표면에 하얀 조명 반사를

역광의 소프트박스 조명에서 설탕 글레이즈가 발라진 딸기와 떡갈비의 시즐감 표현(부분 확대)

만들면 시즐감을 표현할 수 있다. 소프트박스와 같은 크고 부드러운 조명은 음식의 기름 등에 의해 반사되므로 시즐감을 증대시키는 효과를 얻을 수 있다.

가장 자연스럽고 입체감을 잘 살릴 수 있는 그림자의 방향은 반역광이다. 반역광을 사용하면 음식의 그림자가 45도 정도 아래쪽으로 생긴다. 이는 음식의 반사를 많이 주지 않을 때나 반사가 잘 생기지 않는 음식을 찍을 때 사용하면 유용하다. 이때 그림자 길이는 음식 높이 정도가 적당하다. 반사판을 조명의 반대쪽에 설치하면 짙은 그림자를 밝게 하며, 이는 결과적으로 콘트라스트를 낮춰준다. 때에 따라서는 접시 밑의 그림자를 밝게 하기 위하여 여러 개의 반사판을 설치할 수도 있다.

반역광 촬영의 예

반역광으로 촬영한 사진

소프트박스와 같이 큰 조명을 사용하여 국물 있는 음식을 촬영할 때는 주의를 기울여야 한다. 역광은 물론이고 반역광의 경우라도 심한 조명반사로 인하여 국물 전체는 하얗게 되고 국물 본래의 색을 가늠하기 어려울 수 있기 때문이다. 이때는 조명을 측면광 쪽으로 회전 이동하면서 국물 반사의 정도가 가장 적당한 지점을 찾아야 한다.

국물 있는 음식의 잘못된 촬영의 예

국물 있는 음식의 적당한 조명반사

Part 6

FOOD Coordinator guide map

테이블 코디네이트

1. 테이블 코디네이트의 이해
2. 테이블탑의 5대 기본요소
3. 서양의 식공간
4. 동양의 식공간
5. 테이블 연출

UNDERSTANDING OF FOOD TABLE COORDINATE

테이블 코디네이트

테이블 코디네이트table coordinate는 요리와 함께 그릇, 꽃, 테이블클로스에서 음악, 조명 등 식공간에 이르는 요소들의 적절한 조화에 의하여 총체적인 오감五感에 영향을 미치는 식공간의 창조이다.

1. 테이블 코디네이트의 이해

테이블 코디네이트란 식탁을 중심으로 식사에 필요한 여러 가지 물리적 요소를 분위기에 맞게 연출하는 것이다. 식탁 위에는 음식을 담기 위한 그릇류와 그것을 먹기 위한 식사도구류, 음료를 위한 잔류, 청결과 장식을 함께 표현할 수 있는 테이블클로스, 냅킨을 포함한 천류와 그 밖에 꽃, 초 등의 장식 소품류가 있다. 테이블 코디네이트는 이들을 조화롭게 표현하는 것이다.

코디네이트는 둘 이상의 요소들을 조합해서 하나의 감각으로 만드는 것이며, 푸드 코디네이트는 음식을 대상으로 코디네이트 하는 것이다.

- 푸드 코디네이트는 쾌적한 식공간이 되도록 음식과 공간의 종합적인 조화를 실현한다.
- 스타일링은 완성품을 가지고 데커레이션 하는 것으로, 푸드스타일링은 그 대상이 음식이 되는 것이다.

- 푸드스타일링은 음식이나 식품이 가지고 있는 특성과 색상, 그리고 시즐sizzle을 최대로 살려 오감을 만족시킬 수 있도록 식감을 표현해 내는 비주얼visual 작업이다.
식공간의 쾌적성을 의미하는 어메니티amenity는 [표 6-1]로 정리할 수 있다.

표 6-1 | 식공간의 어메니티 구성요소

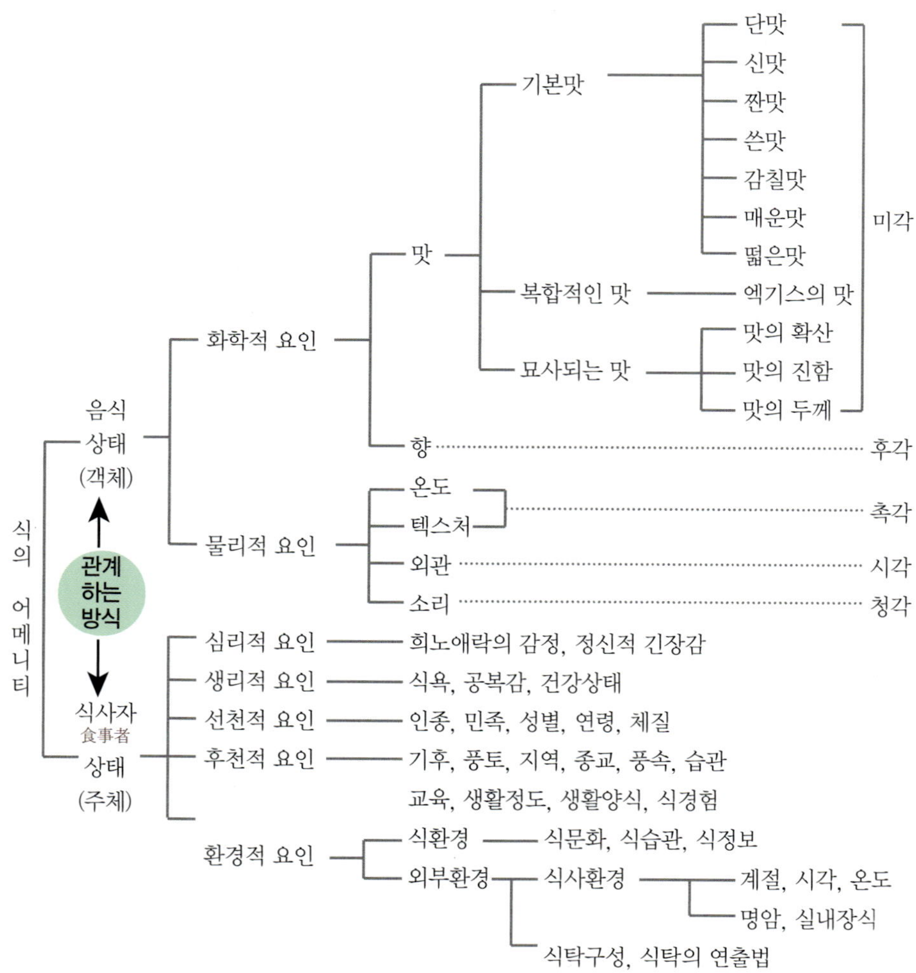

1) 테이블 코디네이트의 목적

음식을 매개로 커뮤니케이션이 이루어지는 공간으로서 감동이 있는 테이블을 연출하여 자신을 재발견하고 나아가 공동체에 대한 이해와 에너지를 얻고 생활의 활력을 얻는다.

2) 테이블 코디네이트의 구성요소

테이블 코디네이트에서 기본적으로 고려해야 할 사항은 사람과 TPO, 즉 사람을 중심으로 시간time, 장소place, 목적occasion을 설정하여 준비한다.

- 식탁에 앉게 되는 사람들의 연령, 성별, 기호, 직위, 서열, 주빈여부 등을 고려한다.
- 하루 중의 아침, 점심, 저녁 등의 시간과 그 사이의 간단한 티타임, 저녁식사 후의 칵테일 파티 등 시간 선택도 중요한 구성요소이다.
- 안방, 식당, 거실, 정원 등 식사하는 장소에 따라 분위기 연출이 달라진다.
- 식사하는 목적에 따라 다양한 의미를 넣어 테이블을 꾸밀 수 있다. 생일, 기념일, 축하, 위로 등에 어울리는 연출과 대화 요소로 구성한다.

3) 테이블 코디네이트의 과거와 현재

오늘날과 같은 테이블 코디네이트는 프랑스의 식탁예술에서 시작되었다.

- 테이블 세팅과 매너 등이 완성된 시기는 루이 16세의 왕비 마리 앙투아네트Marie Antoinette, 1755~1793 시대이다.
- 테이블 코디네이트는 18세기에는 식탁예술로 주목되어 식사행위는 요리를 즐기는 것만이 아닌, 그 사람의 문화와 교양으로 평가되었다.

4) 감동이 있는 테이블 코디네이트

테이블 코디네이트의 목적은 참여하는 구성원들에게 감동을 주는 것이다. 그날의 분위기를 이미지화하여 참여자를 극진히 대접하는 호스피탈리티hospitality 정신을 표현한다.

5) 가정에서의 테이블 코디네이트

가정에서의 테이블 코디네이트는 마음에서 싹트는 진정한 접대에서 출발한다.

- 혼자 할 수 있는 능력의 범위를 파악한다.
- 테이블 코디네이트 인테리어interior와 엑스테리어exterior에 대한 세심한 배려가 필요하다.
- 지나친 색깔과 디자인의 복장은 피한다.
- 손님맞이에서 계절 음료, 손님 소개, 좌석 안내에 각별히 신경 쓴다.
- 메뉴의 체계화, 식기의 밸런스, 음료의 선택 등에서 예산에 맞추도록 한다.
- 즐거운 대화 소재를 준비한다.
- 접대가 끝난 후는 시간표, 메뉴, 식기, 음식, 테이블세팅, 식탁화 등의 반성점을 체크한다.

2. 테이블탑의 5대 기본요소

바람직한 식공간 연출은 테이블 코디네이트의 5대 기본 요소와 함께 공간 연출의 요소가 종합적으로 조화를 이루었을 때 가장 이상적이라고 할 수 있다. 테이블탑table top5의 5 요소는 디너웨어dinnerware, 커틀러리cutlery,

글라스웨어glassware, 린넨linen, 센터피스centerpiece의 5가지이다.

1) 디너웨어

디너웨어dinnerware는 메뉴가 정해진 다음 메뉴에 맞게 가장 먼저 선택해야 하는 식기로 흥미로운 대화나 좋은 음식과 함께 성공적인 식사분위기를 만드는 기초가 된다.

(1) 정의

디너웨어는 식사할 때 사용되는 각종 그릇을 총칭하는 말로, 식기 또는 차이나china라고도 한다.

(2) 발달배경

인간은 흙으로 구워 만든 용기를 생활도구로 이용해 왔다. 이는 돌이나 쇠에 비해 가공이 쉽고 그 재료가 풍부하였기 때문이다.

- 토기 제조는 유목 시대를 지나 농경 시대에 시작되었다.
- 기원전 약 만 년 전에 문명의 발생지역인 중, 근동 지방에서 도자기 역사가 시작되었다.
- 이 당시 자기 소성법의 비밀은 중국만이 보유하고 있었다.
- 18세기 이전 유럽은 이탈리아의 마욜리카Majolica, 네덜란드의 델프트Delft, 프랑스의 파이앙스Faience 등에서 도기 및 석기질 도자기가 생산되었으나 그때까지 자기 제품은 만들 수 없었다.
- 1709년 독일의 뵈트거J.F.Boettger가 유럽 최초의 자기를 개발하였다.
- 1710년 동부 독일에서 마이센Meissen요가 창설되었다.
- 오스트리아 빈Wien, 프랑스의 세브르Sevres, 이탈리아의 리차드 지노리Richard Ginory 등 유럽 각국에서는 경쟁적으로 도자기 가마가 개설되었다.

- 18세기 중반에 영국에는 웨지우드Wedgwood, 로얄 덜튼Royal Doulton 등이 탄생하였다.

(3) 분류

① 재질에 따른 분류

- 토기clayware는 진흙을 600~800℃에서 구운 것으로 유약을 바르지 않은 것이 대부분이다.
- 석기stoneware는 고령토, 석영, 산화알미늄, 장석을 섞은 2차 점토로 1,000~1,200℃에서 구웠으며 강화도자기로 돌 같은 촉감이다.
- 도기earthenware는 찰흙, 모래, 자갈을 600~900℃에서 구운 것이다.
- 자기는 카올리나이트kaolinate를 주성분으로하는 자토인 고령토(카올린)로 그릇을 빚어 1,300~1,400℃에서 구운 것으로, 모든 도자기 중에 가장 단단하고 실용적이다.
- 본차이나bone china는 약 1,260℃에서 구운 것으로 황소나 가축의 뼈를 태운 골회를 첨가시켜 만들었다.
- 크림웨어creamware는 석기와 비슷한 구조이나 마욜리카와 파이앙스보다는 단단하고 내구성이 있다.
- 부드러운 점토로 만든 마욜리카와 파이앙스는 잘 부서지고 갈라져, 일상 용기로 부적합하다.
- 이 밖에 칠기, 은기 등이 있다.

② 용도에 따른 분류

가. 개인용 식기

- 접시plate는 가장자리의 운두가 높고, 바닥이 편평하며 납작한 모양을 가진 그릇의 총칭이며, 음식을 담아내거나 그릇 밑에 받쳐 사용한다.
- 장식용으로도 사용하나, 서구 문화권에서는 주식을 담는 식기의 대표 형태이다.
- 로마시대에 귀족들은 금·은·유리·도기 접시를, 노예는 나무사발을 사용하였다.

- 중세에 트렌처trencher는 통밀가루, 호밀을 익혀 숙성시킨 후 둥근 모양이나 직사각형으로 잘라 사용하였다.
- 14세기 초 트린treen은 나무로 만든 용기이며 산업혁명 이후 중산층의 성장과 더불어 다양한 종류의 접시로 생산되었다.
- 볼bowl은 손잡이가 있는 것과 없는 것으로 나뉜다.
- 컵cup의 초기형태는 손잡이가 없어 잔의 위, 아래 가장자리를 손가락으로 집었다.
- 산업혁명 이후 손잡이가 있는 찻잔이 대량 생산되면서 일반화되었다.

트린 세팅

- 서비스 플레이트service plate

  플레이스 플레이트place plate 또는 장식용 접시로 지름이 약 270~320mm이다. 식사의 시작부터 끝까지 세팅되어 있기도 하고 레스토랑 임의로 사용하기도 한다.
- 디너 플레이트dinner plate

  스테이크, 로스트 등의 메인 디시용으로 250mm 이상의 크기이고, 스타일링에 따라 애피타이저와 디저트용으로도 쓸 수 있다.
- 디저트 플레이트dessert plate

  오드볼, 샐러드, 디저트, 과일용으로 지름이 약 180~210mm이며 뷔페 스타일의 개인용 접시로도 쓸 수 있다.
- 케이크 플레이트cake plate

  케이크, 초콜릿, 과자, 샌드위치용으로 지름이 약 180mm이다.
- 수프 플레이트soup plate

  수프나 스튜용으로 지름이 약 210~230mm이다. 타원형이나 원형이 있는데 개인용으로 쓰이는 것은 원형이다.
- 브레드 플레이트bread plate

  빵이 놓이는 접시로 사용되며 지름이 150mm이다.
- 컵과 소서saucer

  커피, 홍차 겸용으로 사용된다.
- 데미타스demitasse 컵과 소서saucer

  식후의 에스프레소 커피용으로 사용된다.
- 머그mug

  커피, 우유, 수프 등을 담는 용도로서 가장 편안한 스타일로 사용된다.

양식기의 용도별 형태와 명칭

1 샌드위치 플레이트
2 서비스 플레이트
3 플레이트의 종류
150mm – 빵용
180mm – 케이크용
210mm – 샐러드용
230mm – 오르되브르 용
270mm – 미트용

4 수프 튜린
5 수프 플레이트(200~230mm)
6 수프 컵 & 소서
7 커피 포트
8 슈가 포트
9 크리머(커피용 밀크)
10 데미타스 컵(에스프레소용)

11 커피 잔
12 티 포트
13 슈거 포트
14 크리머(홍차용 밀크)
15 홍차 잔
16 찻잔(홍차 · 커피 겸용)

Tip 실크로드를 따라 차와 차를 담을 수 있는 찻잔이 유럽에 전해지면서 중국에서 온 도자기인 찻잔을 차이나 china라고 부르게 되었다. 이후 긴 시간을 거쳐 1709년 독일의 마이센에서 유럽 최초로 도자기를 만들게 되었다.

나. 서브용 식기

■ 서브용 식기serveware는 19세기 초 플래터platter와 볼bowl을 사용하여 손님에게 접대하던 방식인 러시아식 정찬 접대에서 소개되었다.

표 6-2 | 서브용 식기의 종류

명칭	특징
서브용 볼 serving bowl 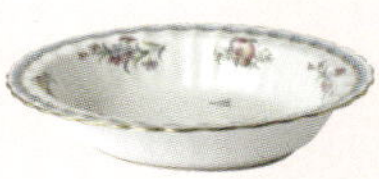 지름 200~230mm	• 얕은 서브용 볼은 아스파라거스, 과일, 롤빵과 같은 딱딱한 음식을 내는 데 사용 • 깊은 서브용 볼은 으깬 감자, 밥, 파스타, 크림으로 된 부드러운 음식에 사용
커버드 베지터블 covered vegitable  지름 200mm	• 익힌 야채 요리를 내는 데 사용 • 뚜껑 있음
티 포트 tea pot  지름 160mm, 높이 130mm	• 티를 넣어 우려내고, 서브하기 위해서 사용되는 포트 • 둥근 모양의 티포트는 찻잎의 점핑 jumping을 좋게 하여 맛있는 티를 우려냄 • 17세기에 티는 비싼 제품이었으므로 티포트는 1인분을 담을 수 있는 크기로 만들어졌고, 약 80~100mm 높이를 가진 모양
커피 포트 coffee pot  지름 100mm, 높이 200mm	• 크고 좁은 실린더 모양으로 이는 커피 찌꺼기가 바닥까지 가라앉을 공간과 커피가 위까지 떠오를 공간을 줌 • 커피를 따를 때 커피 찌꺼기를 막기 위해서 커피 포트의 주둥이는 몸체의 위쪽에 위치 • 크고 좁은 실린더 모양을 한 터키의 주전자에서 유래

명칭	특징
초콜릿 포트 chocolate pot  지름 100mm, 높이 200mm	• 실린더 모양을 하고 있으며, 커피 포트보다 약간 작은 크기 • 손잡이는 고리 형태가 아니라 직선으로 되어 있으며, 주로 나무로 만듦 • 손으로 다루기 쉽도록 손잡이는 주둥이에서 직각으로 위치 • 17세기 말에 소개 • 핫 초콜릿은 컵이나 머그로 마시며, 초콜릿 포트는 좀처럼 쓰이지 않음
데미타스 포트 demitasse pot  높이 약 180mm	• 실린더 모양의 커피 포트로 크기가 작음 • 에스프레소 커피를 서브하기 위해 사용
콤포트 compote  지름 200mm	• 굽이 달린 접시 • 사탕이나 얼린 과일을 내기 위한 것으로, 격식 있거나 약식의 식사에서 사용 • 19세기에 큰 굽이 달린 접시는 격식을 차린 식탁 장식에 사용
플래터 platter  지름 230~610mm 이상	• 보통 손잡이가 없으며 깊이가 얕은 대형 접시 • 둥글거나 타원형 또는 직사각형 모양 • 격식 있는 연회에서는 생선 코스, 앙트레 코스, 메인 코스, 샐러드 코스, 디저트 코스를 내는 데 사용 • 약식의 연회, 뷔페에서는 가니쉬garnish가 둘러진 고기 코스 또는 과일 조각, 채소, 샌드위치, 케이크, 쿠키 등과 같이 차가운 음식을 담기 위해 사용

명칭	특징
소스와 그레이비 보트 sauce and gravy boat  장축 220mm, 높이 100mm, 240mL	• 소스나 그레이비를 따로 낼 때 사용 • 격식 식사에서는 서빙하는 사람에 의해 제공 • 약식 식사에서는 테이블 위에 올려놓고 사용
트레이 tray 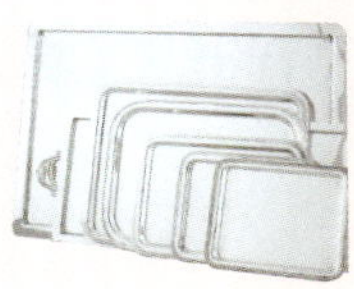 380~990mm로 다양	• 격식 있는 식사에서는 샐러드, 치즈, 디저트뿐만 아니라 메인 코스를 내는 데도 사용 • 약식 식사에서는 빵, 롤빵, 쿠키, 샌드위치와 같은 마른 음식을 내기 위해 사용 • 냅킨으로 싸둔 커틀러리를 담거나 식탁을 정리할 때 사용
튜린 tureen  3L 내외	• 뚜껑 달린 움푹한 그릇 • 뚜껑과 양옆에 손잡이가 있는 손님 접대용 큰 볼 • 큰 것은 수프, 스튜, 펀치, 샴페인을 내는 데 사용 • 작은 것은 소스, 고기국물, 야채를 담는 데 사용

(4) 보관

- 유약의 종류, 디자인에 금속 제품이 사용되었는지의 유무, 식기 세척기 사용가능 여부 등에 따라 보관방법이 다양하다.
- 씻을 때 따뜻한 중성세제를 풀어서 부드러운 천이나 스펀지를 사용한다.
- 경질자기가 아닌 경우에는 물에 오래 담가두면 수분을 흡수하여 갈

라지거나 깨지기 쉬우므로 주의한다.

- 말릴 때 주의를 기울여 부드러운 천으로 닦아 보관한다.

2) 커틀러리

음식을 먹기 위해 운반하거나 자르는 도구를 말한다.

(1) 정의

커틀러리cutlery는 식사할 때 사용되는 나이프, 스푼, 포크 등 식탁 위에서 음식을 먹기 위해 사용하는 도물류, 금물류의 총칭이다. 플랫웨어flatware, 실버웨어silverware라고 부르기도 한다.

표 6-3 | 커틀러리의 기원과 분류

종류	유래	형태에 의한 분류	특징
스푼 spoon	• spoon : '평평한 나무토막' 의 뜻인 앵글로 색슨어 • cuillére(불어) : 조개류인 고동을 먹던 도구에서 유래	• 주 기능인 볼이 정삼각형 타원형 → 긴 삼각형, 달걀형, 타원형으로 변화 • 특별한 형태의 스푼 : 소금, 감귤류용	• 인류 역사상 최초의 식사 도구 • 테이블 스푼은 수프의 발달과 관련 • 티 스푼은 기호 음료의 유행과 연관
나이프 knife	• knif : '한꺼번에 누르다' 혹은 '자르다' 의 중세 영어	• 주 기능인 날의 끝이 뾰족한 것 동시에 찍어 먹는 기능 • 평평한 것 → 동시에 음식물을 얹어 입으로 옮기는 역할 ⇒ 식탁 포크의 등장 이후 자르는 역할만 수행	• 초기에는 조리도구의 성격, 무기나 연장 등의 다목적 용도로 사용 • 목적에 따라 조리용과 식탁용으로 나뉨
포크 fork	• furca : 건초용 포크pitch fork	• 주 기능인 갈래가 '두 갈래 → 세 갈래 → 네 갈래' 로 변화 • 17세기부터 식탁용 포크가 조리용보다 갈래가 짧고 가늘어졌음	• 그 목적에 따라 제의용, 조리용, 식탁용으로 나눔

(2) 발달배경

- 인류 역사상 최초의 식사도구는 스푼spoon으로 추정되며, 조개껍데기가 그 원형이다. 스푼의 발달사는 수프를 먹는 관습의 변화와 관계가 있다.
- 초기의 나이프knife는 개인 소유의 취식도구라기보다 조리도구로 무기나 연장 등의 역할을 동시에 취하는 다목적 용도였다.
- 포크의 등장은 나이프의 형태 변화에 중요한 역할을 하였다.
- 포크fork는 커틀러리 가운데 가장 늦게 식탁 위에 등장하였는데, 커틀러리가 식탁에 올려진 것은 서양조리법의 획기적인 발달을 의미한다.
- 사람들이 식탁에 앉아 개인용 취식도구를 사용하여 음식물을 섭취하면서부터 다양한 식사가 가능해졌다.

(3) 분류

① 재질에 따른 분류

- 순은純銀은 너무 무르기 때문에 구리와 합금하여 제작하였다.
- 구리는 열전도성이 좋고 부식되지 않아 각종 식기류나 기구의 제작에 적합하다.
- 은은 금속재료들 가운데 열과 전기의 최고 양도체로서 순간적인 조절력이 뛰어나 커틀러리 제조용 금속으로 최상의 조건을 가지고 있다.
- 금도금한 은vermeil은 은제품에 비해 무게는 가벼우면서 내구성과 변색에 강한 커틀러리 재료이다.
- 스테인리스 스틸stainless steel은 단단하고 윤이 나며, 위생적이고 녹슬지 않는다.
- 기타 백랍. 나무, 뿔, 플라스틱 등이 있다.

② 용도에 따른 분류

커틀러리는 사용대상에 따라 개인 도구와 공동의 도구로 분류할 수 있다.

1 테이블table 나이프와 포크(디너접시 사용)
2 스몰small table 테이블 나이프와 포크(런천 등의 중간접시 사용)
3 피시fish 나이프와 포크(생선용)
4 프루트 나이프와 포크(전채용)
5 디저트dessert 포크와 스푼(소스가 있는 부드러운 디저트용)
6 스테이크steak 나이프(두께가 있는 스테이크용)
7 버터 스프레더(버터용)butter spreader
8 아이스티ice tea 스푼
9 크림수프cream soup 스푼
10 그레이프프루트grapefruit 스푼
11 티tea 스푼 라지(홍차 전용)
12 티tea 스푼 스몰(홍차 · 커피 겸용)
13 아이스크림icecream 스푼
14 에그egg 스푼
15 커피coffee 스푼(데미타스 커피)
16 샐러드salad 포크
17 페이스트리pastry 포크
18 오이스터oyster 포크

* 1, 4, 9, 12, 17은 필요에 따라 겸용이 가능하다.

개인용 커틀러리

Tip 은기는 은은한 광택의 아름다움으로 여러 식기들과 잘 어울린다. 전용세제를 이용하여 닦기도 하나 비오는 날, 습기가 있는 날 융을 이용하여 닦으면 특유의 아름다운 광택을 가지게 된다.

1 수프 레이들soup ladle
2 그레이비 레이들gravy ladle
3 소스 레이들sauce ladle
4 마요네즈 크림 레이들mayonnaise cream ladle
5 솔트 스푼salt spoon
6 머스터드 스푼mustard spoon
7 슈거 통sugar tongs
8 버터 서버butter server
9 스테이크 카버steak carver
10 로스트 카버roast carver
11 샤프닝 스틸sharpening steel
12 서빙 포크serving fork
13 서빙 스푼serving spoon
14 샐러드 서버 세트salad server set
15 피시 카버fish carver
16 미트 서빙 포크meat serving fork
17 테이블 스푼table spoon
18 페이스트리, 파이, 케이크 서버pastry, pie, cake server
19 프루트 서빙 스푼fruit serving spoon

서비스용 커틀러리

(4) 선택과 보관

① 선택

- 적당한 무게감과 균형이 중요하다.
- 잡았을 때 안정감이 있어야 한다.
- 나이프는 폭이 적당히 넓고, 음식물을 부드럽게 자를 수 있는 단면이 중요하다.
- 손잡이와 맞닿은 부분은 어색하지 않고 자연스러워야 한다.
- 포크는 적당히 휘어서 음식물을 운반하는 데 용이해야 한다.
- 스푼은 한입에 넣기에 적당한 크기가 좋다.

② 보관

- 변색방지용 천 등을 활용한다.
- 올바른 세척을 한다.
- 표백제가 없는 가벼운 세제가 적당하다.
- 은과 스테인리스 스틸을 분리하여 세척한다.
- 은제품은 쉽게 긁히므로 세로 방향으로 길게 닦고, 부드러운 천을 사용한다.
- 은 담금 용액은 포크 갈래 사이를 닦는 용도 외에는 피한다.
- 부식 방지에 각별한 주의가 필요하다.

(5) 연출

조화로운 테이블의 연출을 위해서는 커틀러리의 장식, 금속의 질감이 식탁 위의 그릇이나 유리잔의 디자인 요소들과 잘 어울리도록 한다.

- 부드럽게 휜 모양의 커틀러리는 둥근 형태의 식기와 잘 어울린다.
- 휘어지면서 곧은 줄무늬의 그릇은 선을 강조한 커틀러리 제품을 선택한다.
- 식탁 연출의 균형을 위해 둥근 라인의 제품과 선을 강조한 디자인의 비율이 2:1 정도가 적당하다.

3) 글라스웨어

글라스웨어glassware는 서양 테이블에서 음료를 위해 주로 유리잔을 사용하는 데서 그 명칭이 유래되었다. 종류, 무늬, 색채, 재료에 따라 다양하게 선택할 수 있다.

(1) 발달배경

① 베네치아 유리

- 13세기 중반에 유리제조 기술은 베네치아에서 발달하였으며, 그 후 무라노 섬에서 유리산업은 비약적으로 발달하였다.
- 14세기경 베네치아 숙련공들은 크리스털로cristallo를 발명하였다.
- 1454년 베네치아에서는 유리 제조업자들이 이민 가면 사형을 선포하여 독점권을 유지하였다.
- 그러나 유럽 각지로 유리 제조업자들이 이주하여 베네치아의 유리제조 기술이 유럽 전역에 전파되었다.
- '베네치아풍'의 뜻은 '패송 드 베네치아'라 불리는 우아하고 흐르는 듯 한 형태이다.

② 영국 크리스털

- 1673년 플린트 글라스flint glass, 납유리를 발견하였다.
- 크리스털로의 주성분이었던 모래와 소다, 재 대신에 납과 재를 사용하였다.

(2) 종류

- 글라스는 담는 술의 종류에 따라 크기나 형태가 다르다.
- 크게 중간의 손잡이 부분이 가는 줄기처럼 생긴 스템웨어stemware와 위 아래의 크기가 비슷하거나 아래로 갈수록 좁아지는 텀블러tumbler로 나뉜다.
- 스템웨어 글라스는 볼bowl과 스템stem, 베이스base, 림rim으로 구성되어 있다.

1 워터 고블릿water goblet
2 워터 텀블러water tumbler
3 주스 글라스juice glass
4 올드패션드 글라스(위스키, 물)old fashioned glass
5 하이볼 글라스(위스키, 탄산음료)highball glass

6 위스키 글라스(위스키 전용)whisky glass
7 레드 와인 글라스red wine glass
8 화이트 와인 글라스white wine glass
9 튤립형 와인 글라스tulip wine glass
10 볼형 와인 글라스bowl wine glass

11 도이치 화이트 와인 글라스Deutsch white wine glass
12 소서형 샴페인 글라스saucer champagne glass
13 플루트형 샴페인 글라스flute champagne glass
14 셰리 글라스sherry glass
15 브랜디 글라스brandy glass

16 리큐르 글라스liquer glass
17 마티니 글라스martini glass
18 펀치 글라스punch glass
19 아이스티 글라스ice tea glass
20 비어 글라스beer glass

21 비어 머그 글라스beer mug glass
22 아이스크림 파르페 글라스icecream parfait glass
23 아이리시 커피 글라스irish coffee glass

글라스웨어의 용도별 형태와 명칭

(3) 손질 및 보관

- 글라스웨어는 손질이 매우 중요하다.
- 깨지기 쉬우므로 세팅할 때는 마지막에 놓고, 치울 때는 가장 먼저 취급하도록 한다.
- 중성세제를 푼 미지근한 물에 글라스 전용 스펀지나 브러시로 닦고, 미지근한 물로 헹구고 물기를 제거한다.
- 세척 후에는 천을 깔아놓은 쟁반에 올려놓고, 어느 정도 물기가 빠지면 마른 행주로 닦는다.

- 보풀이 일어나지 않는 얇은 마 소재의 행주를 사용하면 윤기를 내기 쉽다.

4) 린넨

린넨linen은 최초에 사용되었던 식탁 섬유의 명칭으로 테이블 코디네이트에서는 식탁에 사용되는 모든 종류의 천을 일컫는다.

(1) 정의

- 식사할 때 사용되는 각종 천류를 총칭한다.
- 테이블클로스, 언더클로스, 플레이스매트, 냅킨, 러너, 도일리 등이 있다.

(2) 발달배경

- 고대의 고사프gausape로 알려진 다용도의 언더클로스는 한 면은 거칠고, 다른 한 면은 부드러운 소재로 만들어졌다. 소파에서 기댄 자세로 식사하던 로마인들이 냅킨, 수건, 또는 시트로 사용했다.
- 식탁은 원래 두 개의 가대 위에 놓이는 판이었고, 이 판은 덮개로서 보드클로스board cloth라고 하였다.
- 16세기에 귀족들이 딱딱한 식탁을 사용하기 시작하면서 그 덮개를 테이블클로스라 불렀다.
- 최초의 냅킨은 스파르타인의 아포마그달리apomagdalie라고 불렀던 밀가루 반죽 덩어리이다.
- 이 반죽은 작은 조각으로 잘라 식탁에서 말아서 사용하였으며, 이후에는 조각난 빵을 이용하여 손을 닦았다.

① 고대 르네상스와 로마

- 고대 로마에서 수다리아sudaria와 마파mappa라고 알려진 냅킨은 크기가 작은 것과 큰 것의 두 종류가 있다.

- 작은 천인 '손수건'이라는 의미의 라틴어 수다리아sudaria는 주머니 크기의 천으로 따뜻한 지중해의 기후에서 식사하는 동안 이마의 땀을 닦기 위해 사용되기도 했다.
- 마파mappa는 누워서 먹는 음식으로부터 옷 등을 보호하기 위해서 긴 의자의 끝 위에 펼친 큰 천이었으며, 입을 닦는 데도 사용하였으며, 남은 음식을 싸기도 하여 오늘날의 도기백doggy bag의 역할을 하였다.

② 15세기~중세

- 15세기 이탈리아의 '라벤나Ravenna'는 아름답게 짜인 직물로 제단 장식용이나 수도원의 식사에 사용되었다.
- 중세 봉건사회의 영주와 손님들이 사용한 테이블클로스는 여러 겹으로 덧씌워져 있어 한 코스의 식사가 끝날 때마다 걷어내고 사용하였다. 디저트는 테이블클로스 없이 접대하거나 또 다른 천이 사용되었다.
- 중세 초에는 냅킨을 사용하지 않았으며 손등, 옷, 빵조각 등으로 손과 입을 닦았다.
- 중세 후에 가로×세로 약 1,500×1,200~1,800mm 세 개의 천을 사용하였다. 첫 번째 천은 코치couch라고 하였고, 주인의 자리 앞에 세로로, 두 번째 천은 '천 위에'라는 의미의 수나프surnappe라 불리는 긴 수건으로 코치 위에 놓아, 손님을 위한 플레이스 세팅place setting을 표시하였으며, 세 번째 천은 식탁의 끝에 장식 끈처럼 걸리는 공동의 냅킨이었다.

쉐리 공의 식탁

③ 17~19세기

- 17세기까지 냅킨은 평균 약 875×125mm 크기로 손가락을 사용해 먹는 사람에게 적당하였다.
- 18세기에는 모든 사회계층에서 포크를 사용하게 되어 식사에 청결을 가져왔으며, 냅킨의 크기도 750×900mm로 작아졌다.
- 냅킨은 식탁 위에 놓이는 천에서 하인의 왼팔 위로 자리가 이동되었다.

④ 20세기 이후

- 약식 식탁에서는 테이블클로스를 사용하지 않는다.
- 아무것도 덮지 않는 식탁은 나무, 유리, 대리석, 칠기 같은 표면재질의 아름다움을 강조할 수 있다.

(3) 종류

- 언더클로스는 테이블클로스 아래에 깔아 식기의 미끄럼을 방지하고 접시, 커틀러리, 글라스를 내려놓을 때 소음을 흡수하여 사일런스 클로스 silence cloth라고도 한다.
- 테이블클로스는 색이 열고 올이 가늘수록 정찬용이다. 짙은 색이나 줄무늬가 있으며 올이 커질수록 약식테이블 용이다.
- 플레이스매트는 상차림에서 불규칙한 외관, 옆 좌석과 분리감을 제공한다. 테이블클로스, 식기의 색, 모양 등의 부조화 시 플레이스매트가 융화시키는 역할을 한다.
- 테이블러너는 테이블클로스의 윗면이나 아무것도 없는 식탁 위에 놓이는 좁고 긴 원단이다. 15세기에 테이블클로스를 오염에서 보호하기 위하여 같은 원단으로 만들어 사용하였으며, 19세기에는 테이블클로스 대안으로 사용하였다.

흰색 레이스 매트를 이용한 1인 테이블 세팅

표 6-4 | 린넨의 종류

명칭	특징
언더클로스 under cloth 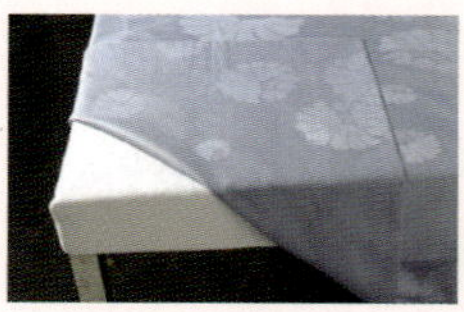	• 테이블클로스를 부드러운 분위기로 연출하기 위하여, 또는 늘어뜨림으로써 호화스런 느낌을 만들어주기 위한 목적으로 사용 • 보이지 않는다고 적당히 깔면 세팅 후 테이블클로스의 효과를 반감시키므로 구김 없이 반듯하게 움직이지 않도록 식탁의 뒷면에 핀, 테이프 등으로 고정 • 원탁은 언더클로스의 각이 식탁의 다리 사이에 오도록 고정 • 테이블 크기의 50~100mm 이내로 테이블클로스보다 짧음 • 펠트지, 오래된 모 담요, 솜털 같은 흰색 원단, 또는 솜을 덧댄 비닐을 사용 • 두툼한 천으로 미끄럽지 않으면 무엇이든 좋음 • 양면이나 한 면이 방모사, 방수성이 좋은 비닐 코팅지, 방음재 식탁은 알루미늄박과 면, 플란넬을 사용
테이블클로스 table cloth 	• 더블 테이블클로스는 두 장을 엇갈려 연출하는 경우로, 위의 것만을 세탁하면 되므로 실용적이며, 색과 무늬의 다양함을 추구할 수 있어 경제적 • 프린트한 면 클로스는 야외 피크닉이나 친구의 생일 파티 등의 격식 없는 자리에 사용하면 실용적이며, 활달한 분위기를 연출 • 일반적으로 식탁 높이의 반 정도, 테이블 크기보다 600~700mm 큰 것을 사용 • 정찬에서는 테이블 끝에서 바닥으로 500mm 정도, 일반 가정의 경우 300~350mm, 뷔페식당이나 연회식탁에서는 바닥까지 늘어뜨림 • 린넨이 가장 격식 있는 소재이며 면, 폴리에스테르, 비닐 등은 캐주얼한 분위기를 연출 • 현재 레스토랑이나 호텔 등에서 많이 사용되고 있는 클로스는 면 100%나 면과 마의 혼방이 대부분이며, 최근에는 다루기 편리한 소재의 클로스가 증가
플레이스매트 place mat 	• 플레이스매트와 식탁 끝의 배열은 식탁이 마무리되는 방법에 따라 다양 • 작은 플레이스매트는 혼잡한 식탁에서 공간을 넓히고, 뜨거운 것의 패드 역할을 하며, 식탁 위의 아름다움을 강조 • 세팅을 할 때는 되도록 글라스까지 매트 안에 들어올 수 있도록 하고 테이블클로스 위에 배치하는 경우는 테이블클로스의 색, 식기의 색과 조화를 고려하여 플레이스매트의 색과 모양을 정함 • 정찬용에서는 보통 사용하지 않으나 자수, 레이스, 린넨 등으로 연출한 매트는 우아한 분위기를 표현 • 모슬린 또는 손수건, 린넨과 같은 얇고 비치는 직물로 만들어지지 않는 한, 직물로 된 플레이스매트는 언더패드와 분리

명칭	특징
냅킨 napkin 	• 우리나라의 식생활에서는 품위 있는 식사에만 사용 • 생활수준의 향상에 따라 점차 사용빈도가 높아지고, 식탁 위에서 장식의 효과도 낸다. 정식에서는 직접 입가의 더러운 것을 닦는 용도로 청결해야 하므로 장식용 접기는 피함 • 접은 냅킨은 데커레이션으로 반드시 해야 하는 것은 아님 • 전체적인 식탁 위의 균형을 위해 높이를 조절하지만 일반적으로는 단순하게 연출 • 테이블클로스와 같은 소재로 준비 • 식기의 색에 맞추어 색과 소재를 선택 • 식사의 형태에 맞춰서 냅킨의 크기를 선택 하며, 한번 접은 것은 청결을 위해 다시 접지 않도록 함
러너 runner 	• 현재 테이블러너는 자유로운 방법으로 사용되는데 식탁 중앙 아래에 장식을 위해 놓거나, 자리를 제한하기 위해서 식탁을 가로질러 놓거나, 테마를 전달하기 위해 사용 • 캐주얼한 곳에서는 보다 자유롭게 세팅 • 무늬가 있는 테이블클로스에는 무늬가 없는 러너를, 무늬가 없는 테이블클로스에는 무늬가 있는 러너가 잘 어울림 • 실크소재는 호화로운 분위기를, 부적은 아시아적인 느낌을, 무늬를 넣은 양탄자인 태피스트리는 포멀한 느낌을 연출 • 수공품은 전원풍의 분위기를 강조할 수 있어 특별한 무늬, 색과 함께 테이블의 주제를 결정
도일리 doily 	• 주로 접시 위, 겹쳐진 자기, 칠기 사이에 둠 • 접시와 접시 사이에 마찰이나 부딪치는 소리를 방지하는 역할 • 레이스나 자수로 되어 있음 • 세팅한 도기나 칠기 등의 사이에 도일리를 겹쳐서 놓음

(4) 보관

- 원단을 상하게 하는 주름을 피하기 위해 테이블클로스의 길이와 같은 원통 모양의 보관용 막대에 말아서 보관하며, 반으로 접어서 더 짧은 원통에 말아서 보관하기도 한다.
- 공기 중에 색이 바래는 것을 막기 위하여 하얀색, 엷은 갈색, 아이보

리 색의 테이블클로스는 푸른 종이에 싸서 보관한다.

- 비닐봉지는 습기를 가둬놓기 때문에 린넨의 보관 시 곰팡이가 나거나 변색을 가져올 수 있으므로 부적합하다.
- 잘 사용하지 않는 린넨을 장기간 보관할 때는 주름 지는 것을 막기 위해 세탁 후 다림질을 하지 않고 보관한다.

(5) 연출

테이블클로스는 일반적으로 크기가 큰 식탁은 길게, 작은 식탁은 짧게 늘어뜨리고, 뷔페 식탁에서는 바닥까지 늘어뜨린다.

- 냅킨은 550×550mm에서 650×650mm가 일반적으로 가장 큰 사이즈이며, 중간 크기는 약 450×455mm에서 500×500mm로 간단한 식사에서 사용한다.
- 점심 식사용은 350×350mm에서 400×400mm 정도로, 300×300mm의 크기는 애프터눈 티타임이나 티포트의 깔개로 사용한다.
- 칵테일용 냅킨은 가장 작은 크기로 150×150mm에서 230×230mm 정도로 전채요리 접시에 깔거나, 칵테일 유리잔 주위에 두르기도 한다.
- 테이블클로스의 연출은 탁월성, 시각적인 중량, 색상, 조직, 무늬의 다섯 가지 디자인 요소로부터 장식적인 효과와 독창성을 표현한다.
- 탁월성은 유행하는 디자인의 요소 표현이다.
- 시각적인 중량은 방의 비율과 관계되며, 큰 방에서는 꽉 찬 느낌으로, 작은 방에서는 밝고 경쾌한 무늬가 있는 테이블클로스로 표현한다.
- 색은 테이블웨어를 바꾸지 않고도 상차림 분위기에 변화를 줄 수 있다. 정찬에서는 하얀색, 아이보리색, 엷은 갈색으로 연출하고, 파스텔 톤도 때때로 사용한다.
- 디너웨어와 테이블클로스의 바탕색을 반드시 일치시킬 필요는 없다.
- 비슷한 색일 경우 연속감을 주기 위해 냅킨의 색을 테이블클로스의 색에 맞춘다.

- 약식의 식탁 연출은 다양한 색조를 사용한다. 일반적으로 밝은 색은 평온함을, 짙은 색은 세련됨을, 대비가 강한 색은 자극적인 느낌을 준다. 금속성을 띤 색은 화려하고, 파스텔과 하얀색과 엷은 회색은 우아함을 표현한다.
- 직조는 격식 있는 식탁을 표현할 때에는 부드러운 질감을 사용한다.
- 자기제품과 크리스털은 다마스크damask 린넨처럼 광택 나는 공단으로 짠 테이블클로스가 적당하다.
- 이중으로 짜인 다마스크 린넨과 같이 무게감을 가진 테이블클로스는 불투명한 자기제품 스템웨어와 어울린다.
- 레이스처럼 얇고 비치는 테이블클로스는 반투명의 자기제품, 얇은 크리스털 등과 잘 어울린다.
- 부드러운 짜임은 자기제품, 본차이나, 백색의 경질도기, 반자기제품, 은제품, 은접시, 스테인리스 스틸에 적합하다.
- 격식 있는 식사에서는 무늬를 작고 은은하게 연출하고, 다마스크 린넨의 테이블클로스는 고전적인 하얀색의 자카드jacquard직조나 원단과 어울리는 같은 색의 수를 놓은 린넨으로 표현한다.
- 약식의 식사에서는 페인트 칠한 벽이 있는 실내나 은은한 디자인의 벽지를 바른 벽을 가진 방에서는 단순한 무늬의 테이블클로스를 사용한다.
- 꽃이 가득 핀 정원의 야외 상차림에서는 단색의 원단을 사용하고, 꽃이 약간 핀 정원에서는 무늬가 화려한 테이블클로스를 사용한다.

5) 센터피스

센터피스centerpiece는 대부분의 경우 생화를 사용하여 식탁의 중앙을 장식하는 것으로 인식되어 있으나, 테이블연출에서는 다양한 장식소품을 활용하여 용도에 맞게 사용하고 있다.

(1) 정의

센터피스는 식탁 중앙의 퍼블릭 스페이스public space에 장식하는 물건이나 꽃을 총칭한다.

- 센터피스의 소재는 계절의 느낌과 일정한 높이보다는 높낮이를 줘 역동감 있게 표현한다.
- 대개 생화를 사용하나, 과일이나 채소로 개성 있게 표현하기도 한다.
- 유리용기에 건조 파스타나 넛맥류를 넣어 꽃과 어울리게 한다. 저녁 식사에는 캔들과 캔들 스탠드로 장식하고, 꽃과 캔들을 같이 응용할 때에는 캔들의 높이나 스탠드의 소재에 유의한다.
- 테이블에서 센터피스가 차지하는 범위는 일반적으로 테이블의 1/9이 넘지 않는 범위 내에서 대화에 방해가 되지 않는 높이, 즉 마주 앉은 상대의 얼굴을 가리지 않는 높이가 적당하다.

(2) 발달배경

- 센터피스는 러시아 서비스 방법에서 중앙의 빈 공간을 채우기 위한 목적으로 당시 귀중한 향신료나 조미료 등을 식탁 중앙에 장식함으로써 재력의 과시와 부의 상징으로 발달하였다.
- 당시에는 귀한 향신료, 소금, 후추나 설탕을 놓기도 하였고, 포도나 오렌지 등을 그릇에 담아 장식하기도 하였다.

(3) 종류

- 피규어figure는 식사의 화제성이나 계절감을 표현하여 손님과 호스트 사이의 대화를 자연스럽게 유도하기 위한 장식물이다.
- 식기나 글라스, 커틀러리 이외의 식사에 관련된 것과 도자기, 은제품, 크리스털로 만든 꽃이나 동물, 작은 새 등의 장식품으로 식사와 무관한 것도 있다.
- 네프nef는 14세기경 궁에서 처음 등장한 선박 모양의 용기로, 당시에는 소금을 넣는 통으로 사용되었다. 네프가 놓인 장소를 경계로 상

석, 하석으로 나눠지기도 하였다. 향신료를 넣거나 자물쇠를 채워 왕후나 귀족들이 사용할 커틀러리를 넣어두거나, 간단한 냅킨 등을 넣는 등 그 사용 방법에도 변화가 있었다.

- 네임카드와 네임카드 스탠드name card and name card stand는 손님이 앉아야 될 자리를 정할 때 사용하며, 다양한 소재를 사용하여 장식적인 재미를 표현한다.
- 냅킨 링 또는 냅킨 홀더napkin rings or napkin holder는 다시 사용할 수 있도록 냅킨을 구분하는 목적으로 만들어졌으나, 오늘날 약식에서는 세팅의 장식적인 효과로 주로 사용하며, 격식 있는 식사에서는 일반적으로 사용하지 않는다.
- 솔트 셀러와 솔트 셰이커salt cellar & salt shaker
- 페퍼 셰이커와 페퍼 밀pepper shaker & pepper mill
- 레스트rest는 커틀러리를 세팅할 때 사용되는 도구로 격식 있는 식사에서는 가급적 사용하지 않고, 캐주얼한 테이블 세팅에 이용된다. 식사가 끝날 때까지 같은 커틀러리를 사용할 수 있는 장점으로 런천 세팅에 많이 이용한다.

네프

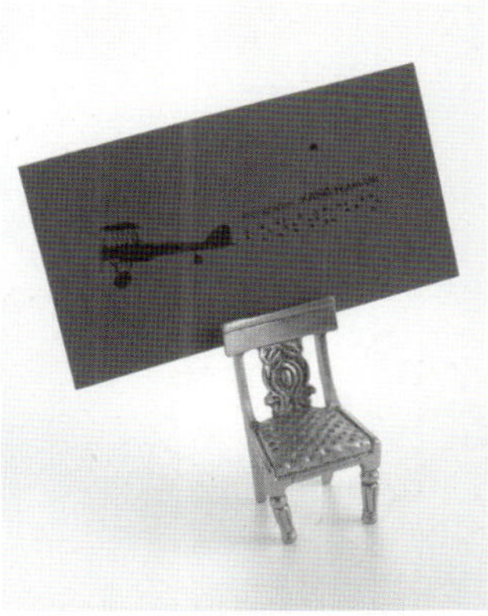

네임카드 스탠드

솔트 셀러와 솔트 셰이커

페퍼 밀

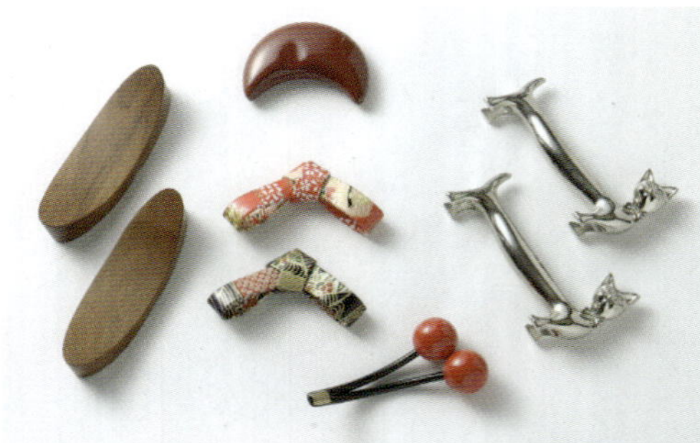

레스트

■ 캔들링candling은 서양의 테이블에서는 식사의 시작을 알리는 의미이다. 사용 시 유의점은 식사 중에 초가 녹아 없어지지 않도록 2시간 이상 사용할 수 있는 것을 선택한다. 초를 밝힘으로써 음식의 좋지 않은 냄새와 소음을 줄일 수 있다.

■ 클로스 웨이트cloth weight는 테이블클로스의 사방에 무게 있는 장식품을 사용함으로써 테이블클로스가 움직이거나 바람에 날리는 것을 방지하기 위하여 사용한다. 야외의 세팅에서 특히 유용하다.

클로스 웨이트

클로스 웨이트를 단 테이블클로스

(4) 식탁화 연출

식탁에 장식하는 센터피스로 플로랄 폼에 꽂는 것만이 식탁화가 아니라 식기나 클로스에 직접 꽃이나 녹색의 잎사귀를 장식하는 것, 또는 테이블에 꽃잎을 뿌리는 것 등도 플라워 어레인지먼트flower arrangement에 속한다.

① 꽃의 형태와 역할

■ 라인 플라워line flower는 한 개의 가지에 길고 가늘게 꽃이 붙어 있고 줄기에 운동감이 있어 확장 효과가 커 아우트라인을 꾸며 어레인지먼트의 바깥선을 강조하며, 보는 사람의 시선을 중심으로 모아준다.

대표적인 꽃은 글라디올러스gladiolus, 용담, 개나리, 금어초, 보리, 스톡stock 등이 있다.

- 매스 플라워mass flower는 라운드 타입의 둥글고 볼륨이 있는 꽃으로, 작은 꽃이나 다수의 꽃잎이 모여 한 덩어리의 둥근 꽃 모양을 이루는 타입으로, 주로 하나의 줄기에 작은 꽃이 덩어리로 붙어 있으며, 어레인지먼트의 중심을 이룬다. 대표적인 꽃으로는 카네이션carnation, 마리골드marigold, 장미, 수국, 국화, 아네모네anemone, 거베라gerbera, 마가레트magarete 등이 있다.
- 필러 플라워filler flower는 하나의 줄기에 또 많은 작은 줄기가 달려 작은 꽃이 많이 붙어 있어 풍성한 느낌을 준다. 라인 플라워나 매스 플라워의 조화를 돕고, 어레인지먼트의 빈 공간을 없애주며, 꽃과 꽃을 연결하는 역할을 한다. 전체적인 이미지를 부드럽게 하여, 어레인지먼트의 단점을 보완하며 전체에 볼륨을 내는 데 효과적이다. 대표적인 꽃은 안개꽃, 미모사, 소국 등이다.
- 폼 플라워form flower는 꽃의 형태가 개성적이어서 다른 형태의 꽃보다 돋보이게 꽂아 주는데, 역동적인 느낌을 준다. 대표적인 꽃으로 난, 호접란, 카틀레야cattleya, 아이리스iris, 칼라calla, 백합 등이 있다.

라인 플라워

매스 플라워

폼 플라워

필러 플라워

② 식탁화 기본 스타일

- 돔형dome style은 볼을 반으로 자른 형태로 귀여운 느낌을 창출한다.
- 다이아몬드형diamond style은 어느 각도에서 보아도 다이아몬드의 형태를 가지고 있으며, 특히 측면이 부채꼴이 되도록 꽂아 준다.
- 호리존털horizontal style은 옆으로 퍼지는 형태로 똑바른 줄기를 직선으로 꽂는 스타일이며, 개성적인 테이블 위를 장식하는 데 적합하다.
- 프론트 페이싱front facing은 플라워 어레인지먼트의 기본적인 형태로, 삼각형 변의 길이를 바꾸는 것으로 여러 가지 스타일을 표현한다.

표 6-5 | 테이블 꽃을 이용한 센터피스 형태

형태	측면	TOP
돔형	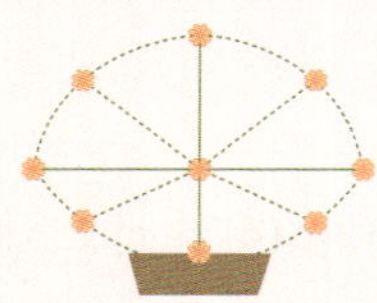	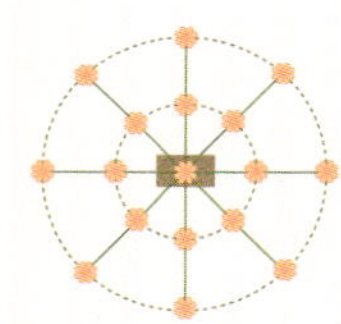
다이아몬드형		
호리존털형	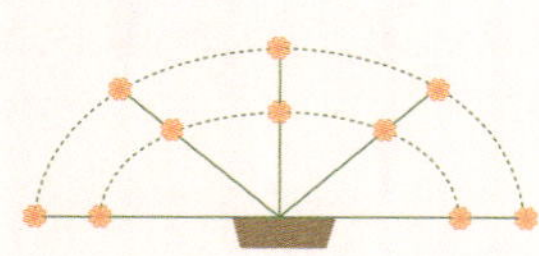	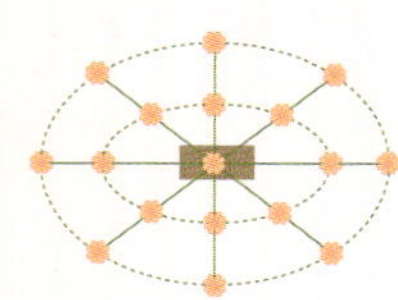
프론트 페이싱	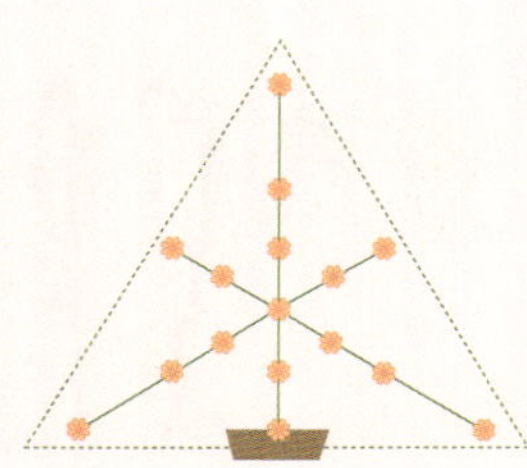	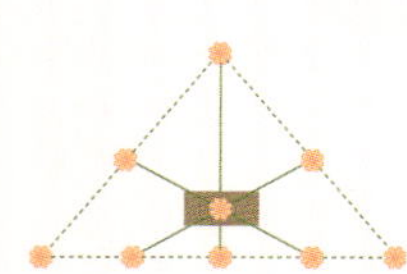

3. 서양의 식공간

고대부터 모던까지 서양의 식공간은 식문화와 디자인 양식 변화에 따른 영향을 많이 받았다. 이를 이해함으로써 오늘날의 서양 식공간 연출에 정통성과 다양성을 기할 수 있다.

1) 고대

(1) 그리스Greece, BC 2000~AD 30

그리스인은 침대와 데이베드daybed의 원형으로 여겨지는 클리네kline를 잠잘 때와 식사할 때 겸용으로 사용하였고, 클리네 밑에 트라페자trapeza라는 보조 탁자를 두어 식사 때 꺼내 옆에 놓고 사용하였다.

향연은 손님 접대를 위해 고용된 여자를 제외하고는 남성들의 전유물이었다. 포도주는 항상 물과 섞어 마셨고, 킬릭스kylix라는 식기를 사용하였다. 그리스인은 대부분 손가락을 이용하여 음식을 취식하였다.

그리스 도기

클리네와 트라페자

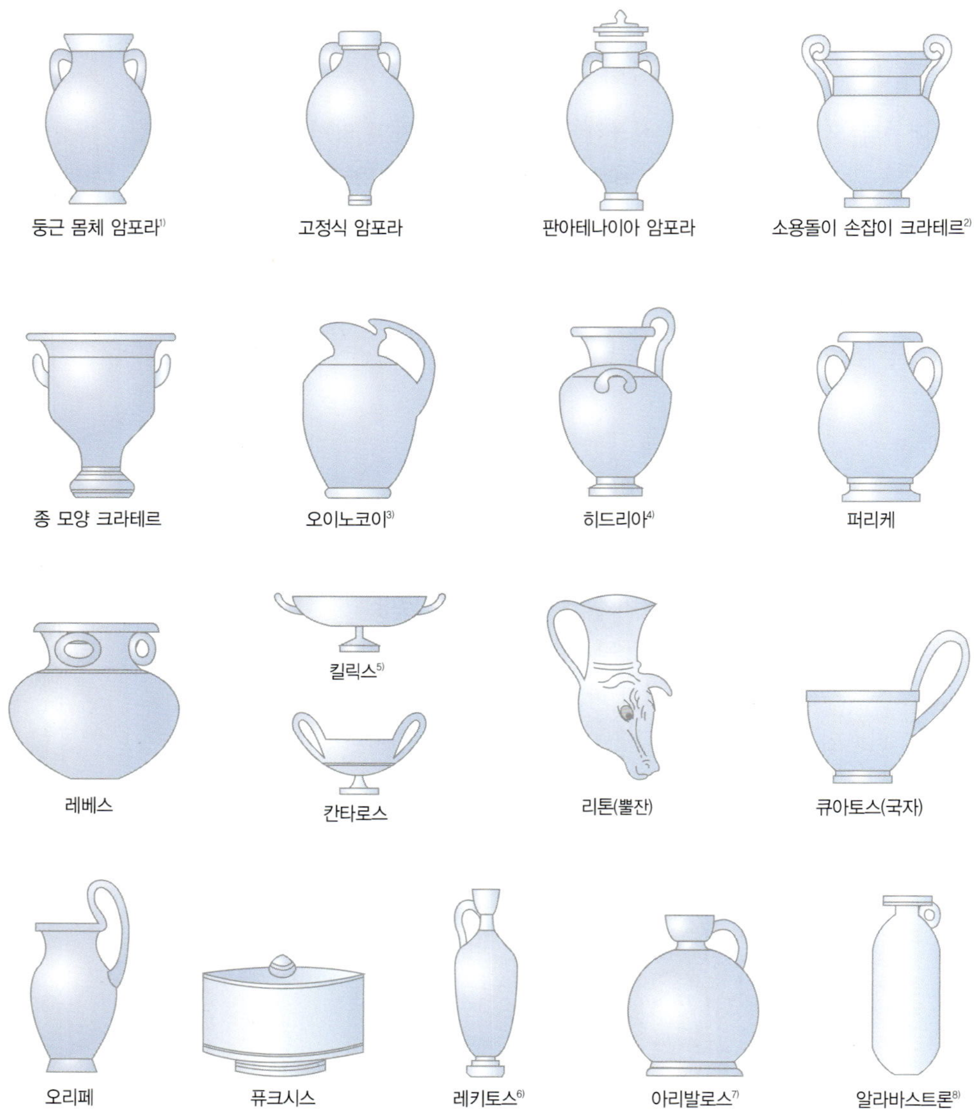

그리스 도기의 형태

1) 암포라 ampora : 양손잡이가 달린 항아리, 와인 · 오일 · 곡물 · 어육소스를 담는 용도
2) 크라테르 krater : 와인이나 물을 섞는 용도
3) 오이노코이 oenochoe, dipper : 와인을 크라테르에서 킬릭스로 옮기는 용도
4) 히드리아 hydria : 물을 나르거나 보관하는 용도
5) 킬릭스 kylix : 양쪽에 손잡이가 달린 납작한 형태의 술잔
6) 레키토스 lekythos : 좁고 기다린 형의 기름 담는 그릇
7) 아리발로스 aryballos : 목이 짧고 공 모양의 향유병
8) 알라바스트론 alabastron : 향료나 마시지 오일을 담는 용도

(2) 로마Rome, BC 510~476

로마시대의 만찬

로마시대 상류층은 가족끼리 식사할 때 세나티오cenatio라는 작은 방을 이용하였고, 트리클리니움triclinium에서 파티를 즐겼다. 여기에는 3~9개 혹은 그 이상의 침상이 1~2인용으로 준비되었고, 총 9명 이내의 수를 구성하여 정찬을 즐겼다. 커다란 테이블 주변에 침대를 'U' 자 형태로 배치하여 침대 위에서 항상 팔꿈치를 붙여서 몸을 일으켜 식사하였다. 때문에 고기는 적당한 크기로 잘라서 내놓아야 했고, 이는 칼 쓰는 법이 매우 중요했음을 의미한다. 포크는 여전히 사용하지 않고 손으로 음식을 집어 먹었다. 각 코스별로 음식을 식탁에 차린 다음 코스가 끝날 때마다 'U' 자 형의 열려 있는 부분의 끝에서부터 안으로 차려진 식탁을 들여보냈다. 포도주는 식사 중인 사람들의 뒤편으로 서빙되었으며 노예들은 나무사발로 식사하는 반면, 왕족과 귀족은 금 · 은 · 유리 · 도기 그릇으로 식사를 하였다.

여성들이 연회에 참여하는 일은 오랫동안 금지되어 있었으나, 이후에 연회에 참석할 수 있는 권리를 얻게 되었다. 정찬을 즐기다가 여성들은 식사가 끝나면 물러났다.

2) 중세Medieval, BC 476~AD 1450

중세의 식사 장면

중세 상차림은 간단했고, 고위층의 사람은 자신만의 요리와 접시, 음료수 잔을 따로 가지고 있었다. 또한 상류 계급은 호화로운 식사도구와 화려한 식탁 장식으로 부를 과시하였다. 다른 사람들은 둘이 한 조가 되어 식사를 했으며, 나무와 주석으로 된 사발에 담긴 죽을 함께 나누어 먹기도 했다. 개인 접시 없이 중앙의 큰 접시에 있는 음식을 손으로 먹고, 통밀이나 호밀로 만든 빵을 숙성시켜 만든 트렌처trencher를 식기로 사용하였다. 테이블은 목판을 가대trestle 위에 놓은 단순한 것으로 식사 때마다 조립하여 사용하였고, 신분이 동등한 사람끼리만 같은 식탁보 사용이 가능하였다. 한 개의 스푼으로 공동으로 식사했으며, 냅킨과 포크도 없었고, 칼은 각자 지참하고 다녔다.

3) 르네상스Renaissance, 1450~1643

프랑스에 시집온 캐서린 드 메디치Catherine de Medicis는 이탈리아 식문화를 프랑스에 전했을 뿐 아니라 프랑스 궁정예절이나 식사예법도 모두 '이탈리아식'으로 고쳐갔다. 16세기 식사 양식의 특징은 식사 뒤에 과일이나 단 것을 주체로 한 '코라시온'인데 설탕 절임한 과일, 건조과일, 생과일, 단 비스킷 등을 수북이 담아 화려하게 장식되었다.

스페인의 도자기가 이탈리아로 반입되었는데 이를 마욜리카Majolica라 불렀으며, 이는 고대 그리스 · 로마 시대의 신화를 배경으로 한 이스토리아토istoriato 양식을 주로 사용하였다. 1550년 직후에는 베네치아 · 파엔차등지에서 중국의 청화백자를 모방한 마욜리카가 생산되기 시작하였다.

이스토리아토 양식의 접시

청화접시

르네상스 시대는 유리공예의 황금기로서 무색과 투명의 아름다움으로 유명한 '크리스털로crystallo'가 처음 만들어졌으며, 15세기 이후에는 베네치아 무라노Murano 섬에서 '레이스글라스lace glass'를 16세기에는 은도금 유리를 발명하였다.

레이스 글라스

4) 바로크Baroque, 1620~1740

프랑스의 요리혁명은 1650~1670년에 일어났으며, 베르사유의 프랑스 궁중문화가 보편적인 모델이 되었다. 특히 '프랑스식 서비스'라는 식사 방법이 생겨나게 되었다. 또한 샴페인 제조법이 개발되어 대대적으로 소비되기 시작하였고, 초콜릿, 차, 커피가 새롭게 등장하였다.

이 시기는 대담하고 굵은 선, 역동적인 힘, 완벽한 대칭성이 디자인의 기본이었다. 주요한 모티브는 아칸서스 잎acanthus, 페디먼트pediment, 스와그swag, 마스크mask, 사자 주먹형 발lion-paw foot, 커트-카드cut-card, 시누아즈리chinciserie, 인물 조형상 등이 있다.

루이 14세는 공개 회식을 권력 과시의 수단으로 삼았다, 그에게 식탁은 하나의 정치 전략이었다. 루이 14세 연회의 특징은 '엄청난 스케일의 향연'으로 연극 · 무용 · 음악제전 등 모든 연회를 관객이 있는 행사로 만들었다. 왕이 주최하는 공적인 회식의 경우 일반 평민들도 초호화판 식사를 구경할 수 있는 관람석에 앉아 그 광경을 지켜봤고, 연회가 끝나면 남은 음식들을 먹을 수 있었다. 개인 접시의 사용도 루이 14세 시대부터 시작되었다.

17세기 들어 마욜리카는 쇠퇴하기 시작하고, 1710년 독일 마이센에서 자기 제법이 개발되었다. 시누아즈리풍, 청색과 단일 채색, 다채多彩, 바로크풍의 명암이 강한 인물이나 식물 · 동물의 문양이 많이 나타났다. 그리고 중국의 청화자기를 본뜬 델프트 도기가 유럽 시장을 차지하게 되었다.

루이 14세의 연회

바로크풍의 수프 그릇

델프트 도기

나이프와 포크 같은 식사 도구는 큰 접시에서 작은 접시로 음식을 덜어낼 경우에만 사용되었고, 17세기 중반에서야 비로소 식사에 포크를 사용하는 것이 일반화되었다. 바로크 시대의 은 제품은 'C' 의 소용돌이형과 'S' 의 커브형을 장식적 요소로 많이 이용하였다. 베네치아의 무라노를 중심으로 유리 제작이 발전하였고, 무라노의 유리공들은 무색 투명의 크리스털로cristallo를 다양하게 발전시켜 가며 유리 산업의 꽃을 피웠다. 17세기에는 다마스크 테이블 린넨damask napery이 영국에 수입되었지만 고가였다. 1700년대에 가까워지면서 새로운 음료의 등장과 야식의 유행으로 티 냅킨tea napkin과 야식용 식탁보supper cloth가 등장하였으나 일반적인 현상은 아니었다. 바로크 시대의 꽃 장식은 비대칭으로 대담한 라인이 역동적이며, 덩어리를 이루고 있는 것이 특징이다.

5) 로코코Rococo, 1710~1774

17세기만 해도 개인용 접시에 머무르던 서빙 구조가 전체 식사의 컨셉에 맞는 4피스piece의 디너세트 등장으로 바뀌게 되었고, 세트로 구성된 금, 은제 커틀러리가 사용되었다. 메인 테이블과 보조 테이블이 나란히 등장하고, 개인 저택에는 식사 전용의 공간까지 갖춰지는 등 테이블 장식이 오늘날과 같은 형태를 갖추게 되었다. 테이블 세팅에 '개인' 의 개념이 구체적으로 적용되었다. 식탁에서도 상류계급의 여성은 남성과 동등하게 식사를 즐겼다.

알파벳 'C'나 'S'자에 비유되는 곡선, 복잡한 소용돌이 무늬, 당초唐草 무늬, 꽃 무늬 등 우아하고 경쾌하며 곡선적인 형태가 주를 이루었다. 여성적이고 감각적인 디자인이 사용되었으며, 주요 색상으로 담채색淡彩色과 금색金色을 병용하였다.

독일 마이센의 영향을 받아 퐁파두르Pompadour 후작부인의 관여하에 프랑스 세브르Séveres에서 고급 자기를 생산하였다. 풍경이나 인물, 작은 새 등이 부셰Boucher의 필치로 그려졌고, 최대의 걸작은 화려하고 진한 핑크, 퐁파두르의 핑크인 로즈 퐁파두르Rose Pompadour가 탄생하였다.

로즈 퐁파두르 접시

금은제 커틀러리를 세트로 갖추어 사용하였고, 앞자리 접시의 오른쪽에 나이프, 스푼, 포크가 함께 세팅되기도 하였다. 17~18세기 식탁에서 포도주 잔은 미리 놓여 있지 않았다. 식사하는 사람이 마실 것을 원하면 하인을 불렀고, 하인은 포도주 잔을 쟁반에 받쳐 가져갔다. 테이블클로스로 새틴satin과 실크silk로 된 고급스러운 장식이 유행하였다. 파스텔 톤의 밝고 따뜻한 여성미가 강조되고, 크게 주름을 넣거나 자수를 놓았으며 테두리에 술이 장식된 것이 등장하였다. 테이블 세팅을 위한 자기 인형은 귀족의 식탁을 우아하게 장식하였다.

6) 신고전주의Neoclassic, 1760~1860

바로크, 로코코에 대항하여 좀 더 순수하고 본질적인 조형미를 지향하여 고전의 부활을 추구하고자 한 결과로 이집트, 그리스, 로마 양식에 대한 관심으로 나타났다.

19세기 초 파리 주재 러시아 대사 쿠라킨Kurakin은 프랑스식 서비스의 결점을 보완하기 위해 자국의 서비스법을 소개했으나, 그 당시에는 테이블상의 호화로움이 부족하다는 이유로 받아들여지지 않았다. 19세기 중반 이후 레스토랑에서 러시아식 서비스가 유행하였고, 접시의 오른쪽에 스푼과 나이프가, 왼쪽에 포크가 놓이고, 식탁 위에는 리큐르, 와인, 샴페인, 물을 담기 위한 글라스가 놓였다.

영국의 웨지우드Josiah Wedgwood에 의해 개발된 블랙 바솔트black basalt와 재스퍼 웨어jasper ware에는 그리스와 로마의 벽 장식에서 보이는 색상이나 문양 또는 카메오cameo를 모방하였다. 또한 웨지우드는 크림색 진주빛 바탕에 갈색과 회색 꽃무늬를 조화롭게 표현한 디너웨어 세트를 개발하였다.

신고전주의 양식의 디너 세트

크리스털은 최고급 식기나 공예품에 사용되다가 18세기 이후 더욱 발전되어 글라스의 재료로 사용되었다. 19세기 미국에서 개발한 강화유리로 만든 글라스는 크리스털의 높은 가격에 비해 대량생산이 가능하여 상대적으로 저렴하였고, 여러 가지 복잡한 문양을 조각해 넣을 수 있었다.

나이프, 포크, 스푼이 3조 1세트로 본격적으로 사용된 17세기 이후 금, 은 등의 소재를 사용하게 되었다. 18세기 중반부터 커틀러리의 효율적인 정리를 위해 보관용 함이 사용되었다.

신고전주의 양식의 린넨은 16세기 이후부터 다마스크 린넨으로 만들어진 이후 여러 신고전주의 패턴을 사용하여 직조를 짜거나 수를 놓았다. 고가의 다마스크 린넨을 대신하여 19세기 말에는 면직물이 대량 생산되었다. 인공적인 염색으로 다양한 색상이 사용되었으나 여전히 흰색이 가장 선호되었다.

17세기 말에 꽃은 테이블에서 설탕절임 과일과 사탕과자를 장식하기 위해 사용되었고, 갈런드garland는 접시와 찬장의 식기를 장식하는 데 사용되었다. 18세기 중반에는 은 또는 자기로 만들어진 센터피스가 식탁 중심에 놓였다.

7) 빅토리아Victoria, 1837~1901

산업혁명으로 인하여 도자기와 실버웨어silverware가 대량생산되어 중산층에서도 다양한 식공간 연출이 가능하게 되었다. 그러나 대량생산으로 인해 질적인 면보다 양적인 면이 강조되었다. 본차이나의 생산이 정착되고, 어슨웨어earthenware에 프린트를 하여 장식하는 기술도 개발됨으로써 손으로 그려서 장식하던 종전 기술에 비해 훨씬 다양하고 복잡한 문양을 넣을 수 있게 되었다. 동물의 뼈를 태운 재를 넣어 만든 본차이나의 개발로 도자기의 종주국 역할을 해왔던 중국으로부터 그 중심축이 영국으로 옮겨가는 계기가 되었다. 디자인에 있어서는 고딕, 르네상스, 고전주의 양식이 부활하였다.

빅토리아 시대의 르네상스 양식 물병, 굽 달린 접시

1676년 영국의 유리 제조공 라벤스크라프트George Ravenscraft는 종전의 유리보다 높은 투명도와 굴절률, 중후한 무게감, 아름답고 경쾌한 충격음 등의 특징을 갖는 신제품 크리스털crystal을 개발하였다.

19세기에는 중간 계층도 은제 포크를 사용하였으며 뼈, 진주, 상아와 같은 재질이 손잡이에 사용되었다. 또 포크의 갈래는 짧아지고, 가까이 붙게 되었다. 그리고 자연적 문양으로 포도와 넝쿨이 섬세하고 아름답게 표현되어 있으며 다양한 문양을 새겨 놓은 상아 손잡이도 유행하였다.

빅토리아 시대에는 섬유산업이 크게 발전하였다. 자수가 인기 있었으며, 가느다란 끈과 바늘로 레이스를 만든 털실 세공이 유행하였다. 테이블클로스는 빅토리아 중기의 복식에서 나타난 루쉬lush와 손뜨개를 이용한 것이 특징이다.

센터피스 또한 다른 식탁요소와 마찬가지로 고딕 양식이나 고전주의 양식을 선호하였다. 화려한 촛대와 중앙부를 장식한 꽃들을 볼 수 있으며, 테이블 위를 은제나 도제로 된 호화로운 장식물로 가득 꾸며 놓아 부를 자랑하는 것을 즐겼다.

8) 아르누보Art Nouveau, 1880~1920

아르누보 시대의 커피세트

프랑스식 서비스가 국제적 공식 서비스법으로 정착되고, 일반인의 미식美食에 대한 관심 고조, 뷔페, 카페테리아 식사법이 등장하였다. 부르주아 계급들 간의 사회적 교류를 위한 티파티tea party가 성행하였다. 또한 동양적 감성에 매료되어 지역적 특성에 관심을 기울여 일본 향토 요리에 대한 관심이 높아졌다.

덩굴풀이나 담쟁이 등 식물의 형태를 연상하게 하는 유연하고 유동적인 선, 파상波狀무늬, 당초唐草무늬 또는 화염火焰무늬 등이 유행하였고, 직선적 구성을 의도적으로 피했다. 환상적이면서 신비스러운 분위기를 위해 밝고 환한 파스텔톤의 색상을 사용하였다.

도자기 제품의 테이블웨어보다는 금속으로 만든 테이블웨어에서 자연을 모티브로 한 늘어지는 형태가 많이 나타났다. 대량생산 제품보다는 수공예품이 많이 이용되었고, 유약에 중점을 두는 디너웨어가 많이 생산되었다. 특히 일본의 유약과 도기 비법을 밝혀내기 위해 많은 애를 썼으며, 상업적인 도자기도 일본의 청화백자 이미지를 모방하였다. 도기 제작은 재료 자체의 흰색으로 다시 눈을 돌렸고, 그 위에 고사리와 풀, 튤립, 백합 같은 식물무늬나 양식화된 추상적 형태를 간소하게 그려 넣었다. 아르누보 식기 세트의 외양은 변형을 가하지 않은 단순 소박한 형태가 선호되었다.

커틀러리는 손잡이 부분이 꽃으로 장식되어 있거나 곡선으로 표현된 제품이 많이 생산되었으며, 타원형의 볼이 나타나고 볼에도 유선형이나 식물이 장식되었다.

유리는 아르누보 시기에 선호된 소재 중 하나로 프랑스의 갈레Emile Galle와 랄리크Rene Lalique, 미국의 티파니Louis Comfort Tiffany는 장식적 유리공예 분야에서 탁월한 성과를 보여주었다.

아르누보 시기에는 에스 커브S-curve의 아름다움을 살리기 위해 부드러운 레이스lace, 쉬폰chiffon, 오건디organdy 등 부드럽고 얇게 비치는 직물을 애호하였다. 직물 패턴 디자인은 주로 꽃을 주제로 하였고, 잎사귀, 얽힌 줄기 등을 모티브로 한 흐르는 듯한 곡선이 이용되었다. 아르누보 직물 디자인 분야의 선구자는 모리스William Morris였다.

센터피스는 자연의 특성을 살려 유기적으로 생명체가 서로 교차되고 뒤틀린 형태와 선으로 디자인 것이 많이 나타났다.

9) 아르데코Art Deco, 1920~1939

단순하고, 기하학적인 형태가 강조되고 소용돌이치는 곡선interlacing curve과 기능적이고 고전적인 매끄러운 선sleek line을 추구하였다. 지그재그zigzag, 지구라트ziggurat, 선버스트sunburst가 대표적인 모티브로 사용되었으며 검은색, 금색, 은색, 원색, 파스텔의 대담한 색이 주조를 이루었다.

아르데코 스타일의 2인조 티세트

꽃무늬 패턴이 식기 표면에 전체적으로 전사되기도 하고, 그릇의 가장자리에 색 라인을 넣거나 추상적이고 기하학적인 패턴으로 제작되기도 하였다. 커피잔의 손잡이 부분을 삼각형으로 만들기도 하는 등 모던한 스타일을 생산해 내긴 했으나 사용하기에는 불편함이 많았다. 선버스트 문양이 그려진 티세트가 나오기도 했고 일반적인 원형보다 유선형과 각진형이 유행했으며, 직사각형의 볼,

아르데코 스타일의 엠버시Embassy 스템웨어

삼각형의 컵과 컵받침처럼 기하학적인 형태를 지닌 것들이 생산되었다. 커피잔 세트는 도자기로 제작되기보다는 금과 은이 복합적으로 사용된 제품이 있었으며, 기하학적인 형태가 대부분이었다.

이 시기는 은, 놋, 구리, 크롬 그리고 도금된 커틀러리가 많이 생산되었는데, 크롬과 도금된 금속 제품은 비싼 가격에 판매되었다. 스테인레스 스틸이 생산되면서 19세기 말에 한 조각one-piece으로 만들어진 특이한 스타일의 나이프가 생산되었다.

루비 레드ruby red, 코발트 블루cobalt blue, 딥 그린deep green 컬러의 글라스웨어들이 생산되었다. 하나의 스템웨어stemware 패턴으로 큰 고블릿goblet에서 작은 코디얼cordial까지 다양한 종류의 스템웨어를 생산하기도 하였다. 단순한 스템에 볼bowl의 색을 여러 가지로 하거나 다각형의 볼을 가진 글라스웨어가 유행했다.

아르데코 직물 디자인은 획기적인 구성에 의해 추상성을 강조한 대담한 기하학적 모티브, 양식화樣式化된 꽃의 모티브, 아프리카와 동양의 에스닉ethnic 모티브가 특징적이다.

센터피스의 재료는 형태가 큰 폼플라워form flower 보다는 형태가 작은 꽃들과 식물이 사용되고, 매스플라워mass flower 및 사용되는 소재들을 집단화clustering, 그룹짓기grouping를 하여 시각적 장식성을 강조하였다. 그 외에 금속제품의 센터피스나 촛대에서는 누드나 세미누드 인물상이 많이 이용되었다. 큐비즘cubism의 영향을 받은 꽃병, 지구라트 모양을 한 촛대도 나타났다.

10) 모던Modern, 1900~

사적이고 주관적인 요소들을 배제함으로써 기하학적인 순수 형태를 통해 객관적인 공간을 형성하였다. 인위적인 곡선의 식공간 요소를 배제한 단순한 기하학적인 형태, 즉 사각형, 삼각형, 원, 직선 등의 요소를 활용하였다. 모던 테이블 세팅은 형식이나 규칙이 없이 자유롭게 세팅하고, 샤프한 이미지를 부각시킨다.

19세기 말엽에 일본 미술이 유럽 도공들에게 중요한 영감의 원천이 되어 1900년 파리 만국박람회에 근대 양식이 출현하였다. 로젠탈Rosental의 스튜디오 라인Studio line 제품은 기하학적이며, 옵티컬 효과optical effect를 추구하였고, 토마스 로젠탈이 제작한 로프트loft는 모던 디자인 자기 가운데 유럽에서 가장 상업적으로 성공한 제품이었다.

모던 식기

20세기 스테인리스 스틸의 발견은 커틀러리 디자인과 내구성에 혁신적인 발전을 이루었다. 대량생산, 시장 규모의 확산과 함께 고전적 라인이 퇴조하고 장식을 배제한 단순한 패턴이 주류를 이루었다. 나이프의 손잡이는 길이가 길어지고, 스테인리스 스틸뿐 아니라 은, 진주, 금도금과 플라스틱, 상아, 나무 등 다양한 소재로 제작되었다. 장식을 최소화하는 미니멀 스타일이 유행하였다.

모던 스타일의 커틀러리

4. 동양의 식공간

농경생활로 인해 쌀을 주식으로 하는 동양의 식공간은 서양 식공간과는 다른 형태로 발전해 왔다. 서로 인접해 있지만 차이를 보이는 한국, 중국, 일본의 상차림을 통해 식문화의 특성을 살펴본다.

1) 한국

(1) 상차림 문화

12첩 반상차림

한국의 상차림은 주식에 따라 반상飯床, 면상麵床, 죽상粥床 차림으로 나뉜다. 반상은 밥을 주식으로 하고 국과 김치, 반찬을 상 위에 한꺼번에 차리는 상차림으로 뚜껑 있는 쟁첩에 담는 찬의 가짓수에 따라 3첩, 5첩, 7첩, 9첩 반상으로 나뉜다. 12첩 반상은 궁중에서만 차리고 민가는 9첩 반상까지로 제한하였다. 반상은 독상차림이 기본이며, 대개 장방형의 사각반에 차린다. 독상의 경우 뜨거운 음식과 국물 있는 음식은 상의 오른편에, 나물과 생채 등 일상적인 찬은 중간에, 찬 음식과 마른 반찬은 왼편에 놓는다. 한 상에 올라가는 그릇의 재질은 모두 같아야 하며, 여름철에는 백자와 청백자 반상기, 겨울철에는 유기나 은기 반상기를 주로 사용한다.

한식 1인 상차림

(2) 상차림의 종류

일상 상차림과 통과의례 상차림으로 분류할 수 있다.

표 6-6 | 일상 상차림

<table>
<tr><th>종류</th><th>내용</th></tr>
<tr><td>반상차림</td><td>
• 쟁첩에 담는 반찬의 가짓수에 따라 3첩, 5첩, 7첩, 9첩 반상으로 나뉨
• 밥, 탕, 김치류, 조치, 찌개, 찜 등은 찬품 속에 들지 않는 기본 음식
• 임금을 위한 주식 상차림은 수라상이라고 하며 12첩을 기본으로 차림
• 수라를 위한 상은 주칠원반朱漆圓盤 2개와 사각반으로 차림
<table>
<tr><th rowspan="2">내용
구분</th><th colspan="5">기본음식</th><th colspan="7">쟁첩에 담는 찬품</th></tr>
<tr><th>밥</th><th>국(탕)</th><th>김치</th><th>종지</th><th>찌개, 찜</th><th>숙채</th><th>생채</th><th>구이</th><th>조림</th><th>전류</th><th>마른반찬, 젓갈, 장아찌</th><th>회, 편육</th></tr>
<tr><td>3첩 반상</td><td>1</td><td>1</td><td>1</td><td>1(간장)</td><td>×</td><td colspan="2">택1</td><td colspan="2">택1</td><td>×</td><td>택1</td><td>×</td></tr>
<tr><td>5첩 반상</td><td>1</td><td>1</td><td>2</td><td>2(간장, 초간장)</td><td>찌개</td><td colspan="2">택1</td><td>0</td><td>0</td><td>1</td><td>택1</td><td>×</td></tr>
<tr><td>7첩 반상</td><td>1</td><td>1</td><td>2</td><td>3(간장, 초간장, 초고추장)</td><td>2(찌개, 찜)</td><td>1</td><td>1</td><td>1</td><td>1</td><td>1</td><td>택1</td><td>택1</td></tr>
<tr><td>9첩 반상</td><td>1</td><td>1</td><td>3</td><td>3(간장, 초간장, 초고추장)</td><td>2(찌개, 찜)</td><td>1</td><td>1</td><td>1</td><td>1</td><td>1</td><td>각1</td><td>택1</td></tr>
<tr><td>12첩 반상</td><td>2</td><td>2</td><td>3</td><td>3(간장, 초간장, 초고추장)</td><td>찌개 2
찜 1</td><td>2</td><td>2</td><td>2</td><td>1</td><td>1</td><td>각1</td><td>각1</td></tr>
</table>
</td></tr>
<tr><td>죽상차림</td><td>• 죽, 미음, 응이 등의 유동식을 주식으로 차린 상
• 김치류는 국물이 있는 나박김치나 동치미를 올림
• 찌개는 젓국이나 소금으로 간을 한 맑은 조치를 올리고, 육포나 북어무침, 매듭자반 등의 마른 반찬을 올림</td></tr>
<tr><td>장국상차림</td><td>• 주식을 국수나, 만두, 떡국으로 차리는 상으로 점심 또는 간단한 식사의 형태
• 경사 때는 고임상인 큰상을 차리고 경사 당사자 앞에 면과 간단한 찬을 놓는 임매상(국수장국상)을 차림</td></tr>
<tr><td>주안상</td><td>• 술을 대접하기 위해 차리는 상으로 술의 종류에 따라 음식의 조미를 고려</td></tr>
<tr><td>교자상</td><td>• 집안에 경사가 있을 때 큰상에 음식을 차려 놓고 여러 사람이 함께 둘러앉아 먹는 상</td></tr>
<tr><td>다과상</td><td>• 주안상이나 교자상에서 나중에 내는 후식상으로 각색편, 유밀과, 다식, 숙실과, 생실과, 화채, 차 등을 고루 차림</td></tr>
</table>

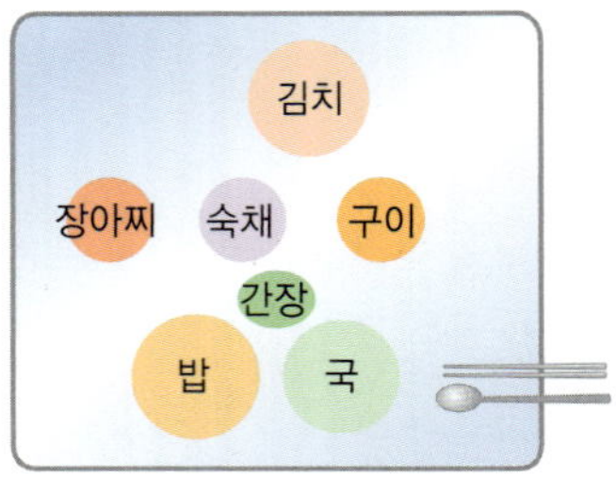

3첩 반상차림

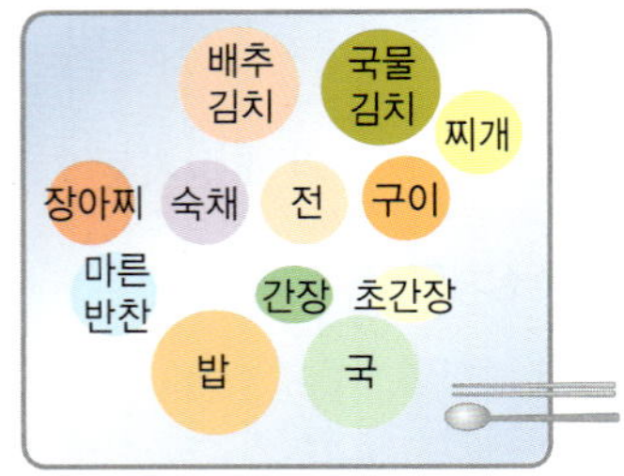

5첩 반상차림

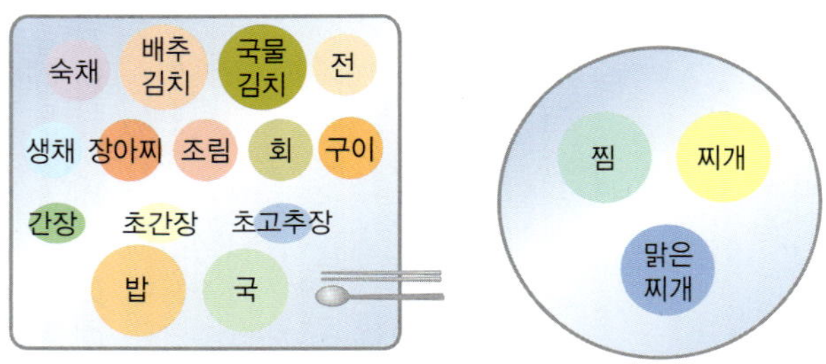

7첩 반상차림

첩수에 따른 반배도

(3) 상차림 요소

표 6-7 | 통과의례 상차림

종류	내용
출생	• 아이가 태어나면 흰쌀밥, 미역국을 끓여 밥 세 그릇과 국 세 그릇을 상에 받쳐 '삼신상三神床' 을 차림
삼칠일	• 아기가 출생한 지 매 7일마다 상을 차리며, 백설병을 쪄서 삼칠일을 축하
백일	• 백설병, 찰수수경단, 오색송편, 흰밥, 고기미역국, 푸른색의 나물(미나리 등)을 차림 • 백일 축의 떡은 백가百家에 나눠야 아기가 수명장수하고 복을 받는다고 믿었으며, 귀신이 붉은색을 기피한다고 여겨 붉은 팥고물을 묻힌 찰수수경단을 놓음
첫돌	• 백설기, 팥 수수경단, 찹쌀떡, 송편, 무지개떡, 인절미, 개피떡, 과일을 주로 차리며 여러 가지 물건을 올려놓고 돌잡이를 함. • 활, 화살은 무인武人으로 성장하기를 기원하며, 국수는 장수長壽를, 대추는 자손번창을, 쌀은 재복財福을, 책과 지필연묵은 문인文人으로 성장하기를 기원

종류	내용
혼례	• 납폐함이 들어올 때 신부집에서 봉치떡을 준비하고, 혼례 당일에는 신부가 시부모님과 시댁 친척들에게 인사드릴 때 폐백음식을 준비하여 상차림을 함
회갑례	• 60회 생신(환갑)을 말하며 자손들이 모여 연회를 베풀어드리고 이때 큰상을 차림 • 큰상은 음식을 높이 고이므로 고배상高排床, 망상望床이라고 하며, 과정류, 생실과, 건과류, 떡, 전과류, 숙육편육류, 전유어류, 건어물, 육포, 어포류 등의 여러 음식을 300~600mm 원통형으로 고임
회혼례	• 결혼 60주년을 의미하는 잔치로 자식들이 헌주獻酒하고 권주가勸酒歌와 음식이 따름
상례	• 혼백상을 차리고 촛대와 초, 향로와 향, 주, 과, 포를 차리며, 제사 음식을 굽 높은 제기에 차림 • 음식은 잘게 썰지 않고 크게 각을 떠서 간단히 조리하고, 화려한 고명 사용은 피함
제례	• 제상은 집집마다 고장마다 진설법이 다르며, 이를 가가례家家禮라 함 홍동백서紅東白西 : 붉은 과일은 동쪽, 흰색 과일은 서쪽에 놓음 어동육서魚東肉西 : 생선은 동쪽, 육류는 서쪽에 놓음 건좌습우乾左濕右 : 마른것은 왼쪽, 습한것은 오른쪽에 놓음 좌포우혜左脯右醯 : 포는 왼쪽, 식혜는 오른쪽에 놓음

상차림의 구성요소에는 소반(상), 식기(반상기), 수저, 기타 도구(휘건, 토구, 수저받침) 등이 포함된다.

보통 소반이라 부르는 것은 식사 때 식기를 얹는 기물로서 반盤(天板, 소반의 위판)과 다리로 이루어져 있다. 우리나라에서 소반이 크게 발달한 이유는 입식생활을 하는 서양과는 달리 조리된 음식을 소반 위에 올려서 방으로 옮겨와 식사를 하기 때문에 소반은 음식을 나르는 쟁반과 식탁의 구실을 겸한 독특한 구조로 발전되어 왔다. 소반은 음식상뿐만 아니라 음식물을 조리하는 도마로도 사용되었으며, 신이나 상전에게 음식물을 진상할 때 진열대로도 쓰였다. 상은 모양과 생산자, 크기, 다리의 생김새, 칠의 색에 따라 여러 가지로 나누는데 대표적인 것은 다음 [표 6-8]과 같다.

표 6-8 | 상의 종류

종류	내용
원반圓盤 	• 판의 모양이 둥근 형태로 된 소반이다. • 크기에 따라 대원반 · 중원반으로 구별함 • 다리 모양에 따라 두리반 · 쟁반소반 · 호족원반 · 구족원반 등으로 구별함 • 궁중의 수라상이나 잔치를 차릴 때 주반主盤의 위치
책상반冊床盤 	• 장방형의 소반으로 일상의 반상에 가장 많이 쓰이며 통영반, 해주반, 나주반 중에도 책상반이 있음
팔모반八模盤 	• 윗면이 팔각형으로 다리는 병풍처럼 팔면이 목판으로 짜여져 있으며 다과상으로 많이 쓰임 • 크고 붉은칠을 한 것은 돌상차림을 할 때 쓰이기도 함
단각반單脚盤 	• 팔각이나 십이각의 윗면을 돌릴 수 있는 회전상으로 다리가 중심에 하나만 있음 • 주안상을 차리는 데 알맞음
공고반公故盤 	• 번상番床이라고도 하는 작은 팔각반으로 다리가 병풍처럼 둘러 있는데, 앞뒤가 크게 뚫려 있어 머리에 이면 앞을 볼 수 있음 • 관청에서 번을 할 때나 식사를 차려서 나갈 때 쓰던 상

식기는 재질에 따라 유기류(놋그릇), 자기, 사기류, 질그릇, 목기류 등이 있고 사용 용도에 따라 그 명칭이 다르다. 밥을 담는 그릇을 주발, 국을 담는 그릇을 탕기, 숭늉이나 국수를 담는 그릇을 대접, 찌개나 찜을 담는 그릇을 조치보, 김치류 담는 그릇을 보시기, 찬을 담는 그릇을 쟁첩, 간장 등을 담는 그릇을 종지, 그 밖에 합, 조반기, 접시 등 여러 가지 기명이 있다.

표 6-9 | 한국 식기의 종류

구분	종류		내용
주식용 식기	주발周鉢		• 남자용 밥그릇으로 아래는 좁고 위는 차츰 넓어지며 뚜껑이 있음 • 사기로 만든 것을 사발이라고 함
	바리鉢伊		• 놋쇠로 만든 여자용 밥그릇으로 주발보다 밑이 좁고 배가 부르고 위쪽은 좁아듬 • 뚜껑에 꼭지가 있는 경우 '봉바리' 라 부름
	조반기早飯器		• 대접처럼 운두가 낮고 위가 넓은 모양으로 뚜껑이 있음 • 아침식사 전에 미음이나 죽 같은 간단한 음식을 담음
	반병두리 飯餠器		• 바닥이 둥글고 편평하며 운두가 높지 않고 굽이나 뚜껑이 없는 그릇으로 국수장국, 떡국, 비빔밥 등을 담음
	합盒		• 운두가 높지 않고 둥글넓적하며 뚜껑이 있음 • 여자 밥그릇으로 많이 사용하며 국수장국, 떡국, 약식 등을 담는 데 사용
부식용 식기	탕기湯器		• 국을 담는 그릇으로 주발과 같은 모양으로 주발 안에 들어가는 한 치수 작은 크기
	대접大楪		• 위가 넓고 운두가 낮은 그릇으로 숭늉이나 면, 국수를 담는 그릇이며 국대접으로 흔히 쓰임
	조치보鳥致甫		• 찌개를 담는 그릇으로 주발과 같은 모양으로 탕기보다 한 치수 작은 크기
	보시기甫兒		• 김치류를 담는 그릇으로 쟁첩보다 약간 크고 조치보다는 운두가 낮음
	쟁첩錚楪		• 전, 구이, 나물, 장아찌 등 대부분의 찬을 담는 그릇으로 작고 납작하며 뚜껑이 있음
	종지種子		• 간장 · 초장 · 초고추장 등의 장류와 꿀을 담는 그릇으로 주발의 모양과 같고 기명 중에 크기가 제일 작음
	접시楪匙		• 운두가 낮고 납작한 그릇으로 찬, 과실, 떡 등을 담음

한국의 수저란 숟가락을 달리 이르는 말이며, 숟가락과 젓가락을 아울러 뜻하기도 한다. 숟가락은 밥이나 국물을 떠먹는 식사용 기구이고 젓가락은 음식을 집는 기구이다. 우리나라는 중국이나 일본과 달리 탕이나 국뿐 아니라 밥에도 유일하게 숟가락을 사용하는 민족이다.

2) 중국

(1) 상차림 문화

8인용 식탁이 기본으로, 식탁의 중심 부분에 회전대Lazy Susan를 놓아 여러 명이 음식을 돌려가며 먹을 수 있도록 준비한다. 개인접시는 고급의 경우는 은기, 보통은 도자기 접시를 사용한다. 젓가락은 약 25cm 정도로 길이가 길며 음식물 집는 끝부분이 뭉툭한데, 중국 음식이 기름기가 많아 집기가 어렵기 때문에 길고 두꺼운 형태로 발전한 것이다. 젓가락 받침대는 연회상에는 필수품이다. 음식은 보통 짝수로 가짓수를 맞추어 내며, 한 가지 요리를 '몇 사람분의 요리'로 해석하지 않고 '한 접시의 몫'이라 생각한다.

중국의 정식 상차림

퓨전식 중식 상차림

(2) 상차림 종류

중국요리의 정식 상차림에는 냅킨, 메뉴, 조미료 병(간장, 라유, 식초), 조미료 접시, 찻잔, 개인접시, 렝게, 렝게 받침, 젓가락, 젓가락 받침 등이 필요하다. 연회상차림의 경우 4의 배수로 차리고 전채前菜, 두채頭采, 주채主采, 탕채湯采, 면점面点, 첨채甛采, 과일로 구성된다.

(3) 상차림 요소

중식 상차림을 위해 필요한 식기의 종류는 [표 6-10]과 같다.

표 6-10 | 중국 식기의 종류

명칭	특징
챵야오판chang yao pan 	• 타원형 접시 • 장축이 170~ 660mm • 음식 형태가 길면서 둥근 모양이거나 장방형 음식을 담는 데 적합 • 생선, 오리, 동물의 머리와 꼬리 부분을 담을 경우에 사용 • 큰 접시는 십금냉반十錦冷飯, 화색냉반花色冷飯을 담고, 작은 것은 보통 쌍평双拼, 삼평냉반三拼冷飯을 담음
위엔판yuan pan 	• 둥근접시 • 지름이 130~660mm • 가장 많이 사용하는 그릇 • 수분이 거의 없는 음식을 담는 데 사용 • 큰 접시는 보통 화색냉반花色冷飯을 담을 때 사용
띠에즈die zi 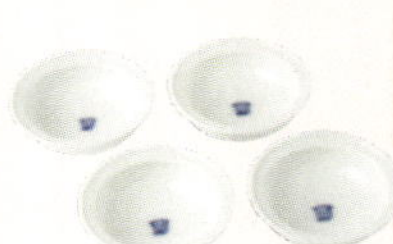	• 종지 • 둥근 접시 중 지름이 130mm보다 작은 것 • 양념이나 기본 반찬을 담아서 음식과 함께 식탁에 놓을 때 사용

명칭	특징
탕판tang pan 	• 탕그릇 • 지름 150~400mm • 국물 있는 음식, 부피가 비교적 큰 음식 또는 탕을 담는 데 사용
완wan 	• 사발 • 지름이 330~530mm로 다양 • 탕湯이나 죽羹을 담는 데 사용 • 가장 작은 사발은 간장, 당초즙糖醋汁 등의 소스를 담을 때 사용 • 가장 큰 사발은 자품과瓷品鍋라고 하며 뚜껑이 있어 주로 탕을 끓일 때 사용 • 중탕을 할 때는 사기로 만든 사발碗을 주로 사용
샤꾸오sha guo 	• 일종의 질그릇으로 재질은 도기陶器가 대부분임 • 열의 발산이 느리기 때문에 민愄 먼men, 소燒 샤오 shao, 외愄 웨이 wei의 방법으로 음식을 조리하는 경우에 사용 • 대부분의 샤꾸오는 둥근 모양이며, 크기와 모양이 변형된 샤꾸오는 항아리 또는 단지라고 함 • 한쪽에 긴 손자루가 있는 것도 있으며, 불도장佛跳墻을 담는 그릇은 술단지 모양
쩡롱zheng long 	• 대나무 찜기 • 딤섬이나 만두 종류 등을 찔 때 사용 • 찜기 채로 식탁에 내기도 함
자장면 식기 	• 자장면과 소스를 담는 식기 • 왼쪽은 자장 소스, 오른쪽은 면을 담음
시아오완xiao wan 	• 탕기와 함께 담긴 음식을 데우는 워머로 이루어져 있음 • 찜이나 탕을 식사 마칠 때까지 따뜻한 상태로 유지시켜 줌

명칭	특징
샥스핀 찜기 	• 상어지느러미를 찜으로 요리하여 담아내는 그릇으로 빨리 식는 것을 막기 위해 뚜껑이 있음
차짜오cha zao 차쭝cha zhong  	• 찻주전자와 찻잔 • 차는 찻주전자에서 우려서 찻잔에 따르는 경우가 있고, 찻잔에 직접 차를 넣고 뜨거운 물을 부어 우려내는 경우 • 보통 식사 시는 찻잔에 차를 넣어 우려내기 때문에 받침과 뚜껑이 있음
지우뻬이jiu bei 	• 고량주 술병과 술잔 • 중국 화베이華北 지방에서 주로 생산되는 증류주蒸留酒로 빼갈이라고도 부름 • 구이저우성貴州省의 마오타이주茅台酒, 산시성山西省의 펀주汾酒, 쓰촨성四川省의 다취주大麴酒가 대표적인 지우뻬이 • 알코올 도수가 40~60% • 아주 작은 술잔에 마심
조미료 용기 	• 테이블 위에 놓여 있으며, 왼쪽부터 간장, 라유, 식초 순으로 사용
렝게와 받침 	• 숟가락은 국물 있는 요리를 먹을 때만 사용되며, 받침은 없어도 무방함
콰이쯔 kuai zi 	• 젓가락 • 끝이 뭉툭하며, 젓가락이 길어 나눔 젓가락으로 사용 가능 • 젓가락받침은 콰이쯔자

3) 일본

(1) 상차림 문화

일본 상차림은 밥상과 밥그릇, 국그릇, 종지, 깊이 있는 접시, 평평한 접시 등으로 차려지고, 보통은 숟가락 없이 젓가락만 사용한다. 숟가락은 국물 있는 음식을 먹을 경우만 사용한다. 일본의 상은 한국보다 높이가 낮다. 식기는 형태가 각양각색이며 예술적이다. 접시는 튀김, 무침, 구이, 회, 조림 등 요리에 따라 형태가 다르다. 경사 시는 금은, 홍백의 조합으로 화려하게 차리고, 흉사 시는 검은색을 사용한다. 불교행사 때에는 흑, 백, 청, 황, 은, 홍백, 청백 등이 이용된다. 식기에 음식을 담을 때는 산수山水의 법칙을 중요하게 여긴다.

(2) 상차림 종류

일본요리 상차림은 쇼진요리 상차림, 차카이세키요리 상차림, 카이세키요리 상차림, 후차요리 상차림 등이 있다.

표 6-11 | 일본 상차림

종류	내용
쇼진精進 요리 상차림	• 불교 의식에 따른 식사를 차리는 상차림 • 수행중인 승려를 위해 동물성 식품이 들어가지 않는 음식으로 차림
차카이세키茶懷石 요리 상차림	• 다도에서 나온 요리로 차를 들기 전에 내는 요리 • 카이세키 요리의 식사예법은 원래 차를 올리는 일이 주체이나, 그전에 적당히 배를 채우고 나서 맛있는 차를 먹을 수 있도록 하기 위한 것
카이세키會席 요리 상차림	• 요리집이나 여관 등에서 차려지는 상차림으로 한 가지씩 차례로 제공되는 형식과 연회 요리로 대부분을 미리 차려놓고, 따뜻한 음식을 별도로 제공하는 형태가 있음
후차普茶 요리 상차림	• 중국의 승려가 전해준 형태로, 채소를 주재료로 하여 기름과 전분을 사용한 중국풍의 요리가 주 • 1인분의 요리 형태가 아니라 큰 접시에 담아 각자 덜어 먹도록 차려짐

전채先付

국물요리椀
회造り
찜しのぎ

모듬전채八寸

구이燒物
조림煮物

식사食事
후식水菓子

카이세키 요리 상차림

(3) 상차림 요소

일식 상차림을 위해 필요한 식기의 종류는 [표 6-12]와 같다.

표 6-12 | 일본요리에 기본적인 식기류

명칭	특징
고항ご飯 	• 성별에 따라 다르나 일반적으로 우리나라보다 작음 • 밥을 담을 때 주로 사용 • 계절에 따라서 사기나 칠기를 사용
시루모노汁物 	• 옆으로 퍼진 형태 • 약 200mL 미만의 크기가 주로 사용 • 주로 국이나 물기가 많은 장국 종류를 담을 때 사용
니모노煮物 	• 카이세키 요리의 경우 1인용으로 사용될 경우 한 뼘이 넘지 않은 크기가 적당 • 형태도 다양 • 주로 조림 등의 국물이 적은 것을 담음
야키모노燒物 	• 직사각형의 형태가 일반적임 • 경우에 따라서 타원형도 사용 • 생선구이를 담을 때 사용 • 주로 한 마리를 통째로 담을 때 사용되며, 자른 생선구이인 경우 직사각형이 사용되기도 함
코노모노小物 	• 간장종지보다 조금 큼 • 50×60mm가 일반적인 형태 • 절임류가 주로 사용 • 경우에 따라서는 소스나 액상류를 담기도 함
아에모노和物 	• 100mm 내외의 길이 • 숙채나 생채를 담을 때 사용 • 경우에 따라 조림류를 담기도 함
오시보리 바코お絞りばこ 	• 물수건을 담는 용기 • 물수건 크기보다 조금 큼 • 여름에는 주로 대나무로 만든 것을 사용 • 겨울에는 따뜻한 느낌의 토기류 사용

5. 테이블 연출

1) 클래식 스타일classic style

라틴어 '최고의'에서 유래되었으며, '일류의', '표준적인', '최고 수준의' 의미로 표현된다. 바로크풍과 르네상스의 절제미節制美, 질서미秩序美를 계승하고 영국의 양식미樣式美와 격조 높은 이미지가 연상된다.

Tip 영국식 세팅은 테이블 클로스를 사용하지 않고, 마호가니mahogany 원목 테이블의 느낌을 살리기 위해 오건디organdy나 테이블 매트를 주로 사용한다.

표 6-13 | 클래식 스타일의 연출

분류	연출 방법
공간 디자인	• 대리석과 고급의 페르시아산 카펫 • 장식성이 뛰어난 조명기구 • 장미목rosewood, 마호가니mahogany 재질의 테이블 • 나무 결을 그대로 살린 어두운 색조의 바닥재 • 벽면 일부에 어두운 톤을 사용하거나 파피루스, 종려나무, 소용돌이 등 무늬가 있는 벽지로 안정된 분위기를 연출 • 인공적인 재료보다는 나무 같은 천연재료를 사용 • 고전적이고, 고풍스러운 색으로 깊이 있는 색, 어두운 색을 주로 배색 • 중후한 난색 계열에 흑색, 청색, 보라색의 배합으로 깊이감을 연출 • 흰색 계열을 메인으로 할 때에는 침착하고, 어두운 색의 배색으로 남성적 이미지를 연출 • 버건디, 와인 레드, 네이비 블루 등 다크dark 톤과 딥deep 톤을 중심으로 다색상을 배합시켜 성숙한 이미지를 연출
식기	• 유백색의 디너웨어, 명품의 본차이나 세트 • 깔끔한 금색 라인의 식기류나 깊이감이 있는 색의 테두리가 있는 것 • 접시의 중앙부분에 무늬가 없는 것이 적합
커틀러리	• 은silver이나 은도금silver plated의 커틀러리 • 손잡이 부분이 고급스러운 느낌을 가진 명품 • 길이가 긴 유럽식의 정찬용 커틀러리가 적당
글라스	• 크리스털류
린넨	• 장식성이 풍부하거나 은은한 무늬의 테이블클로스(경우에 따라 생략 가능) • 500×500mm, 550×550mm 크기의 무늬가 없는 흰색의 냅킨 • 테이블클로스와 냅킨은 세트 제품을 권장 • 고전적인 문양의 패턴이나 손으로 수를 놓은 제품도 가능 • 전통적인 다마스크 직물이나 린넨 • 벨벳velvet이나 실크silk로 트리밍한 고급스러운 러너
식탁 소품	• 은으로 만든 피규어 • 촛대 등을 악센트로 활용 • 일반적으로 냅킨 링은 사용하지 않음
연출의 예	• 최고급 코스 요리를 곁들인 정식의 만찬 • 결혼식 상차림, 부모님 생신상 등 격식을 차린 상차림 • 보수적이며 전통을 존중하는, 경제적으로 여유가 있는 계층 대상의 고급 레스토랑 • 호텔 내의 레스토랑

2) 엘레강스 스타일elegance style

라틴어 '선발된' 에서 유래되었으며, '품위 있는', '우아한', '고상한', '아취 있는' 의미로 표현된다. 프랑스의 양식미樣式美를 이미지화한 것으로, 섬세하고 품위가 돋보이며 여성 취향적이다.

Tip 색의 미묘한 그러데이션 gradation을 기조로 로맨틱한 스타일의 파스텔 톤에 회색 계열의 중후함을 가미하여 이미지를 연출할 수 있다.

표 6-14 | 엘레강스 스타일의 연출

분류	연출 방법
공간 디자인	• 크리스털 샹들리에 또는 적당히 중량감이 있는 유연한 디자인이 좋음 • 바닥재와 카펫의 색상이 너무 밝거나 어두운 것은 금물 • 등나무나 호두나무walnut 등의 온화한 나무결을 살린 테이블이 좋음 • 채도가 높고 강렬한 색은 자제 • 고전적으로 보라 계열의 색이 애용 • 여성스러움을 강조하기 위해, 적자색이나 보라색을 기초로 함 • 화려한 색보다는 약간 채도를 낮춰 순색에 가까운 색이 적합 • 고상하고 우아한 색을 효과적으로 배치
식기	• 흰색, 금색, 은색의 자기나 본차이나를 중심으로 파스텔 톤의 컬러를 곁들임 • 새, 조개, 꽃, 과일과 같은 생명체를 연상케 함 • 곡선의 장식 • 디너웨어는 세트 제품을 사용
커틀러리	• 품위 있는 조각과 디자인 제품이 적당 • 장식성이 풍부한 제품은 뒤집어서 세팅하기도 함
글라스	• 장식이 유려한 크리스털류
린넨	• 흰색을 기본으로 파스텔 톤의 컬러를 기조로 함 • 마, 투명감이 있는 소재나 레이스, 자수 등 우아하고 고급스러운 제품 • 테이블클로스와 냅킨은 동색 계열로 맞춤 • 섬세하며 아름답고 볼륨감이 돋보이는 제품
식탁 소품	• 은은한 색의 꽃으로 곡선을 살려서 부드러운 느낌으로 연출 • 고급스러운 도자기 인형 • 은제품의 소금, 후추통 • 진주를 이용한 소품을 활용 • 소품은 꽃무늬와 기타 작은 무늬의 조화를 중심으로 하되, 무늬의 윤곽이 두드러지지 않도록 주의
연출의 예	• 연인을 위한 프러포즈 상차림, 발렌타인 데이valentine day 등의 로맨틱한 분위기 연출의 상차림 • 어머니 생신 상차림 • 결혼기념일 상차림 • 부드럽고 섬세한 감각을 가진 30대 이후의 여성층 대상의 레스토랑

3) 캐주얼 스타일casual style

라틴어 '일어난 일의'에서 유래되었으며, '우연의', '되는 대로의', '약식의' 의미로 표현된다. 양식이나 모양에 구애받지 않고 자연소재나 인공소재 배합 등 자유로운 발상으로 연출된다.

Tip 가벼운 캐주얼 light casual, 퓨어 캐주얼 pure casual, 내추럴 캐주얼 natural casual 등으로 세분하기도 한다. 정형화된 틀이 없으므로 연출가의 상상력에 맞춰 다양한 시도가 가능하다.

표 6-15 | 캐주얼 스타일의 연출

분류	연출 방법
공간 디자인	• 자연스럽고 활발하며 경쾌한 분위기를 연출 • 화려한 색이나 단순한 형태의 디자인이 좋음 • 바닥소재로는 밝은 느낌의 나무가 적당 • 컬러는 화려하게 배색처리한 것을 중심으로 부드럽고 청명한 색, 또는 화려한 톤에 백색의 톤을 배색 • 밝은 색에서 어두운 색, 탁색에서 순색까지 폭넓은 선택이 가능 • 채도가 높은 맑은 색을 주조색으로 선택 • 순색을 사용하면, 활기찬 느낌을 표현

분류	연출 방법
공간 디자인	• 오렌지 계열과 노랑 계열을 주조색으로 잡을 때에는 순색 계열의 색보다 밝고 맑은 색을 사용하는 것이 효과적 • 대비가 강한 배색을 하면 긴장감이 조성됨
식기	• 스톤웨어stoneware, 두께가 없는 자기나 도기, 플라스틱 식기, 아크릴 식기, 일회용 식기도 무방 • 원색의 화려한 식기나 우리나라 전통의 옹기도 활용 가능 • 귀여운 무늬나 화려한 장식이 없는 투박한 스타일 • 각기 다른 회사 제품의 그릇을 매치 • 다양한 색조를 혼합하여 조화를 이루는 것도 아이디어 • 표면이 거친 식기는 성긴 조직의 냅킨과 훌륭한 조화를 이룸
커틀러리	• 스테인리스 제품이나 일회용 플라스틱 제품 • 나무 핸들, 고무 핸들 등 다양한 소재 • 모든 코스를 하나의 커틀러리로 사용해도 무방 • 유럽식보다 약간 짧은 미국식 스타일이 적당
글라스	• 스템stem이 두껍고, 장식성이 없는 것 • 유색의 유리잔을 활용 • 두꺼운 강화 컵이나 모양이 있는 컵 • 경우에 따라서는 테이블 위에 커피잔 세팅도 가능
린넨	• 비비드vivid 컬러의 테이블클로스 또는 다양한 소재의 플레이스매트를 활용 • 체크, 스트라이프stripe, 프린트 무늬 등 다양한 패턴과 목면, 폴리에스테르, 면, 종이 냅킨 등 다양한 소재도 가능 • 400×400mm, 450×450mm의 냅킨이 적당 • 보색의 냅킨은 식탁 연출의 악센트 효과를 줌 • 다색상의 대비로 코디네이트 • 격자 무늬 디자인의 테이블웨어에 점 무늬의 냅킨 또는 꽃 모양의 테이블클로스에 줄무늬의 냅킨을 매치하는 등의 과감한 시도를 할 수 있음 • 디자인의 규모는 비슷한 비중을 유지하는 것이 핵심
식탁 소품	• 센터피스로는 색이 선명한 꽃을 선택 • 식기를 이용한 자연스러운 이미지 연출을 시도하거나 유리 화기를 사용 • 다양한 소재의 냅킨 링을 활용 • 조약돌이나 과일을 이용하여 경쾌한 이미지를 연출
연출의 예	• 아침식사 상차림, 약식의 점심 상차림 • 원색의 화려한 어린이 생일파티 • 야외의 상차림, 가든 파티, 바비큐 파티, 뷔페 • 20대 전반의 자유스러운 기질과 생활을 즐기는 층을 겨냥한 레스토랑, 캐주얼 다이닝 레스토랑, 패스트푸드점

4) 모던 스타일modern style

라틴어 '바로 지금'에서 유래되었으며, '근대의', '근세의', '현대의', '새로운', '최신의' 의미로 표현된다. 변화가 크고 시대의 흐름을 반영한 새로운 스타일로 도회적이고 신기하고 기계적인 느낌의 디자인으로 연출된다.

Tip 시대의 흐름을 반영한 스타일로 도회적이고 시원한, 기계적인 느낌의 디자인에서 출발한다. 양식적인 장식을 거부하고 고기능성과 합리성을 추구하여 보다 많이 생략해 추상화한 형식으로 표현할 수 있다.

표 6-16 | 모던 스타일의 연출

분류	연출 방법
공간 디자인	• 무채색 계통으로 도장한 바닥재 • 회색계의 카펫 • 흰색 또는 단색의 벽지나 단순한 줄무늬 벽지를 사용하여 심플한 분위기 연출에 주력 • 흰색의 테이블이나 원색의 테이블도 응용 • 내추럴한 색조와 목재, 돌, 타일, 코르크, 타일, 종이, 천, 가죽 소파 • 로만셰이드나 버티컬 블라인드 • 단순한 형태의 가구와 가죽을 이용한 소품 또는 금속 장식 • 흑색과 백색의 코디네이트로 도시적 세련미를 연출 • 간결하고 깔끔한 디자인을 선호 • 현대적인 분위기와 유리나 스테인리스스틸 등의 소재를 활용 • 깊이가 있는 청색 계열과 백색, 흑색, 회색 등 무채색과의 배색을 고려 • 기계적인 이미지 연출을 위하여 밝고 광택이 있는 색을 이용
식기	• 추상적인 무늬와 기하학적인 패턴을 과감히 시도 • 스테인리스 스틸의 식기 • 두께가 얇고, 날카로운 느낌의 식기 • 사각 식기를 적절하게 활용
커틀러리	• 직선의 선을 강조한 제품 • 스테인리스 스틸 소재 등 손잡이의 색상이나 소재가 특이한 제품 • 독특한 디자인의 커틀러리로 포인트
글라스	• 스템 부분에 색이 들어간 것 • 단순한 선을 강조한 것
린넨	• 무지無地의 패브릭이나 기하학적 무늬 혹은 과감한 스트라이프 무늬 • 모노 톤의 흑백이 섞인 면 • 폴리에스테르 등 다양한 종류의 소재도 가능
식탁 소품	• 플라스틱이나 아크릴 소품 등 차가운 느낌의 금속 소품 • 부피감이 있는 센터피스는 금물
연출의 예	• 디자인을 중시하고, 세련된 감각을 추구하는 고객 대상의 음식점 • 도시적 성향을 가진 사람들을 대상으로 하는 상공간商空間 • 최신 유행의 바bar, 커피 전문점

5) 에스닉 스타일ethnic style

'인종의', '민족의', '민족학의', '민족 특유의', '소수민족의' 라는 뜻으로 민속적이고 토속적 · 전통적 개념이다. 오리엔탈리즘보다 간결하면서도 부드럽고 섬세한 이미지로, 원시자연으로 회귀하고자 하는 인간의 욕구를 표현한다.

표 6-17 | 국가별 에스닉 스타일의 연출

국가	장식적 요소	컬러의 패턴
인도 India	• 화려한 비즈beads로 장식 • 식물의 무늬인 페이즐리paisley	• 검은빛의 붉은색이나 짙은 푸른색
인도네시아 Indonesia	• 목재, 도기 등 원시림을 연상케 하는 것 • 기하학적인 무늬나 새, 꽃 등의 디자인	• 현란하고 화려한 원색의 컬러 프린트
아프리카 Africa	• 모로코풍, 대자연이 연상되는 이미지, 목각 제품 • 동물의 형상을 이용한 린넨류와 에스닉 모양의 접시	• 검은색과 오렌지색
스페인 Spain	• 이국적인 프린트, 화려한 색상	• 붉은색과 초록색 • 지중해의 쪽빛
중동 Middle East	• 사람, 동물, 꽃, 과일 등을 포함하는 아라베스크 무늬 • 이슬람의 독특한 장식미술인 당초무늬나 기하학적 문양의 조합	• 짙은 나무색이나 흙의 색
아르헨티나 Argentina	• 거친 면의 도자기 • 구리로 만든 장식 소품	• 은기를 주로 한 검은색과 오렌지색의 조화 • 노란색과 파란색

Tip 유럽 이외의 세계 여러 나라의 민속적인 요소들과 민족 고유의 염색, 직물, 자수, 액세서리 등에서 영감을 얻어 표현할 수 있다.

표 6-18 | 에스닉 스타일의 연출

분류	연출 방법
공간 디자인	• 각 나라 혹은 지역의 풍토를 배경으로 한 '민족 특유의 양식'을 연출 • 이국적인 느낌의 연출을 위해서 깊이가 있는 색을 주로 사용 • 토착적인 이미지의 연출을 위해 갈색이 깃든 배색을 사용함 • '매운맛'은 적색을 사용하고 탁한 적색과 배색 • '쓴맛'은 어두운 색, 우아한 색, 탁색 계열로 하고 오렌지색으로 강조 • 자연석, 다듬지 않은 목재, 벽돌, 회반죽벽 등 자연 소재의 사용으로 전체적으로 거친 면이 있지만, 소박하고 따뜻하며 편안한 느낌의 연출이 포인트
식기	• 목재, 도기 등 자연 친화적 패턴이나 화려한 색상 • 천연목이나 칠기 또는 원시의 분위기를 낼 수 있는 것 • 동남아 식탁에 어울리는 큰 바나나 잎은 보조 접시의 역할로 활용 가능 • 무늬가 있는 금속그릇이나 나무그릇 등이 일반적이며, 배경 국가에 따라 은기류로 연출 • 매끈한 느낌보다는 투박하면서도 거친 질감의 식기가 적합
커틀러리	• 조개류, 나무, 동물의 뼈, 대나무 등을 모티브로 한 젓가락이나 스푼 • 숟가락이나 포크는 냅킨과 함께 부드러운 나무줄기나 풀잎 등으로 자연스럽게 묶어 이국적인 분위기를 연출
글라스	• 강렬한 색이 인상적인 유리잔 • 나무의 열매나 껍질의 느낌이 나는 자연소재의 제품 • 천연재료의 사용과 재활용 기법의 적절한 조화로 자연주의와 전원적 아취雅趣를 추구
린넨	• 서로 다른 톤의 컬러 매치로 화려함이 돋보이는 수직물 • 천연소재인 면이나 마, 화려한 무늬의 아프리카풍 응용 • 디테일 처리에 있어 비전문적인 장식기법을 적용하는 것도 아이디어
식탁 소품	• 지역을 상징하는 민예품, 동물의 뿔, 대자연 상징물 등 이국적 풍토미를 보여주는 장식물 • 커다란 잎사귀, 나무나 왕골 소품 • 센터피스로 열대 과일이나 음료를 담은 바구니, 토분에 담긴 꽃도 활용 • 손으로 만든 듯 투박한 수공手工의 미를 강조
연출의 예	• 여름 상차림 • 다양한 열대 과일과 잎사귀로 장식한 음식과 자연적인 맛과 멋을 살린 베트남, 태국, 인도, 멕시코 등지의 전통 요리 상차림 • 라이스 페이퍼rice paper, 베트남 쌀국수pho, 멕시코 화히타fajita 등 지역성을 살린 음식 세팅 • 외국인 대상의 토속 레스토랑

6) 젠 스타일zen style

불교 용어인 '선禪'의 일본식 발음으로 사유수思惟修, 즉 조용히 생각함을 뜻한다. 1990년대 유럽에서 시작하여, 서양에서 본 동양사상으로 명상, 절제, 정갈함, 고요함, 자연스러움으로 표현된다.

Tip 모더니즘의 영향으로 심플한 선을 동양적 분위기로 디자인한 것으로, 단순하고 가는 선을 중심으로 표현할 수 있다.

표 6-19 | 젠 스타일의 연출

분류	연출 방법
공간 디자인	• 바닥에 앉는 좌석 배치 • 비워 둠의 매력 • 자연에 좀 더 가까이하려는 사상 • 간결함, 여백, 자연미, 흑백 주조 모노톤
식기	• 사각의 도자기를 개인접시로 활용 • 자연에서 영감을 얻은 색과 형태의 그릇을 사용 • 은은한 느낌의 식기를 사용
커틀러리	• 나무젓가락의 활용이 돋보임
글라스	• 단순한 라인의 유리잔
린넨	• 흑과 백 또는 나무색 정도만을 사용 • 부드럽고 따스한 느낌을 연출. 흑백, 모노톤 외에도 밤색, 카키색, 겨자색, 보라색을 사용 • 부드러운 질감을 사용
식탁소품	• 흙과 나무, 돌 등을 센터피스로 활용 • 대나무, 자갈, 갈대, 나뭇잎과 같은 자연 소재를 사용
연출의 예	• 젠 스타일의 일식 레스토랑

7) 내추럴 스타일natural style

자연을 이해하고 이에 따른 형태, 구성, 효과 등을 채택하고 응용하여 표현한다. 현대 자연주의는 오염되지 않은 생태학적 자연을 회복하려는 노력을 표현하고, 원초적 생명력을 지닌 인간 본연의 순수 성향을 나타낸다.

Tip 계속 봐도 싫증나지 않는 자연 색조나 패턴, 따스하고 평화로운 자연풍경 등을 연출한다. 나무나 패브릭 소재의 소품. 낡은 워시 제품. 핸드메이드 제품 등 자연 소재로 표현할 수 있다.

표 6-20 | 내추럴 스타일의 연출

분류	연출 방법
공간 디자인	• 자연 소재와 색감을 살린 베이지, 브라운 톤의 색채와 옐로, 그린 등의 중간 톤 색채를 주조로, 색의 대비가 약한 배색 또는 부드럽고 밝은 그레이 톤을 사용하여 온화하고 자연스러운 분위기를 연출 • 자연과의 조화에 역점을 두어 부담스럽지 않은 편안함을 표현
식기	• 소박한 도자기, 나무, 대나무 등 자연적 질감이 그대로 살아 있는 밝은 톤의 식기 • 무늬가 없거나 풀 · 나무 등 자연을 모티브로 한 식기
커틀러리	• 나무, 대나무, 등나무 등 소박한 질감
글라스	• 밝고 친근한 가정형, 소박한 형태
린넨	• 자연적 질감이 그대로 살아 있는 밝은 톤의 테이블클로스로 우아함을 연출 • 실크 소재의 패브릭으로 자연미를 최대한 끌어냄 • 마, 면 등 자연소재 • 베이지계, 아이보리계, 그린계 등의 평온한 톤을 바탕으로 한 통합감 있는 배색
식탁소품	• 돌과 나무를 이용한 다양한 디자인의 촛대
연출의 예	• 유기농 레스토랑이나 쇼윈도의 디스플레이

Part 7

FOOD coordinator guide map

파티 플래닝

1. 파티의 이해
2. 파티의 역사
3. 파티의 종류
4. 파티 기획
5. 파티 스타일링
6. 파티 푸드

Understanding of Food Party Planning

파티 플래닝

1. 파티의 이해

1) 파티문화의 확산

1990년대 중반 이후 1인당 경제소득의 증가와 주 5일 근무의 확대, 개인의 라이프스타일이 중요한 사회적 이슈가 되었다. 이에 따라 여가와 문화를 즐기는 인구가 증가하고, 가정과 학교, 직장을 포함한 삶의 터전에서 개인의 관심 및 의견 등이 표현되는 방법과 여가를 즐기는 삶의 방식 중 하나로 새롭게 떠오른 문화코드가 '파티' 이다.

파티는 단순히 영화를 통해 보이던 서양의 화려하고 이질적인 문화가 아닌, 같은 관심을 가진 사람들의 동호인 문화가 확대되고, 인터넷을 통한 온라인상의 만남에서 새로운 정보를 주고받으며 관계를 만들어가는 소통의 장이라는 인식이 조성되었다. 한국에서는 1990년대 후반 서울의 홍대, 이태원, 청담동 일대에서 젊은이들의 클럽파티 위주의 소수 파티문화로 시작되었다. 2000년대 초반에서 중반으로 접어들면서 푸드코디네이터가 운영하는 파티업체가 증가하고 기존의 출장뷔페 업체가 독점하던 파티음식을 케이터링 업체가 스타일링의 차별화로 업그레이드하여 파티문화를 변화시켰다. 최근에는 파티공간을 대여하는 멀티 레스토랑이 등장하고, 복합적인 성격의 파티가 문화코드로 부각되고 있으며, 기업의 마케팅 수단의 일환으로 파티를 접목시킴으로써 파티문화의 대중화에 기여하고 있다.

S사의 클럽파티

2) 파티의 개념

파티party의 사전적 의미는 '개인 간의 친목도모나 기념일을 축하하기 위한 잔치나 사교적인 모임' 이다. 서양에서는 '부분으로 나누다' 라는 뜻의 중세어 'partie' 라는 어원에서 알 수 있듯이 같은 생각을 가진 일부의 모임으로 과거 귀족층만의 전유물로서 파티가 인식되기도 하였다. 그러나 오늘날에는 새로운 사람들과의 만남, 유쾌한 대화, 맛있는 음식, 색다른 볼거리를 함께 즐기면서 친목을 도모하고 네트워크를 만들어가는 대중적이고도 일상적인 라이프스타일 중 하나로 의미가 확대되고 있다.

3) 파티플래너

파티플래너party planner는 파티의 기획, 섭외, 예산집행, 홍보, 참석자 관리, 당일 진행 등 파티의 시작부터 끝까지 전 과정을 기획하고 관리하는 사람이다. 파티플래너를 일컫는 다양한 용어가 있지만, 파티 공간을 연출하고 케이터링을 담당하는 파티스타일리스트보다는 확장된 개념이다. 파티플래너는 기업과 브랜드 및 공연의 홍보, 마케팅 측면에서의 파티를 진행하기도 하므로 경영적 마인드를 갖추고 수익구조까지 파악할 수 있는 프로듀서의 능력도 요구된다. 파티플래너에게는 창의적 사고, 사교적 성격, 오픈 마인드, 트렌드를 읽을 줄 아는 감각, 파티 당일에 돌발할 수 있는 문제를 해결할 수 있는 순발력, 스태프staff를 통솔할 수 있는 능력, 패션 · 요리 · 플라워 등 모든 분야를 아우르는 감각과 안목 등이 요구된다. 하지만 모든 능력을 갖추기보다는 먼저 사람 만나는 것을 좋아하고 새로운 일을 만들어 가는 열정을 가져야 한다. 또한 최근에 확대되고있는 파티시장에서 요구되는 기획력을 갖추기 위해 다양한 문화와 세계에관심을 갖고 조사하며, 관련 업체와의 네트워킹을 만들어 함께 일하는 자세도 필요하다.

2. 파티의 역사

1) 서양의 연회

고대에는 파티라는 용어 사용 전에 '눈을 크게 뜬다', '깜짝 놀란다'는 의미의 '향연'을 사용하였다. 유럽에서 파티의 기원은 기원전 200년경 제천祭天행사에서 비롯된 공동체 의식이었다. 그리스 시대에는 미학적 경험을 중시한 사회적 의식으로 파티는 극적이고 성대한 연출을 필요로 하였다. 남성 중심의 연회가 발달하였으며, 귀족들은 연회에서 중앙에 위치한 사각의 테이블 삼 면에 배치되어 있는 긴 의자에 누워서 하인의 시중을 받으며 식사를 하였다.

로마 시대는 콜로세움Colosseum에서 사자와 사람이 싸우는 장면을 보며 연회를 즐길 정도로 이벤트적인 향연이 성행하였으며, 참가자들의 머리에 장미꽃잎을 뿌리며 파티의 시작을 알리고, 황금과 장미꽃잎으로 장식한 식탁이 등장하는 등 화려한 연회장면을 연출하였다.

시저Julius Caesar의 개선식 때에는 1,022실에 22,000개의 식탁을 준비하고 참여자만 26만 명에 달할 정도로 스케일이 큰 연회도 있었다. 사회 전반에 걸쳐 암흑기였던 중세에도 일부 계층은 사치와 문화를 향유하는 생활을 하였는데, 먹고 마시는 일이 생명유지를 위한 것이 아니라 과도한 식탁장식과 모형과자 접시와 같은 일루전 푸드illusion food로 식사 자체보다 장식에 더 많은 의미를 지니게 되었다. 15세기에는 파티에 참가한 사람들이 요리 형태와 연회의 전개방식에 관심을 두게 되었고, 연회에서 식사코스 사이에 막간을 이용해 시각적 즐거움을 극대화한 무희와 마술사들의 앙트르메 퍼포먼스entremets performance를 즐겼다. 16세기에는 프랑스 앙리 2세의 왕비인 캐서린 드 메디치Catherine de Medici에 의해 사교를 목적으로 한 파티가 유럽에 성행했는데, 이 사교 파티는 귀족 층의 특권의식과 함께 성대하게 치러졌다. 17세기 이후에는 프랑스 루이 14세 때 베르사유 궁전에서 공개회식의 성대한 향연이 빈번하게 개최되었다. 문인이나 예술가들의 모임에서 공개토론 내지는 귀족의 살롱에서 시 낭독, 음악회와 같은 작은 파티를 즐기게 되었고, 살롱salon에서 늦은 시간에 야식을 즐기는 여성 중심의 우아한 연회도 발달하였다. 18세기 이후에 가면무도회, 디너파티 등 다양한 형식의 파티가 등장하였고, 특수한 계층이 향유하는 문화가 아닌 일상생활에서 즐기는 문화로 자리 잡아갔다.

15세기 왕의 연회

15세기 연회에서의 앙트르메 퍼포먼스

캐서린 드 메디치 스타일의 테이블

캐서린 드 메디치

2) 한국의 잔치

우리나라에서는 경사에 음식을 차려놓고 손님을 청해 음식을 함께 나누어 먹고 덕담과 가무를 즐기는 것이 하나의 풍속이었으며, 중요한 공동체 행사로서 축제가 존재하였다.

개인의 잔치나 동네의 축제는 모이는 목적, 사람, 장소, 옷차림, 음식차림, 연주와 가무 등 여러 요소가 하나의 구성체로 어우러져 성립된 종합예술로서의 서양식 파티와 일맥상통한다고 볼 수 있다. 이러한 축제의 기원으로 볼 수 있는 것은 '삼국지 위지동이전'에 전해지는 부여의 영고, 고구려의 동맹, 동예의 무천, 삼한의 10월제 등의 제천의식이다. 제천의식은 지위고하를 막론하고 나라 안의 모든 사람이 모여 하늘에 제를 올려 풍요를 빌고 결실에 감사하는 종교의식이다. 신명 나고 흥겨우며 풍류가 있는 잔치에는 풍요와 평안함을 기원하는 간절함과 함께 인간사의 섭리와 질서가 내재하고 있었다.

신라 시대에는 화랑도의 '현묘의 도'에서 나온 말인 '풍류, 풍월'이 공동체 연회의 정신이 되었다. 통일신라 시대 최치원의 '향악잡영鄕樂雜詠' 다섯 수에 나오는 오기五技, 즉 다섯가지 탈춤인 금환(금방울 곡예), 월전(난쟁이, 꼽추의 모습으로 선비생활 풍자 연극), 대면(큰 가면을 쓰고 하는 탈춤), 속독(쑥대머리에 남색얼굴을 한 탈춤), 산예(사자춤) 등이 각종 연회에 등장하여 흥을 돋웠다. 고려 시대에는 불교를 중시하는 기풍으로 연등회(봄)와 팔관회(가을) 행사를 성대히 거행했고, 송나라로부터 아악과 교방가무희 등 선진 문화를 수용했다. 고려 후기로 갈수록 불교와 연관 있는 연회는 대폭 축소된 대신 과거 급제자 축하 잔치인 삼일유가三日遊街와 중국사신 영접 행사 등이 성대히 벌어졌다. 민가民家의 경제력이 높아짐에 따라 사대부가士大夫家의 잔치에서 연회를 벌이는 일이 많아졌다. 조선시대에는 유교적 가치를 중시하는 분위기가 전통 연회에도 반영되어 절차와 형식을 중시한 회례연, 기로연 같은 궁중 연회가 성행하였다. 이후 점차 생업이 발전하고 사회조직이 확대되면서 나라잔치, 마을잔치, 명절잔치로 나뉘고 생일, 혼례, 수연과 같은 개인적인 통과의례잔치도 갖추어졌다. 계절에 따라 산

돌잔치

신부연석

회혼례

유와 들놀이로 풍류를 즐기는 생활풍습도 생겨났다. 근대 이후 서양 문물의 유입과 교류로 인해 외교적 성격의 연회와 모임이 생겨났으며 서양식 연회와 혼합된 형태의 연회도 나타났다. 나아가 한국의 잔치는 고대부터 조선시대에 이르기까지 끊임없이 외래의 연회를 수용하며 우리 전통과 문화의 발전에 따라 한국화하여 새로운 연회 문화를 창출해 왔다.

3. 파티의 종류

파티의 종류는 주최자에 따라, 목적과 시간대에 따라 구분될 수 있고, 분류 기준에 따라 파티의 성격 또한 차별화된다.

1) 퍼스널 파티personal party와 퍼블릭 파티public party

퍼스널 파티personal party는 특정인의 이익이나 단체의 파티 수익과 관계없는 사적인 성격의 파티로서, 개인적인 친목도모나 기념일, 경사를 축하하는 데 목적이 있다. 그 예로는 졸업 · 입학 축하파티, 생일파티, 기념일 파티, 베이비샤워 파티, 웨딩샤워 파티, 약혼파티, 웨딩파티, 돌잔치, 회갑연 등이 있다. 이들 중 최근 상업적 마케팅의 대상이 되는 것이 샤워 파티와 기념일 파티이다. 샤워 파티shower party는 친한 친구들이 주축이 되어 축하와 필요한 물품을 선물함으로써 도움을 주고자 마련된 파티다. 샤워shower는 우정이 비와 같이 쏟아진다는 의미에서 붙여진 것이다. 아기를 낳기 전 출산 준비물을 선물로 주면서 축하해 주는 베이비샤워 파티와 결혼 전 결혼선물을 주면서 축하해 주는 웨딩샤워 파티가 대표적이다. 결혼기념일 파티wedding anniversary party는 부부가 결혼한 날을 기념하여 축하하는 날로서 19세기 영국에서 시작되었으며, 주로 유럽의 그리스도교 국가에서 매년 결혼한 날에 축하예배를 하던 것에서 유래된 풍습이다. 부부로 함께 지내온 시간을 추억하고 기뻐하면서 서로에게 감사하고, 앞으로 남은 시간도 함께할 것을 다짐하는 시간을 갖는 가족과 친지 중심의 파티이다. 결혼 25주년 기념일인 은혼식銀婚式과 결혼 50주년을 기념하는 금혼식金婚式은 대표적인 결혼기념일 행사이다. 금혼식 때는 결혼식 때 참석했던 손님들을 초대해서 파티를 열고, 부부는 신랑 · 신부로 불리며 각자 결혼식 때 사용했던 물건을 한 가지씩 몸에 지닌다. 신랑은 신부에게 순금으로 된 물건이나 보석을 선물로 주고, 가족과 친구들도 신부에게 기념품과 꽃을 준다. [표 7-1]과 같이 결혼의 특정한 주년을 상징하는 물건이 있어 데커레이션이나 선물의 키워드가 되기도 한다.

퍼블릭 파티public party는 기업이나 단체의 이익을 추구하는 데 있어 하나의 마케팅 수단으로 파티를 이용하는 것이다. 그 예로 신제품 론칭파

표 7-1 | 연수에 따른 결혼기념일 명칭

연수	명칭	
	한국어	영어
1	지혼식紙婚式	paper wedding
2	고혼식藁婚式	straw wedding
3	당과혼식糖菓婚式	candy wedding
4	혁혼식革婚式	leather wedding
5	목혼식木婚式	wooden wedding
7	화혼식花婚式	floral wedding
10	주석혼식朱錫婚式	tin wedding
12	아마혼식亞麻婚式	linen wedding
15	수정혼식水晶婚式	crystal wedding
	동혼식銅婚式	copper wedding
20	도기혼식陶器婚式	china wedding
25	은혼식銀婚式	silver wedding
30	상아혼식象牙婚式	ivory wedding
	진주혼식眞珠婚式	pearl wedding
35	산호혼식珊瑚婚式	coral wedding
	비취혼식翡翠婚式	jade wedding
40	모직혼식毛織婚式	wool wedding
	홍옥혼식紅玉婚式	ruby wedding
45	명주혼식明紬婚式	silk wedding
	청옥혼식靑玉婚式	sapphire wedding
50	금혼식金婚式	gold(en) wedding
55	녹옥혼식綠玉婚式	emerald wedding
60	다이아몬드혼식婚式	diamond wedding

티, 백화점VIP고객 초대파티. 건설사 커뮤니티 파티, 방송 및 영화제 시상식 파티, 기업 송년파티, 국가 외교적 측면에서 필요한 공식만찬 및 리셉션 등이 있다. 론칭파티launching party는 기업의 신제품이나 서비스를 홍보하는 동시에 기업의 이미지를 홍보하는 비즈니스 목적의 파티로서 최근 화장품회사, 통신사, 건설사 등에서 라이프스타일을 기저로 한 소비자 구매와 연결시킬 수 있는 마케팅 수단으로 활용되고 있다.

와인 수입회사의 신상품 론칭파티

2) 시즌파티seasonal party

나라마다 역사적인 풍습에 따라 일년 중 해당 절기에 맞춰 축제나 행사가 나타나는데, 나라와 종교에 상관없이 세계인이 즐기는 대중적인 시즌파티로는 신년파티, 발렌타인데이파티, 할로윈파티, 크리스마스파티 등이 있다. 이 중 대표적인 시즌파티인 할로윈파티Halloween party는 고대 켈트인의 삼하인Samhain 축제에서 비롯되었지만 그리스도교의 전파와 함께 할로윈 축제는 모든 성인聖人의 날 대축일(11월 1일)의 전날 밤 행사로 자리 잡았다. 할로윈의 상징물이라 할 수 있는 호박등Jack-o'-lantern은 호박의 속을 파낸 후 악마의 얼굴 모습을 새기고 그 안에 초를 고정시켜 놓은 것이다. 오늘날에는 어린이들의 축제로 유명한데, 학교에서는 가장假裝 파티가 열리고, 밤이 되면 도깨비, 마녀, 해적 등으로 가장한 어린이들이 집집마다 다니며 '과자를 주지 않으면 장난을 치겠다'고 으름장을 놓으면서 초콜릿과 캔디를 얻으러 다니는 이벤트를 한다. 할로윈 파티는 실내에서도 진행되지만 미국이나 호주같은 경우, 계절의 변화를 즐길 수 있는 농장에서 팜파티 형태로 진행하기도 한다.

할로윈 호박등

할로윈 팜파티 장식

3) 목적별 파티

목적별 파티는 파티의 목적에 따라 적절한 식사형식 및 서비스 방법을 선택하는 것으로 디너파티, 뷔페파티, 리셉션파티, 포틀럭파티, 애프터눈 티파티 등이 있다.

디너파티를 위한 테이블 세팅

디너파티dinner party는 의식적인 연회이며, 풀코스의 만찬을 내용으로 하는 정중하고 격식을 갖춘 파티이다. 리셉션파티reception party는 원칙적으로 국가적 행사나 공공기관 또는 회사가 목적을 가지고 손님을 초대하여 베푸는 공식적인 파티이다. 사적인 파티는 결혼 피로연을 제외하고 리셉션이라는 이름으로 열지 않는다.

뷔페파티buffet party는 여러 가지 음식을 큰 식탁에 차려놓고 손님이 스스로 선택하여 덜어 먹도록 한 뷔페의 뜻에서 알 수 있듯이, 대중을 상대로 한 가장 능률적이며 효율적인 파티이다. 프랑스어 '뷔페buffet'는 파티 때마다 아주 다양한 형태로 달리 준비될 수 있기 때문에 적절한 용어해석이 없다. 단지 샌드위치류와 한입거리 음식 핑거푸드finger food를 뜻할 수도 있고 정성 들여 만든 여러 코스의 실속 있는 식사를 뜻하기도 한다. 찬 음식cold meal과 더운 음식hot meal을 같이 낼 수 있으나, 그중에도 찬 요리

스탠딩 뷔페파티

가 주가 된다. 음식은 담당 스태프가 서비스할 수도 있고, 고객이 자기 기호에 맞는 음식을 선택할 수도 있다. 참석 인원수에 맞게 뷔페 테이블에 각종 요리를 큰 쟁반에 담아놓고 서비스 스푼을 준비하여 고객들이 적당량을 덜어서 식사할 수 있도록 한다.

서서 하는 파티standing buffet party와 앉아서 하는 파티sitting buffet party로 구분할 수 있는데, 서서 하는 파티는 공간의 제약이 있거나 인원이 많은 경우에 유용한 파티이다. 칵테일파티cocktail party는 부담 없고 형식에 얽매이지 않는 캐주얼 스타일의 파티이다. 다양한 주류와 음료를 주제로 오르되브르Hors d'oeuvre를 곁들이면서 스탠딩standing 형식으로 진행한다.

각자 준비해온 음식으로 함께 준비하는 포틀럭파티

포틀럭파티potluck party는 서양에서 즐겨 여는 파티 형태의 하나로, 참가자들이 각자 한 가지의 요리를 들고 와서 먹는 것이다. 모임을 주최하는 사람은 장소를 제공하며 용기와 컵, 커틀러리와 같은 서비스 도구만 내놓으면 되고 참가자들은 각자 준비한 요리를 가져오면 된다. 파티 초대장에 'bring your own'의 약자인 'B.Y.O.'라고 쓰여 있으면 자신이 먹을 음식 또는 음료수를 지참하는 것을 뜻한다. 애프터눈 티파티afternoon tea party는 영국의 대표적인 차 문화로서 1843년 베드퍼드A. Bedford 공작부인에 의해 시작되었고, 산업혁명 이후 일반화되었다. 오후 2~4시에 차와 간단한 다과를 곁들이는 여성 중심의 파티이다.

4. 파티 기획

1) 파티 기획의 정의

파티는 준비단계에서 실행에 이르기까지 파티의 구성요소인 5W 1H에 맞게 기획하는 것이 중요하다. 먼저 파티의 목적에 해당하는 무엇 what을 위한 파티인지, 왜why 하는가를 정확히 파악해야 하고, 참석대상이 누구who인지, 어느 계절인지 그리고 하루 중 언제when 인지를 체크해야 메뉴와 조명 등의 사항을 고려할 수 있다. 또한 어디서where 진행하는지를 파악하여 장소와 관련해 미리 준비하고 확인할 사항이 무엇인가를 체크해 두어야 한다. 이러한 모든 사항을 분석한 후에야 가장 효과적으로 파티를 진행하기 위한 방법how이 정해지게 된다. 이에 따라 세부적인 장식이나 프로그램, 케이터링catering, 게스트 초대 등 파티를 구성하는 모든 아이템을 세팅하고 효율적으로 진행하기 위해 계획을 짜는 것이 파티 기획party planning이다.

2) 파티 기획의 단계

대부분 파티 의뢰를 받으면 파티의 개요와 목적에 맞게 콘셉트를 잡고, 예산에 맞도록 파티 프로그램, 파티 공간 스타일링, 파티 음식 등의 범위를 2~3가지로 제안하는 내용을 기획안으로 만들어 클라이언트에게 제출한다. 여러 차례의 회의와 미팅을 통해 수정을 거친 후 기획안이 최종적으로 확정되면, 파티에 필요한 물품, 인력, 장소 등을 섭외하고 진행에 필요한 체크리스트를 만들어 준비작업을 진행한다. 파티 당일 타임스케줄과 담당자를 각 포지션에 위치시키고, 주문 상황을 차질 없이 체크하고, 초대 손님을 맞이하고, 파티가 진행되는 동안에도 진행상에 문제가 없도록 해야 한다. 만약 문제가 발생했을 때 처리할 일 등을 미리 예상해 자료로 정리하고 빠진 것이 없도록 계획해야 한다. 파티 이후의 평가와 결과보고서 작성도 다음 파티를 준비하는 데 좋은 자료가 될 수 있으므로 중요하다. 이러한 모든 것이 파티 기획의 단계에 포함된다.

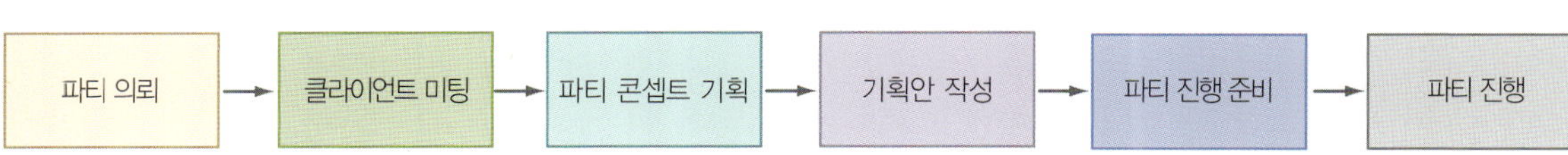

파티 기획의 단계

3) 파티 기획서 작성

기획서는 클라이언트의 마음을 끌어들이는 흡입력이 있도록 표지의 제목에서부터 강한 인상impact을 심어줘야 한다. 기획서 작성 이전에 의뢰인을 통한 행사에 대한 사전정보를 입수하여 행사규모, 참석인원, 대상, 원하는 스타일, 예산, 의뢰 범위를 정확히 이해하고 확정 사항은 문서로 교환한다. 파티 기획서는 파티의 특징이 잘 표현되어야 하고 내용이 충실하게 만들어져야 한다. 행사 형식과 성격에 따른 이미지와 콘셉트 선정, 장소섭외, 메뉴, 공간연출, 프로그램, 이벤트 등을 선정하여 이해도를 높일 수 있도록 자료사진과 함께 PPT로 작성한다. 함께 제출되는 견적서는 클라이언트나 파티플래너 모두가 만족할 수 있도록 적정한 수준에서 작성되어야 한다. 기획서에 들어가야 할 내용으로는 파티 제목, 시행배경, 목적, 시간, 장 소, 참석대상, 프로그램, 음식메뉴, 전체 공간장식(그림, 사진, 도면), 진행 조직, 예산, 타임스케줄 등이 있다. 1차 제안서에서는 일반적으로 간략하게 개요 정도를 제시하기도 하지만, 때론 고객이 장소에 대한 사진, 실제 장식이 완성되었을 때의 스케치, 이미지 보드, 음식 메뉴의 사진 등을 상세히 요구할 때도 있다. 견적서에는 작업내용, 인건비(담당자), 품목(파티에 들어가는 공산품, 음식, 꽃과 같은 재료), 진행비(교통비, 공과 잡비) 등을 정해 서식을 만든다. 이때 항목, 수량, 단가, 총비용 등을 상세히 명시하고 충실하게 작성하여야 한다. 파티에 사용되는 식자재, 꽃 이외 장식용품의 재료단가는 평상시에 가격조사를 해놓고 참고하도록 한다. 고객의 예산에 맞추려고, 경쟁에서 우위를 점하기 위해, 또는 일을 수주하기 위해 가격을 낮게 잡는 것은 업계의 위상 및 파티 플래너의 가치를 떨어뜨릴 수도 있다. 한편 필요 이상의 수익을 챙기는 것도 향후 이미지에 좋지 않은 결과를 가져올 수도 있다.

5. 파티 스타일링

그 시대의 특색 있는 경향을 나타내는 하나의 양식을 '스타일' 이라 정의한다. 스타일이라는 말은 여러 가지 의미를 가지고 있는데, 최근 주거 이외 인테리어에 대해 적용될 때에는 라이프스타일, 즉 생활양식이라는 뜻으로도 사용되고 있다. 파티 스타일링party styling이란 파티의 콘셉트를 표현하고자 하는 이미지에 맞도록 구체적으로 시각화하는 작업을 의미한다. 이후 그 파티에 어울리는 테마 음식과 메뉴를 구성하고 서비스, 조명, 배경 음악 등을 결정하게 된다.

1) 파티 콘셉트

파티 콘셉트party concept란 어떠한 사람들이 모여서 파티를 하게 될 것이며, 또 어떻게 사람이 움직이고 느끼고 맛보고 즐길 것인가를 구체적으로 표현하는 것이다.

원하는 목적에 따라 파티 종류가 정해지면 그다음에는 어떤 스타일의 파티로 표현할 것인지 결정해야 한다. 테마에 맞게 파티 스타일을 정하고 그에 따른 준비와 구체적인 사항을 하나씩 계획해 진행하도록 한다. 파티의 목적에 맞는 콘셉트를 보다 효과적인 방법으로 표현하기 위해서는 독특한 발상과 창조적인 아이디어가 요구된다. 발상과 표현은 여러 차례의

야외 데크에서 이루어진 Blue summer party

수정과 보완을 거치게 되면서 서서히 윤곽을 잡아가도록 한다. 따라서 콘셉트는 파티 기획의 꽃이라고 할 수 있으며, 파티에서 전달하고자 하는 메시지 전략의 기본이 된다.

이를 위해 파티 콘셉트를 잡는 방법으로, CI 컬러를 전체 콘셉트로 활용할 수도 있고, 대상에 따라 연관된 이미지를 이끌어낼 수 있는 스토리를 메인 콘셉트로 잡아 프로그램과 스타일링에 적용할 수도 있다.

2) 파티 스타일링의 구성요소

(1) 시각적 요소

특별한 목적을 가지는 파티의 시각물로서의 초대장, 포스터, 티켓, 배너, R.S.V.P., 선물패키지 등은 파티의 콘셉트를 시각적으로 인지하고 기억하도록 도와준다. 파티 시각물은 외적으로 나타나는 파티의 이미지를 일관성 있게 보여주고 관리함으로써 소비자와 잠재고객의 인식 속에 확고한 기업 아이덴티티identity를 심어주는 데 기여한다.

① 초대장, 티켓, 포스터

리셉션 파티 때 파티 주최 측은 게스트의 참석 여부를 확인하는 초대장을 공지하게 되는데, 파티의 콘셉트에 맞게 초대장 및 홍보물을 디자인해야 한다. 초대장의 역할은 카드 한 장에 파티에 관한 모든 정보를 담아야 하며 초대된 이들의 관심을 끌어야 한다. 파티 콘셉트에 맞게 카드를 선택하거나 직접 제작하여 우편으로 발송한다.

② 배너banner

'Ad banner' 또는 'in-line ad' 라고 부르기도 한다. 인터넷 홈페이지에서 광고주의 웹사이트로 연결되는 장방향의 멀티광고를 말하기도 하지만 일반적으로 장방형의 대형 그래픽 이미지를 배너라 하고 대표적인 것으로 현수막이 있다. 파티에서 배너는 파티의 행사명을 알리는 파티의 알림판이자 행사의 얼굴이라 할 수 있다. 다른 것들은 실수가 있더라도 약간의 여유가 있어 조정이 가능하지만 현수막의 내용이 잘못되면 파티의 전체적인 이미지를 떨어뜨릴 수 있기 때문에 특히 주의를 기울여야 한다.

③ 네임카드name card

파티에 참석한 사람들의 이름을 기억하기란 쉬운 일이 아니다. 네임카드로 상대방의 소속과 직함을 알 수 있어 대화를 자연스럽게 이끌어갈 수 있게 하는 매개체의 역할을 한다. 일반적으로 상대방이 알아볼 수 있도록 가슴에 다는 네임카드와, 식사를 위한 테이블에서 참석자의 자리를 표시하는 용도의 식탁용 네임카드가 있다.

④ 답례품

파티에 있어서 정성이 깃든 포장으로 게스트들의 마음에 감동을 전하는 좋은 도구가 될 수 있는 것이 답례품이다. 콘셉트에 어울리는 컬러의 꽃이나 리본, 비즈를 이용하거나 독특한 소재나 형태의 포장지, 쇼핑백, 포장박스 등 다양한 소재를 이용한다. 개인 홈파티의 경우 파티를 주관한 호스트가 파티에 참석해 준 게스트에게 감사의 마음을 전하기도 한다. 또 기업의 신상품 론칭을 위한 프레스 파티press party의 경우 관련 관계자나 기자들에게 신상품을 직접 선물하면 홍보와 구전 효과를 높이는 커뮤니케이션 도구가 될 수 있다.

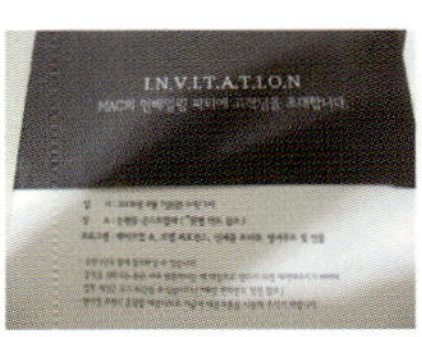

시각적 요소의 예 - 답례품

(2) 공간적 요소

파티 공간 디스플레이 계획은 콘셉트에 맞춰 디테일하게 잡아야 한다. 디스플레이 계획은 기존에 있는 것들을 이용하여 디스플레이하는 경우와 새로운 조형물 등을 직접 제작하여 하는 경우로 구분될 수 있다. 파티에 사용될 조형물이나 소품을 직접 제작해야 하는 경우는 직접 시장을 다니며 재료를 구입하기도 한다. 파티 공간 디스플레이는 다른 이벤트에 비해 디테일한 요소가 많은 관계로 디스플레이에 대한 다양한 소스를 가지고 있다면 파티를 하는 데 한결 도움이 될 수 있다. 이와 함께 파티 케이터링을 위한 테이블 연출과 플라워 연출은 파티 공간을 스타일링하기위한 효과적인 방법이므로 전체 콘셉트를 잡을 때 동시에 수립되어야 할 만큼 중요하다.

웨딩파티를 위한 공간 스타일링

(3) 파티 플라워 스타일링party flower styling

파티에서의 플라워 스타일링은 행사 분위기를 고조시킬 수 있을 뿐만 아니라 테마 컬러를 나타낼 때 유용하다. 목적에 따라 테이블 플라워 스타일링은 독창적인 이미지를 나타낼 수 있다. 기업들의 홍보 행사나 브랜드 론칭 시에 디스플레이와 같은 개념으로 해석될 수 있고, 짧은 시간에 소비자들에게 브랜드를 인지시키는 데 도움이 되기도 한다. 제품과 함께 디스플레이하여 제품의 이미지에 꽃의 이미지를 더하여 제품을 돋보이게 한다. 파티 플라워 스타일링 시에 파티 성격에 맞추어 표현해야 하며, 꽃의 테마와 색채를 조화시켜 전체적인 상황에서 시각적인 통일감을 고려해야 한다.

① 메인 콘셉트 테이블 플라워main concept table flower

식사를 할 때나 주인공을 위해 따로 만든 테이블을 헤드테이블head table 또는 주빈테이블이라 한다. 일반적으로 연회장에서의 주빈테이블은 직사각형으로 하객을 향하여 일렬로 앉는 경우가 많다. 주빈테이블의 꽃 장식은 중심에 위치하게 되며, 길고 폭이 좁은 형태를 취한다. 장식의 높이는 하객이 주빈을 바라볼 수 있도록 얼굴을 가리지 않는 낮은 형태가 좋다. 테이블클로스tablecloth의 옆면은 갈런드garland 장식과 코사지corsage로 장식할 수 있고, 스마일락스smilax 같은 길이감이 있는 잎 소재를 이용해서 신선한 느낌을 줄 수 있다.

② 게스트 테이블 플라워guest table flower

하객을 위한 식탁의 형태는 일반적으로 둥근 원형이거나 직사각형이다. 이러한 식탁에서는 그 형태에 따라 꽃 장식의 화형을 선택해야 하며, 전체적인 실내 분위기와 주빈의 식탁 디자인과도 조화를 이루어야 한다. 장식은 식사에 방해가 되지 않는 규모로 하되, 앉은 사람의 시야를 가리지 않아야 한다. 즉 장식이 앉은 사람의 얼굴보다 낮은 높이 혹은 더 높은 높이에 있더라도 시야가 확보되는 스타일로 연출해야 한다.

게스트 테이블 플라워

③ 케이크 테이블 플라워cake table flower

파티나 연회에서 케이크 커팅은 행사의 클라이막스를 장식한다. 케이크의 크기나 모양에 따라 꽃의 스타일과 양을 결정한다. 케이크는 대체로 여러 층으로 쌓아 올려져 있고, 꽃 장식은 사방이 둥근 모양으로 상단에 장식하는 것이 전통적이나, 근래에 와서는 낮은 형태로 상단에서 하단으로 연결하는 등 다양하게 변화하고 있다. 파티의 목적에 맞는 데커레이션과 테마 컬러에 따라 컬러와 콘셉트를 맞추는 것이 좋다. 기업의 행사라면 기업의 로고나 브랜드 이름을 반영하여 장식하는 것이 좋으며 케이크 테이블클로스와 주변의 컬러(환경색)를 고려하여 결정해야 한다. 완성된 케이크는 높이가 있는 곳에 위치하므로 균형감이 중요하다.

④ 음료 테이블 플라워beverage table flower

펀치 및 샴페인 테이블은 간단하게 꽃과 잎으로 장식할 수 있고, 커다란 테이블 위에는 플라워 어레인지먼트로 장식할 수도 있다. 샴페인 파운틴fountain이 사용되면, 파운틴은 일반적으로 꽃을 지탱하기 위해서 특별히 꼭대기에 화기를 마련하게 된다. 축배용 유리잔은 리본과 꽃 장식을 샴페인 잔 손잡이 부분에 묶어서 장식하기도 한다. 아크릴 판과 원통형 아크릴로 단을 쌓아서 펀치 잔이나 과일을 올려 장식하기도 한다. 아크릴 소재는 보관이 용이하며 다양한 형태의 디자인 제작이 가능한 장점이 있다.

3) 파티 스타일링을 위한 색채계획

파티의 색채는 그 행사의 목적을 보다 효과적으로 표현할 수 있게 하는 도구가 된다. 이는 행사의 목적을 구체화하기 위해서는 사람의 심리나 감정을 이용한 호소력이 큰 색채의 선택이 중요하며, 이것은 파티의 이미지를 좌우하는 중요한 포인트라 할 수 있다.

파티의 색채계획은 그 파티의 주최자가 의도하는 목적을 파악하여 일관된 디자인 폴리시design policy 아래 구체화하는 것이 필요하다. 이는 파티의 이미지에 절대적 영향을 주므로 해마다 변화하는 소비자의 색채 기호나 상징성에 관심을 갖고 그 색채가 갖는 연상성, 인지도, 가독성 등 기타 필요한 각종 정보의 수집, 총괄적인 분석과 판단에 의해 구체적인 색채를 선정한다. 이처럼 파티의 목적에 맞게 색채 활용의 방향을 부여하여 목적과 테마에 어울리는 컬러 콘셉트를 선정하는 것을 파티의 색채계획이라고 한다.

파티의 콘셉트에 맞는 구체적인 컬러 선정으로 스타일에 따라 공간의 주조색, 보조색, 강조색을 중심으로 배색한다. 색은 사람에게 직접 호소하여 움직이는 힘이 있으며, 각 스타일에는 그 감성에 맞는 색상, 명도, 채도가 있다. 그러므로 이미지에 따라 효과적인 배색이 될 수 있도록 적절한 배색방법을 선택한다.

파티의 색채계획 시 주의해야 할 점은 배색의 면적비를 반드시 고려해야 한다는 것이다. 콘셉트에 맞는 배색을 할 때에는 주조색main color을 분명 하게 강조해야 그 파티의 주제를 분명하게 표현할 수 있다. 우선 어떤 이미지를 주조로 할 것인가를 고려한다. 두 색을 같은 넓이로 배색하면 어떤 색이 주조색인지 알아보기 어렵고 이미지가 모호해지기 쉽다. 이러한 때는 주조색main color과 강조색point color의 면적비를 9 : 1 또는 8 : 2 정도로 하면 메인 컬러와 포인트 컬러의 강조를 효과적으로 나타내어 사람들의 주의를 끌기 쉽고 지루하지 않으며 파티를 리듬감 있게 돋보이게 할 수 있다.

일반적으로 파티 색채계획은 다음과 같은 순서로 진행된다.

① 현황파악과 시장조사

파티 장소의 인테리어, 소품 등이 가지고 있는 색채 현황을 조사 분석하는 기본단계이다. 색채의 심리적인 부분까지 고려한다.

② 색채 이미지스케일 제작

조사 분석한 파티장소의 색채 현황을 바탕으로 파티의 콘셉트에 맞도록 색채 이미지스케일을 제작하여 파티의 색채를 계획한다.

③ 색채계획

색채계획이 이루어지는 대상에서 주와 부를 나누며 전체적인 색채의 균형과 조화가 이루어지도록 한다.

④ 구성요소의 검토

파티의 구성요소를 검토하면서 필요한 색채를 준비한다. 보다 효율적인 색채계획을 위해서 컬러차트와 파티의 공간연출을 위한 소품이나 재료의 견본을 준비한다.

⑤ 체크리스트

파티 연출 시 대상물들을 빠짐없이 검토하여 색채를 적용할 수 있도록 체크리스트를 작성한다.

⑥ 색채의 결정

색채배색을 결정하는 단계로, 주조색과 강조색을 결정한다.

⑦ 검토와 수정

결정된 파티의 색채를 검증하는 단계이다. 처음 색채의 이미지 스케일과 비교하며 색채 이미지가 변하지 않았는지, 전체와 부분의 관계가 조화로운지 등 다양한 각도에서 검토하고 수정을 통해 파티 색채계획을 마무리한다.

4) 파티 아이덴티티party identity

파티 아이덴티티는 새로운 커뮤니케이션 수단으로 정착되고 있으며, 파티를 위해 눈에 보이지 않아도 파티의 흥겨움을 위한 모든 것을 디자인하고 있다.

PI는 party와 identity의 합성어로 파티의 이미지를 하나로 통일함으로써 파티의 주요 목적을 일관성 있게 통합운영 관리하기 위한 것이다. 일반적으로 파티의 시각적 이미지를 구축하기 위한 디자인 폴리시, 즉 파티 스타일링 전략이라고 할 수 있다.

6. 파티 푸드

파티 푸드에서 가장 먼저 할 일은 파티의 목적과 성격에 따라 음식의 종류를 결정하는 것이다. 파티 중에는 음식을 테마로 하는 파티들도 많이 있는데, 이들 파티의 핵심적 콘셉트가 음식이므로 참석자들이 먹을 수 있는 충분한 양과 공간 배치를 해야 한다.

1) 케이터링 메뉴 플래닝catering menu planing

케이터링이란 일반적으로 출장연회라고도 하며, 호텔이나 외식업체가 자체의 행사장 이외에 날씨나 계절에 상관없이 음식과 음료를 준비해 고객에게 직접 찾아가 고객의 욕구를 충족시켜 주는 서비스이다.

케이터링은 음식의 양이 뷔페보다 적으나 음식의 퀄리티나 스타일링, 컬러, 특별한 모양 등을 서비스함으로써 파티의 분위기를 한층 업그레이드하는 중요한 역할을 한다.

케이터링 메뉴의 대표적인 음식으로 핑거푸드와 콘셉트푸드 등을 들 수 있다.

(1) 핑거푸드finger food

파티에서 가장 많이 사용하는 파티 푸드로는 핑거푸드가 있다. 손가락으로 집어먹을 수 있는 작고 가벼운 음식으로 파티를 즐기면서 간단히 집어먹을 수 있는 가벼운 음식 또는 와인과 함께 할 수 있는 안주 대용 음식으로 많이 사용된다. 핑거푸드는 단순히 음식의 데커레이션만이 아니라 테이블 세팅 부분까지 심사숙고하여 작업해야 하며 전체 파티 콘셉트와 일치성 부분도 고려해야 한다.

정찬인 포크푸드fork food의 대칭적 의미이고 전채요리appetizer를 뜻하는 오르되브르Hors D'oeuvre, 카나페 canape도 핑거푸드의 한 종류이다.

핑거푸드 – 샌드위치

칵테일파티를 위한 핑거푸드

(2) 콘셉트푸드concept food

파티의 목적에 따라 파티의 종류가 정해지면 파티 스타일과 메뉴를 결정한다. 이때 활용되는 대표적인 메뉴로 콘셉트푸드를 들 수 있다. 콘셉트푸드란 기업의 제품 론칭 행사에서 선보이는 신상품의 콘셉트를 적용한 음식을 일컫는 말로 파티를 주최한 기업의 심볼이나 로고를 이용한 케이

크리스마스파티 컵케이크

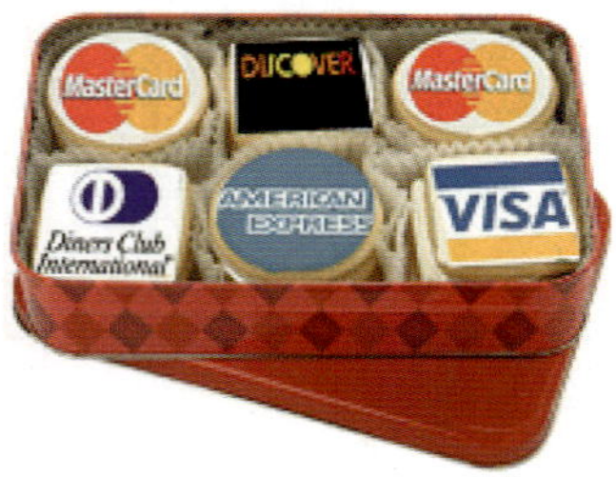

기업파티 콘셉트푸드

크, 쿠키 등이나 기업의 컬러를 이용한 음식을 말한다.

파티의 테마에 맞게 메뉴를 계획하고 그에 따른 구체적인 사항을 하나씩 계획해 나간다.

핑거푸드의 특징

- 활동성이 있다(뷔페식의 서빙)
- 음식의 비주얼적 측면이 강조된다.

2) 파티 음료

호화로운 파티부터 소박한 파티, 공식적인 파티와 비공식적인 파티에 이르기까지 그 종류와 파티 스타일은 다양하다. 따라서 파티의 성격과 목적에 맞는 음료와 주류가 제공되어야 한다. 짧은 시간에 많은 참석자에게 동시 서빙을 해야 한다는 시간적인 제약성 때문에 2~3가지 종류 이내로 칵테일, 소프트드링크, 와인 등 음료를 제한하여 제공하는 것이 효율적이다.

파티 음료-과일펀치

파티 음료-와인

(1) 와인wine

넓은 의미에서의 와인은 과실을 발효시켜 만든 알코올 함유 음료를 뜻하지만, 일반적으로 신선한 포도를 원료로 한 포도주를 말한다.

와인의 어원은 라틴어의 비넘vinum으로 '포도로 만든 술' 이라는 뜻이며 프랑스어로는 뱅vin, 이탈리아어와 스페인어로는 비노vino, 독일어로는 바인wein이라고 한다.

와인은 알코올 함량이 13% 내외이고, 유기산과 무기질 등이 파괴되지 않은 채 포도 성분이 그대로 살아 있는 술이다. 와인의 맛은 토질, 기온, 강수량, 일조시간 등 자연적 조건과 포도 재배 방법, 그리고 양조법에 따라 달라진다. 그래서 나라와 지방마다 와인의 맛과 향이 다르다. 파티에서는 4명당 1병 정도의 와인이 적당하다.

와인은 분류기준에 따라 여러 종류로 나뉜다. 첫 번째, 제법에 따라 비발포성 와인still wine, 발포성 와인sparkling wine, 주정강화fortified wine 와인으로 나눌 수 있다.

두 번째, 색에 따라 분류하면 화이트 와인white wine, 레드 와인red wine, 로제 와인rose wine으로 나눌 수 있다.

세 번째, 식사 시 용도에 따라 분류하면 식전 와인aperitif wine, 식사 중 와인table wine, 식후 와인dessert wine으로 나눌 수 있다.

와인의 서비스와 테이스팅 관련하여 여러 조건을 살펴보면 다음과 같다.

- **보관**

  와인은 살아 있는 음료이다. 따라서 와인 본래의 맛을 간직하기 위해서는 몇 가지의 규칙을 지켜야만 장기간 보관할 수 있다. 와인 전용 냉장고나 와인 저장실에 보관하는 방법을 권장한다.

- **온도**

  약 12℃의 일정한 온도가 이상적이나 8~15℃면 무난하다. 와인의 보관에서 가장 중요한 것은 일정한 온도를 유지하는 것이다.

■ 습도

65~85% 정도의 습도가 유지되어야 코르크가 건조되지 않으며, 캡슐이나 라벨이 손상되지 않는다. 품질 보존을 위하여 와인은 눕혀서 보관한다. 이러한 방법으로 코르크가 마르거나 수축되는 것을 방지할 수 있고, 외부 공기의 유입을 막아 와인이 쉽게 상하는 것을 막을 수 있다.

■ 진동

와인 속의 찌꺼기가 떠오르는 것을 막고 코르크가 풀어지는 것을 예방하기 위하여 진동은 최소화해야 한다.

■ 빛

와인이 자외선에 노출되는 것은 매우 위험하다. 햇빛뿐만 아니라 인공 광원도 가능하면 피하는 것이 좋다. 이러한 빛에 노출되면 병의 온도가 올라가면서 와인의 맛이 변하기 때문이다. 따라서 와인을 보관할 때에는 어두운 곳이 좋다.

■ 서비스

각각의 와인에는 최적 시음온도가 있다. 와인별로 독특한 풍미를 가지고 있으므로 그 개성을 잘 살릴 수 있는 이상적인 온도를 지켜 서빙하는 것이 중요하다. 와인이 4℃ 이하로 너무 차갑게 제공되면 아로마는 제 향을 다 발휘하지 못하며 혀의 미각돌기는 거의 마취상태가 된다. 반대로 서빙온도가 너무 높으면 와인이 무겁게 느껴지며, 알코올 성분이 강하게 나타나고 신선함이 없어진다.

와인과 치즈

구약 성경에도 기록되어 있을 만큼 지구상에서 가장 오래된 발효 유제품인 치즈는 지역과 제조방법에 따라 다양한 모습과 맛을 내며 현재 1,000여 종 이상이 존재하는 것으로 알려졌다. 대부분 유럽에서 생산되는데, 부드러운 소프트 치즈로는 모차렐라, 카망베르, 크림치즈 등이 있다. 세미 하드 치즈는 고르곤졸라, 하드 치즈는 에담, 고다, 에멘탈 등이 대표적이다. 파티에서는 같은 지역에서 생산되는 치즈와 와인을 조화시키는 것이 일반적인 요령이다. 파티에서는 예산에 맞게 순하고 부드러운 치즈에서 강한 치즈까지 보통 2~3가지 종류의 치즈를 준비하는 것이 좋으며 바게트와 담백한 크래커, 과일 등을 곁들이면 더욱 좋다.

(2) 맥주

맥주는 알코올 함량 약 4%인 황금색의 투명한 액체로 탄산가스를 함유하고 있으며, 백색 크림형의 거품을 특징으로 한다.

기본적인 제조법은 보리를 싹 틔운 맥아麥芽와 홉hop을 물로 추출하여 맥아즙을 만들고 여기에 효모를 넣어 발효시킨 다음 숙성·여과 과정을 거쳐 맥주를 완성하며, 병·캔·통 등 여러 형태의 용기에 담아 유통시킨다. 흔히 마시는 병맥주는 장기보관이 가능하도록 저온살균 과정을 거쳐 병입된 것이며, 알코올 함량은 4% 내외이다. 생맥주는 드래프트 비어draft beer로 열처리를 하지 않아 효모가 살아 있기 때문에 맥주 고유의 맛과 향이 우수하다. 반면 발효균이 살균되지 않은 것이므로 저온에서 운반·저장해야 하며, 상대적으로 보존기간이 짧다.

맥주는 자연스럽고 비공식적인 파티에 적당한 음료일 뿐 아니라 비교적 저렴한 편이며 남녀노소 누구나 즐길 수 있는 장점이 있는 파티 음료이다. 특히 신선한 맥주는 야외 피크닉 파티에도 잘 어울리며 파티용 서비스로도 적당한 음료이다. 캐주얼 형식의 파티에서는 보통 1인당 1병씩 제공된다.

맥주는 일광을 피해 시원한 장소에서 보관하는 것이 중요하다. 직사광선에 민감하므로 맥주병은 갈색 또는 녹색의 병을 주로 사용한다. 저장환경은 5~20℃로 통풍이 잘되고 직사광선이 없는 어두운 지하실의 건조한 장소가 가장 적합하다. 서브할 때는 여름에는 6~8℃, 겨울에는 8~10℃의 온도가 이상적이다.

맥주는 공기와 닿으면 산화되어 맛이 변질되거나 맥주 속의 탄산가스가 공기 중으로 유실될 염려도 있다. 그러나 거품이 맥주와 공기 사이에 막을 형성하여 이런 현상을 방지해 주므로 잔을 기울여 맥주를 따른 후 병을 더 높게 들어 거품이 잘 일어나게 하는 것이 좋다. 잔에 물기나 기름기가 남아 있으면 맛과 향기를 감소시키고, 거품이 잘 일지 않거나 생겨도 곧 없어지므로 맥주를 따르기 전에 깨끗한 물로 헹군 후 행주로 얼룩이 남지 않게 닦아서 사용한다.

맥주 특유의 톡 쏘는 맛은 대부분의 요리에 잘 어울리지만 크림소스나 거품을 낸 크림 디저트 등에는 어울리지 않는다. 반면 매운 음식이나 진한 맛의 요리에는 잘 어울린다.

맥주잔의 형태는 매우 다양하다. 맥주는 전용 잔으로 마셔야 특유의 색을 감상할 수 있고, 적당한 거품이 만들어진다.

(3) 소프트 드링크

파티 콘셉트와 예산에 맞는 메뉴가 결정되면 참석자의 연령과 성별을 고려한 알코올을 함유하지 않거나 저低알코올 음료인 소프트 드링크가 정해져야 한다.

소프트 드링크

소프트 드링크soft drink란 탄산음료 · 과즙음료 · 젖산음료 · 커피 · 코코아 이외에 우유나 달걀 · 크림 등을 사용한 음료를 이르는데, 소프트 드링크의 이름 끝에 에이드 · 스쿼시 · 플로트 · 셰이크라는 말이 붙는 것은 각기 조합재료를 표시하는 것이다.

에이드ade는 과일즙에 슈거시럽과 물을 탄 것인데 레모네이드가 대표적이다. 스쿼시squash는 과일을 찧어서 낸 즙에 슈거시럽과 소다수를 섞어서 만드는데 과육이 섞이기 때문에 탁하다. 플로트float는 과즙이나 커피에 아이스크림이나 셔벗을 띄운 것이고, 소다수에 띄운 것은 따로 아이스크림 소다icecream soda라 한다. 셰이크shake는 셰이커로 재료를 잘 섞은 것으로서 밀크를 베이스로 달걀노른자 · 설탕을 넣어서 만드는 밀크셰이크가 대표적이다. 이 밖에 라임주스로 신맛을 내고 소다수나 진저에일을 탄 청량감이 있는 음료를 쿨러cooler, 통조림과일과 시럽에 설탕을 넣고 물을 타서 얼음과 함께 믹서로 간 농후한 느낌의 것을 넥타necta, 글라스에 잘게 깬 얼음을 가득 채우고 시럽을 소량 넣고 잘 섞은 후 충분히 식혀서 마시는 것을 프라페frappe, 글라스의 표면이 서리가 내린 듯이 하얗게 흐리고 차가운 감을 풍기는 것을 프리즈freeze 또는 프로스티드frosted라고 한다.

또 소프트 드링크의 변형으로 아이스크림을 주재료로 한 파르페와 선데이sundae가 있다. 모두 미국에서 고안한 것인데, 파르페parfait는 아이스크림 · 셔벗 · 과일 · 생크림 등을 번갈아 쌓아 놓고 그 사이에 달콤한 소스를 흘려 넣은 것이다. 초콜릿 파르페, 스트로베리 파르페 등이 있으며, 파르페란 이름은 퍼펙트(완전한)와 통한다고 한다. 즉 신선한 과일과 아이스크림의 싸늘한 풍미가 조화되어 완전무결하다는 것이다.

Part 8

FOOD Coordinator

자격증 취득을 위한 예상문제

1. 푸드코디네이트의 이해
2. 푸드와 디자인
3. 푸드와 컬러
4. 푸드코디네이트
5. 음식사진의 이해와 촬영기법
6. 테이블 코디네이트
7. 파티 플래닝

FOOD Coordinator guide map

FOOD Coordinator 자격증 취득을 위한 **예상문제**

1. 푸드코디네이트의 이해

01 | 테이블 코디네이트란 요리와 함께 어떤 요소를 중시하는지 다음 보기 중 고르시오?

① 접시 모양
② 접시 색채
③ 식사도구류의 디자인
④ 식탁 연출

02 | 테이블 코디네이트는 인간의 감각 중 어떤 감각에 가장 큰 영향을 미칩니까?

① 시각
② 후각
③ 청각
④ 위의 모든 감각

03 | 테이블 코디네이트의 가장 중요한 본질은 무엇을 중심으로 한 것입니까?

① 음식
② 접시
③ 꽃
④ 사람

04 | 테이블 코디네이트의 4대 기본 구성요소가 아닌 것은 무엇입니까?

① 사람
② 시간
③ 식탁
④ 장소

05 | 테이블 코디네이트의 역사에서 식탁의 테이블 세팅이나 매너 등이 완성된 시기는 언제입니까?

① 루이 15세 시대(퐁파두르 후작 부인 시대)
② 루이 16세 시대(마리 앙투아네트 왕비 시대)
③ 나폴레옹 시대
④ 빅토리아 여왕 시대

06 | 가정에서의 테이블 코디네이트에서 중시하지 않아도 되는 것은 무엇입니까?

① 화려한 복장
② 테이블 연출의 목적
③ 사람의 성별과 연령
④ 예산

07 | 식공간 연출 디자인의 기본 조건을 감지하는 감각과 가장거리가 먼 것은 무엇입니까?

① 시각
② 청각
③ 후각
④ 미각

08 | 실내 공간 디자인 구성요소와 거리가 먼 것은 무엇입니까?

① 바닥과 벽
② 천장과 창문
③ 지붕
④ 커튼과 블라인드

09 | 식공간 디자인의 기본 조건 중 특정한 사물이 사람에게 주는 크기의 감각을 의미하는 것은 무엇입니까?

① 공간
② 색채의 공간감
③ 스타일
④ 휴먼 스케일

10 | 개인 식공간의 크기로 가장 적당한 것은 무엇입니까?

① 250mm×360mm
② 350mm×460mm
③ 450mm×560mm
④ 550mm×660mm

11 | 사람과 가구, 사람과 벽, 사람과 사람의 관계를 고려하여 사람이 통과할 수 있는 최대한의 폭을 의미하는 것은 무엇입니까?

① 인체치수
② 동작 공간
③ 개인 식공간
④ 공유 식공간

FOOD Coordinator 자격증 취득을 위한 예상문제

2. 푸드와 디자인

01 | 다음 중 디자인의 어원과 거리가 먼 것은 무엇입니까?

① 플랜(plan)
② 컬러(color)
③ 데생(dessin)
④ 데시그나레(designare)

02 | 다음 중 디자인의 목적으로 가장 알맞은 것은 무엇입니까?

① 인간의 생활에 실용적인 편리성을 계획하고 실천하는 것이다.
② 인간의 생활에 편리함을 도모하는 것이 기본이다.
③ 실용적이고, 여기에 심미성과 기능성이 잘 조화된 것이다.
④ 인간의 생활에 무의식적으로도 잘 적용되도록 하는 것이다.

03 | 디자인에 대한 설명 중 틀린 것은 어느 것입니까?

① 물품의 의의와 가치를 높이기 위하여 존재한다.
② 기능적 형식미, 미적 조형미가 요구된다.
③ 기능 추구에 있어 재료, 기술, 구조를 고려해야 한다.
④ 제작상 아무런 제약을 받지 않는다.

04 | 디자인에 있어서 가장 중요한 것은 다음 중에서 어떤 것입니까?

① 재료
② 아이디어
③ 배색
④ 경제성

05 | 푸드디자인에서 점의 확대, 선의 이동, 선의 폭이 확대되어 형성된 것으로 일정한 넓이를 갖는 것의 기학학적인 표현을 가리키는 것은 무엇입니까?

① 색채
② 선
③ 면
④ 형태

06 | 푸드디자인의 구성요소에 들어가지 않는 것은 무엇입니까?

① 점
② 선
③ 크기
④ 입체

07 | 다음은 기하학적인 정의로 점, 선, 면에 대한 설명입니다. 잘못된 것은 무엇입니까?

① 선은 면의 한계 또는 교차의 자취이다.
② 면이 이동하면 점이 된다.
③ 점이 이동하면 선이 된다.
④ 면은 입체의 한계 또는 경계이다.

08 | 면의 종류와 특징에서 안정성, 냉철함, 이지적임, 움직임, 차가움을 나타내는 것은 무엇입니까?

① 삼각형
② 사각형
③ 다각형
④ 원형

09 | 면의 종류와 특징에서 단정함, 엄격함, 편안함, 경쾌함을 나타내는 것은 무엇입니까?

① 삼각형
② 사각형
③ 다각형
④ 원형

10 | 면의 종류와 특징에서 변화성, 유동적 미, 각이 많을수록 풍부한 느낌을 나타내는 것은 무엇입니까?

① 삼각형
② 사각형
③ 다각형
④ 원형

11 | 면의 종류와 특징에서 원만함, 안정감, 부드러움, 여성적임을 나타내는 것은 무엇입니까?

① 삼각형
② 사각형
③ 다각형
④ 원형

12 | 푸드디자인에서 삼각형, 원형, 타원형 등의 정형으로 표현되며, 평면적인 이미지로 다양하게 활용되는 것은 무엇입니까?

① 점
② 입체
③ 선
④ 면

13 | 다음 중 다양한 변화를 주고 지루함을 덜기 위한 디자인의 원리는 어느 것입니까?

① 변화의 원리
② 모호성의 원리
③ 복잡성의 원리
④ 조화의 원리

14 | 다음 중 성격이 다른 하나는 무엇입니까?

① 좌우 대칭
② 반영
③ 평행이동
④ 확대 또는 축소

15 | 입체의 종류와 특징에서 진취감, 안정감, 경쾌함, 이지적임, 이질성을 나타내는 것은 무엇입니까?

① 육면체
② 각뿔
③ 원기둥
④ 원뿔

16 | 입체의 종류와 특징에서 고정성, 강직성, 차가움을 나타내는 것은 무엇입니까?

① 육면체
② 각뿔
③ 원기둥
④ 원뿔

17 | 입체의 종류와 특징에서 원만함, 안정감을 나타내는 것은 무엇입니까?

① 육면체
② 구
③ 각뿔
④ 원뿔

18 | 입체의 종류와 특징에서 유동적임, 풍성함, 안정감을 나타내는 것은 무엇입니까?

① 육면체
② 구
③ 각뿔
④ 원기둥

19 | 입체의 종류와 특징에서 부드러움, 여성적임을 나타내는 것은 무엇입니까?

① 육면체
② 구
③ 각뿔
④ 원기둥

20 | 비대칭이 주는 효과는 무엇입니까?

① 전체적 통일감
② 정적 감정
③ 동적 감정
④ 부분적 강조

21 | 좋은 디자인이란 어떤 것을 의미합니까?

① 사용 목적이나 기능보다는 외관미를 주로 해서 디자인한다.

② 디자인의 기본이 되는 것은 개성을 살리는 것보다는 민감하게 유행에 따라야 한다.
③ 백화점의 쇼윈도에서 본 멋있는 디자인의 형과 색 등을 모방해서 디자인한다.
④ 새로운 재료와 기법을 연구하고 그 특질을 살려서 독창적인 디자인을 해야 한다.

22 | 좋은 디자인으로 평가받기 위한 조건으로서 적합한 것은 무엇입니까?

① 합목적성, 심미성, 경제성, 독창성
② 합목적성, 실용성, 효용성, 질서성
③ 합목적성, 심미성, 질서성, 합리성
④ 합목적성, 비합리성, 질서성, 독창성

23 | 디자인에 대한 다음 말 중 옳은 것은 무엇입니까?

① 디자인을 하는 데는 시간과 비용이 많이 들더라도 모양이 아름다워야 한다.
② 디자인을 하는 데 있어서 이용 가치가 크고 튼튼하기만 하면 미는 상관없다.
③ 디자인을 하는 데는 그 시대의 시대성이나 민족성을 생각하는 것이 좋다.
④ 디자인을 하는 데는 기능성과 미만 있으면 재료는 어떠한 것을 사용해도 괜찮다.

24 | 다음은 디자인의 조건을 설명한 것으로 잘못된 것은 무엇입니까?

① 독창성 : 창조적인 것은 디자인의 핵심이다.
② 경제성 : 최대의 경비로 최고의 디자인을 한다.
③ 합목적성 : 실용적인 목적이다.
④ 심미성 : 미의식으로 합목적성의 반대이다.

25 | 디자인의 조건이 될 수 없는 것은 무엇입니까?

① 질서성
② 조형성
③ 합리성과 비합리성
④ 심미성

26 | 다음 디자인의 조건 중에서 가장 객관적인 사고로 접근해야 하는 조건은 무엇입니까?

① 합리성과 비합리성
② 질서성
③ 독창성
④ 경제성

27 | 푸드디자인에서 접시 형태로 결정되거나 요리의 덩어리감으로 표현되어 자유 또는 구속성, 경량 또는 중량성, 희박 또는 조밀성을 표현하는 것이 가리키는 것은 무엇입니까?

① 면
② 입체
③ 선
④ 점

28 | 원형 접시가 갖는 특징은 무엇입니까?

① 긴장함과 현대적인 느낌을 준다.
② 완전함, 부드러움, 친밀감으로 인해 자칫 진부한 느낌을 가질 수 있다.
③ 테두리의 무늬와 색상에 따라 다양한 이미지를 연출할 수 없다.
④ 색상, 담는 음식의 종류, 레이아웃에 따라 딱딱하고 불안한 이미지를 부여할 수 있다.

29 | 다음이 설명하는 내용에 해당하는 접시는 무엇입니까?

- 모던함을 연출할 때 쓰이며 안정되고 세련된 느낌과 함께 친근한 인상을 준다.
- 독특한 이미지를 표현할 때 사용한다.
- 안정감을 가지면서도 여러 가지 변화를 주는 재미있는 연출을 할 수 있으므로 창의성이 강한 요리에 활용된다.

① 원형접시
② 사각형 접시
③ 삼각형 접시
④ 역삼각형 접시

30 | 다음이 설명하는 내용에 해당하는 접시는 무엇입니까?

- 코믹한 분위기의 요리에 사용된다.
- 꽃꽂이나 고대 오리엔탈 시대의 그림에도 많이 사용되었다.
- 날카로움과 빠른 움직임을 느낄 수 있어, 자유로운 이미지의 요리에 사용된다.

① 삼각형 접시
② 원형 접시
③ 사각형 접시
④ 역삼각형 접시

31 | 다음이 설명하는 내용에 해당하는 접시는 무엇입니까?

- 앞이 좁아 날카로움과 속도감이 증가되는 것처럼 느껴진다.
- 마치 먹는 사람을 향해 달려오는 것과 같은 효과를 낼 수 있다.
- 강한 이미지를 연출할 수 있다.

① 사각형 접시
② 삼각형 접시
③ 원형 접시
④ 역삼각형 접시

32 | 다음이 설명하는 내용에 해당하는 접시는 무엇입니까?

- 우아함, 여성적인 기품, 원만함 등을 표현한다.
- 좌우의 비율을 변화시켜 섬세함과 신비성을 표현하여 푸근한 인상을 전해준다.
- 이미지가 다양하므로 여러 가지로 연출할 수 있다.

① 평행사변형 접시
② 타원형 접시
③ 원형 접시
④ 마름모형 접시

33 | 쉽게 이미지가 변해서 움직임과 속도감을 느낄 수가 있고 평면이면서도 입체적으로 보이는 접시는?

① 마름모형 접시
② 삼각형 접시
③ 타원형접시
④ 역삼각형 접시

34 | 다음이 설명하는 내용에 해당하는 구도는 무엇입니까?

- 접시의 중심축에 거울을 비추어 보는 것 같이 대칭되는 것으로 고급스러워 보인다.
- 대축 대칭보다 자유스럽고 동적인 느낌을 전하며 안정감이 느껴지나 단순화되기 쉽다.
- 소재와 배열을 잘 고려하면 재미있고 매력적인 요리가 될 수 있다.

① 회전 대칭
② 대선 대칭
③ 비 대칭
④ 대축 대칭

35 | 다음이 설명하는 내용에 해당하는 구도는 무엇입니까?

- 클래식한 스타일의 푸드디자인으로 접시 중심에 좌우 균등한 십자가를 그려서 요리의 배분이 완전히 똑같도록 담는다.
- 중심축을 늘려가면 회전 대칭의 기본이 된다
- 느껴지는 이미지는 통일에 의한 묵직한 안정감, 화려함, 높은 완성도를 나타낸다.

① 회전 대칭
② 대축 대칭
③ 좌우 대칭
④ 비 대칭

36 | 다음이 설명하는 내용에 해당하는 구도는 무엇입니까?

- 요리의 소재가 일정한 방향으로 균형 잡혀 있다.
- 대칭의 안정감, 차분한 가운데서도 움직임과 리듬, 흐름을 느낄 수가 있다.
- 밝음과 즐거움이 있는 이미지로 끝까지 균형을 잘 맞추지 않으면 산만한 느낌을 줄 수도 있다.

① 좌우 대칭
② 비 대칭
③ 회전 대칭
④ 대축 대칭

37 | 이미지는 변화, 역동, 움직임, 엄격한 약속을 완전히 깬 자유스러움 등이 있으며, 새로운 창의적 요리나 고전적인 것을 시도해 보고 싶을 때 사용되는 구도는 무엇입니까?

① 좌우 대칭
② 회전 대칭
③ 대축 대칭
④ 비 대칭

38 | 접시 한가운데 일정하게 반복되는 규칙을 연출하여, 템포가 빠른 음악처럼 리드미컬한 이미지로 경쾌하고 코믹하며 명랑함을 표현하는 모양은 무엇입니까?

① 바둑 모양

② 물결 모양
③ 리듬 모양
④ 소용돌이 모양

39 | 마름모형에서 발전된 것으로 움직임이 강하고 자극적이며, 위와 아래의 리듬감으로 인해 깊이를 표현하고 접시 위와 아래로 율동감을 주어, 풍성함과 역동적인 힘을 느끼게 하는 구성은 무엇입니까?
① 방사 모양
② 번개 모양
③ 소용돌이 모양
④ 리듬 모양

40 | 강조하고자 하는 요리의 중심을 향해 가며 그리는 구도로, 입체감과 불변환적인 움직임을 느끼며 과자나 디저트와 같은 단 음식에 잘 쓰이는 구도는 무엇입니까?
① 바둑 모양
② 소용돌이 모양
③ 방사 모양
④ 물결 모양

41 | 빛과 그림자, 명암 등 대립되는 것을 규칙적으로 반복하며, 리듬감과 직선적인 아름다움으로 진취적이고 현대적인 이미지를 갖는 구도는 무엇입니까?
① 바둑 모양
② 물결 모양
③ 방사 모양
④ 소용돌이 모양

42 | 여러 방면으로 힘차게 나아가고 격동적이며, 경쾌하고 중심이 강조되며. 회전목마나 풍차처럼 리드미컬한 움직임을 느낄 수 있는 모양은?
① 방사 모양
② 물결 모양
③ 소용돌이 모양
④ 바둑 모양

43 | 소용돌이는 중심을 향해 가지만 주변으로 천천히 퍼져나가며, 안정감, 조용한 움직임과 부드러운 아름다움을 전하는 구도는?
① 방사 모양
② 바둑 모양
③ 물결 모양
④ 소용돌이 모양

44 | 밖으로 향하는 힘과 회전하는 템포 사이의 균형을 얻을 수 있는 구도는?
① 바둑 모양
② 물결 모양
③ 소용돌이 모양
④ 방사 모양

45 | 모양이 복잡하게 생긴 것과 단순하게 생긴 것을 균형 있게 선택하고, 재료도 복합적인 것와 단일한 재료와의 균형이 있어야 하는 것은 무엇입니까?
① 재료 혹은 음식 선택의 균형
② 색의 균형
③ 조리 방법의 균형
④ 향미의 균형

46 | 선택은 부드럽고 자연스러우며, 강렬하지 않게 균형이 잡혀야 하며, 지나치게 요란해서는 안 되는 것은 무엇입니까?
① 질감의 균형
② 재료의 균형
③ 조리 방법의 균형
④ 색의 균형

47 | 스파이스(spice)나 허브(herb)의 중복 사용에서 고려해야 되는 균형은 무엇입니까?
① 색의 균형
② 향미의 균형
③ 조리 방법의 균형
④ 질감의 균형

48 | 조리된 음식의 독특한 질감과 형태를 표현하며 자연스럽게 풍성한 볼거리를 제공할 수 있도록 고려해야 하는 균형은 무엇입니까?
① 색의 균형
② 향미의 균형
③ 재료 모양의 균형
④ 조리 방법의 균형

49 | 푸드디자인의 균형에 해당되지 않는 것은 무엇입니까?
① 대칭의 균형
② 비대칭의 균형
③ 질감의 균형
④ 방사형의 균형

50 | 푸드디자인에서 외적인 아름다움에 중점을 두는 것은 디자인의 조건 중 무엇입니까?

① 독창성
② 심미성
③ 질서성
④ 기능성

51 | 요리 형태의 종류 중 평면형태의 종류에 속하지 않는 것은 무엇입니까?

① 삼각형태
② 원형태
③ 타원형태
④ 타원기둥

52 | 요리 형태의 종류 중 공간형태의 종류에 들어가지 않는 것은 무엇입니까?

① 타원기둥
② 원형태
③ 반구
④ 사각형

FOOD Coordinator 자격증 취득을 위한 **예상문제**

3. 푸드와 컬러

01 | 다음 중 원색, 1차색이 아닌 것은 무엇입니까?

① 빨강
② 노랑
③ 녹색
④ 파랑

02 | 다음 중 색의 3속성이 아닌 것은 무엇입니까?

① 색조
② 명도
③ 채도
④ 색상

03 | 색에서 느껴지는 밝고 어두운 정도를 뜻하는 것은 무엇입니까?

① 색상
② 명도
③ 채도
④ 색조

04 | 빛을 섞는 가산혼합에서 색광의 3원색 중 함께 섞어 백색광이 되는 두 색은 무엇입니까?

① 원색
② 탁색
③ 보색
④ 순색

05 | 색의 맑은 정도를 가르키는 색의 순도를 말하며, 색의 선명도나 색채의 강하고 약한 정도를 뜻하는 것은 무엇입니까?

① 색상
② 명도
③ 색조
④ 채도

06 | 색의 3속성 중 가장 먼저 지각되는 것은 무엇입니까?

① 색상
② 명도
③ 채도
④ 농도

07 | 다음 중 올바르게 설명한 것은 무엇입니까?

① 순색은 모두 채도가 같다.
② 채도가 높을수록 탁해 보인다.
③ 무채색에도 채도는 있다.
④ 채도는 순색이 가장 높다.

08 | 스펙트럼상의 색에서 식욕을 돋우는 색에 해당하는 것은 무엇입니까?

① 주황
② 연두
③ 보라
④ 회색

09 | 지각색을 체계화하여 표시하는 방법으로 현재 우리나라에서 채택하고 있는 한국산업 규격 표기법은 무엇입니까?

① 먼셀 표색계
② 오스트발트 표색계
③ 문-스펜서 표색계
④ 게리트슨 시스템

10 | 기호로 백색량과 흑색량을 표시하는 표색계는 무엇입니까?

① 먼셀 표색계
② 오스트발트 표색계
③ 문-스펜서 표색계
④ CIE 표색계

11 | 색채 표준에 대한 설명으로 틀린 것을 고르시오

① 색을 정확하게 사용하기 위한 규정이다.
② 색이 인간의 이성과 관련되어 있는 객관적 정보라는 점에서 출발한다.
③ 정확하게 양으로 측정하여 전달 관리하는 것을 말한다.
④ Munsell, NCS, CIE 등 고유의 체계를 갖고 있는 표색계는 단체나 국가, 또는 세계적으로 통용되는 단위로 표준화되어 사용되고 있다.

12 | 색의 3가지 속성에 영향을 미치는 요소가 아닌 것을 고르시오.

① 빛의 파장
② 빛의 양
③ 순수함의 정도
④ 빛의 흡수

13 | 색상에 대한 감각의 변화인 순환성에 근거하여 색상을 둥글게 나열한 것을 무엇이라 합니까?

① 등색상 삼각형
② 색상환
③ 회전원판
④ 색입체

14 | 다음 중에서 색의 3속성은 무엇입니까?

① 빨강, 녹색, 파랑
② 자주, 노랑, 청록
③ 입사, 반사, 난반사
④ 색상, 명도, 채도

15 | 한 색상 중 가장 채도가 높은 색을 무엇이라 합니까?

① 명청색
② 탁색
③ 청색
④ 암색

16 | 다음 설명이 가리키는 인물은 누구입니까?

> 독일의 물리학자인 그는 1916년에 색표계를 창안 발표하였다. 이 색표계는 물체 표면색의 표본을 체계화한 혼색계 색표계로 회전혼색기의 색채 분할면적의 비율을 변환시켜 여러 색을 만들고, 그것과 동색인 것을 색표로 나타낸 것이며, 기호로 백색량과 흑색량을 표시한다.

① 먼셀
② 오스트발트
③ 문-스펜서
④ 저드

17 | 어떤 색이 둘레 색의 영향을 받아 색의 3요소가 다르게 변해 보이는 현상을 가리켜 무엇이라 합니까?

① 색의 혼합
② 색의 배색
③ 색의 대비
④ 색의 명시

18 | 다음 중 동시대비에 대해 올바르게 설명한 것을 고르시오.

① 두 색을 동시에 볼 때 일어나는 대비현상이다.
② 순수하고 선명도가 높은 색을 가리킨다.
③ 색을 혼합하여 무채색이 되는 것이다.
④ 색 면적의 상관관계이다.

19 | 다음 중 동시대비에 속하지 않는 것을 고르시오.

① 명도대비
② 색상대비
③ 채도대비
④ 계시대비

20 | 다음 대비 중 색상과 관계없는 대비를 고르시오.

① 채도대비
② 연변대비
③ 계속대비
④ 면적대비

21 | 쇠고기를 빨간색 쟁반에 놓을 때 상한 것처럼 보였으나 회색 쟁반에 놓으니 신선해보입니다. 이와 관계있는 것은 무슨 대비입니까?

① 색상대비
② 채도대비
③ 보색대비
④ 명도대비

22 | 노란색 바탕의 오렌지색보다 회색 위의 오렌지색이 더욱 선명하게 보이는 이유는 무엇입니까?

① 명도대비
② 색상대비
③ 유사색대비
④ 채도대비

23 | 보색대비에 대한 설명 중 맞는 것을 고르시오.

① 색상대비 중 가장 강한 대비이다.
② 색상환에서 가장 가까운 곳에 위치한다.
③ 색의 중량감과 관계가 깊다.
④ 색상대비 중 가장 부드러운 대비이다.

24 | 두 색이 인접해 있을 때 맞닿아 경계가 되는 부분에서 경계로부터 멀리 떨어져 있는 부분보다 대비가 강하게 일어나는 현상은 무엇입니까?

① 명도대비
② 색상대비
③ 연변대비
④ 채도대비

25 | 둘, 혹은 그 이상의 색면들의 상대적 넓이 사이의 관계를 무슨 대비라고 합니까?

① 명도대비
② 면적대비
③ 연변대비
④ 채도대비

26 | 다음 중 시간에 의한 대비를 고르시오.

① 동시대비
② 면적대비
③ 연변대비
④ 채도대비

27 | 다음 중 동적이며, 화려함과 극적인 면을 강조할 수 있는 배색은 무엇입니까?

① 동일색상의 배색
② 유사색상의 배색
③ 반대색상의 배색
④ 명도차가 큰 배색

28 | 다음 중 뚜렷하고 명쾌한 느낌을 주려고 할 때 알맞은 배색은 무엇입니까?

① 채도차가 큰 배색
② 색상차가 큰 배색
③ 명도차가 작은 배색
④ 명도차가 큰 배색

29 | 다음 고명도끼리의 배색에서 느낄 수 있는 것은 무엇입니까?

① 차분한 느낌
② 무거운 느낌
③ 맑은 느낌
④ 불분명하고 모호한 느낌

30 | 동일배색의 설명으로 옳지 않은 것은 무엇입니까?

① 같은 색상에서 명도의 차이를 둔 배색을 말한다.
② 같은 색상에서 채도의 차이를 둔 배색을 말한다.
③ 통일된 감정을 느낄 수 있다.
④ 통일성을 부여해 주기 때문에 팽창감을 느낄 수 있다.

31 | 다음 중 유사조화에 대한 내용으로 가장 옳은 것은 무엇입니까?

① 비슷한 색들의 배색에서 오는 조화를 말한다.
② 등간격 배색에서 오는 조화이다.
③ 서로 반대되는 배색에서 오는 조화이다.
④ 빨강과 파랑 같은 조화에서 오는 조화이다.

32 | 다음에서 느껴지는 조화는 무엇입니까?

① 색상조화
② 명도조화
③ 채도조화
④ 보색조화

33 | 색상과 색조(Hue&Tone) 120색체계의 설명으로 옳지 않은 것은 무엇입니까?

① 색상, 명도, 채도의 3속성을 기준으로 한 색체계이다.
② 사람들이 하나의 색을 볼 때 느끼는 공통된 느낌이 있다는 점에서 착안하여 만들어 놓은 색체계이다.
③ 10가지 색상의 11단계의 톤으로 구성된 110개와 10개의 무채색 모두 120색을 제시한 것이다.
④ 색의 느낌이나 이미지 등 색의 연상이 쉽지 않은 먼셀의 단점을 보완한 색체계이다.

34 | 색조의 위치한 거리가 멀리 떨어져 있는 관계의 조합인 배색으로 옳은 것은 무엇입니까?

① 반대배색
② 유사배색
③ 동일배색
④ 색상배색

35 | 색은 그 자체로서 이미지를 함축하고 있으며, 메시지를 전달한다. 다음 단일색이 가지는 이미지로 맞는 것은 무엇입니까?

① 빨강은 위험이나 경고의 의미만 지닌다.
② 주황은 따뜻하고 활기찬 느낌을 준다.
③ 노랑은 주황 계열의 경우, 황금색을 연상시켜 부와 권위를 나타내 어르신만 좋아한다.
④ 파랑은 무겁고 우울하고 침체된 느낌을 준다.

36 | 머리에 떠오르는 이미지를 구체적으로 시각화하여 디자인의 방향을 결정하기 위한 도구는 무엇입니까?

① 이미지 스케일
② 콘셉트
③ 이미지 스타일링
④ 이미지 코디네이션

37 | 식욕 스펙트럼에 대한 설명이 맞지 않은 것은 무엇입니까?

① 색이 진한 것이 옅은 것에 비해서 진한 맛을 느끼게 해준다.
② 붉은색은 달게 혹은 강한 맛을 느끼게 하는데 비해, 녹색은 신맛을 느끼게 한다.
③ 흰 버터보다 연노랑 마가린이 더 맛있게 보인다.
④ 식욕을 가장 잘 돋우는 색은 주황색과 노랑 부분이며 청록색도 식욕을 증가시킨다.

38 | 그릇의 종류와 색에 의해 요리의 맛이 좌우되는 현상은 무엇입니까?

① 악센트 효과(accent effect)
② 후광효과(hallow effect)
③ 착시효과(optical illusion effect)
④ 주목효과(attention effect)

39 | 음식물을 중심으로 한 색채 코디네이트의 비율로 적당한 것을 고르시오.

① 악센트 컬러 15% + 서브 컬러 25% + 베이직 컬러 60%
② 악센트 컬러 70% + 서브 컬러 25% + 베이직 컬러 5%
③ 악센트 컬러 5% + 서브 컬러 70% + 베이직 컬러 25%
④ 악센트 컬러 5% + 서브 컬러 25% + 베이직 컬러 70%

40 | 다음 중 단맛의 기본형으로 맞는 것은 무엇입니까?

①

②

③

④

41 | 다음 중 짠맛의 기본형으로 맞는 것은 무엇입니까?

①

②

③

④

42 | 다음 중 신맛의 기본형으로 맞는 것은 무엇입니까?

①

②

③

④

43 | 다음 중 건열 조리법을 고르시오.

① braise
② simmer
③ saute
④ poach

44 | 다음 중 수분을 사용하여 조리할 때 일어나는 변화에 대한 설명은 무엇입니까?

① roast법이 해당된다.
② roast법이 대표적인 조리법이다.
③ 요리의 색이 하얗게 변한다.
④ 캐러멜화 반응이 일어난다.

45 | 다음 중 전통 오방색과 관계가 없는 색을 고르시오.

① 흑
② 황
③ 자
④ 청

46 | 다음 중 방위색이 잘못 짝 지어진 것을 고르시오.

① 흑색-북쪽
② 적색-남쪽
③ 청색-중앙
④ 백색-서쪽

47 | 오정색 중 하나로 중앙과 땅을 상징하는 색은 무엇입니까?

① 황색
② 청색
③ 벽색
④ 토색

48 | 다음 중 오방간색과 관계가 없는 색을 고르시오.

① 청(靑)
② 벽(壁)
③ 자(紫)
④ 유황(硫黃)

49 | 정색과 간색에 대한 설명으로 틀린 것은 무엇입니까?

① 오정색은 음양오행설을 중심으로 우리 생활과 관계가 깊다.
② 오정색은 양(陽)에 해당하며, 오간색은 음(陰)에 해당하는 색이다.
③ 오방색은 조선시대의 오방 처용무에서도 볼 수 있다.
④ 오방색은 홍, 벽, 녹, 유황, 자색이 있다.

50 | 오방정색과 오방간색을 제외한 색을 70계의 색으로 세분화했을 때 나타나는 색은 무엇입니까?

① 잡색
② 전통색
③ 오정색
④ 관용색

FOOD Coordinator 자격증 취득을 위한 예상문제

4. 푸드코디네이트

01 | 푸드스타일링의 소도구 중 야채나 과일의 껍질을 벗기는 데 주로 사용되며 과육이나 야채를 얇게 저며 고운 채를 썰기에 편리한 도구는 무엇입니까?

① 조리용 붓
② 볼러
③ 핀셋
④ 필러

02 | 스타일링 연출을 위한 섬세한 도구 중 음료나 액체의 미세한 양을 조절할 때 많이 이용하는 도구는 무엇입니까?

① 면봉
② 스패출러
③ 스포이트
④ 필러

03 | 스타일링 연출 도구 중 아이스크림이나 샐러드 등을 뜰 때 사용하면 표면에 자연스러운 컬이 연출되는 도구는 무엇입니까?

① 주사기
② 스쿱
③ 대나무꼬치
④ 스패출러

04 | 스타일링 연출 도구 중 액체의 분량을 조절하거나 연기 연출을 할 경우 담배 연기를 뿜어낼 때 사용하는 도구는 무엇입니까?

① 스포이트
② 스쿱
③ 스트로우
④ 스패출러

05 | 음식 촬영을 위한 도구 중 촬영 시 뜨거운 조명 아래에서도 마르지 않아 신선한 과일이나 야채, 음료 연출에 효과적이며 주사 바늘이나 이쑤시개를 이용해서 찍어 발라 섬세하게 연출하는 효과는 무엇입니까?

① snow effect
② ice effect
③ foam effect
④ drop effect

06 | 음식 촬영을 위한 도구 중 분말 형태로 물에 불리면 얼음 알갱이가 만들어져 팥빙수나 신선한 생선, 어패류를 연출할 때 사용한다. 색이 있는 물에서 불리면 컬러풀한 얼음 알갱이를 만들 수 있게 하는 효과는 무엇입니까?

① snow effect
② ice effect
③ foam effect
④ drop effect

07 | 음식 촬영 시 물과 1 : 1로 섞어 스프레이하면 자연스러운 물방울을 연출할 수 있어 음료나 과일, 채소 등에 청량감을 더해주는 식재료는 무엇입니까?

① 물엿
② 글리세린
③ 젤라틴
④ 전분

08 | 음식 촬영 시 촬영 전 굽거나 튀긴 음식의 표면에 발라 갓 조리한 것과 같은 윤기와 투명감이 더해주는 식재료는 무엇입니까?

① 물엿

② 글리세린
③ 젤라틴
④ 오일

09 음식 촬영 시 라면 연출 중 바르지 않은 것은 무엇입니까?

① 라면 면발은 100% 완전히 익혀서 사용한다.
② 베다는 구겨짐이 없이 잘 다려야 사진에서 깔끔하게 연출할 수 있다
③ 삶을 때 식초를 넣어 탄력 있는 면발이 되도록 한다.
④ 면을 보기 좋게 그릇에 담고 위에 각종 야채와 달걀노른자로 장식한다.

10 국수 촬영을 위해 스타일링하는 방법으로 올바르지 못한 것은 무엇입니까?

① 면을 실로 직경이 약 15mm가 되도록 묶어서 삶는다.
② 육수는 맑은 물에 간장을 이용하여 색을 조절한다.
③ 야채는 얼음물에 담갔다가 건져 싱싱하게 연출한다.
④ 육수는 중간에 붓는다.

11 아이스크림 촬영을 위해 스타일링하는 방법으로 올바르지 못한 것은 무엇입니까?

① 스쿱을 사용해서 아이스크림 모양으로 떠준다.
② 여분의 반죽으로 아이스크림의 표면과 옆면에 자연스러운 텍스처를 연출해 준다.
③ 실제 아이스크림을 미리 세팅해 둔다.
④ 자연스럽게 녹은 느낌이 나도록 하려면 솔에 약간의 물을 묻혀 칠해준다.

12 피자 촬영을 위해 스타일링하는 방법으로 올바르지 못한 것은 무엇입니까?

① 피자의 한 조각을 들었을 때 치즈가 강조되도록 하기 위해 피자의 조각난 부분에 의도적으로 많은 양을 치즈를 얹어준다.
② 토핑 재료는 실제 제품보다 충분히 올려 연출해야 먹음직스러워 보인다.
③ 피자를 오븐에서 살짝 색이 나도록 구운 다음 토치 램프(torch lamp, 휴대용 가스 버너)를 이용하여 피자 위에 강한 열을 가해주면 보기 좋은 색을 연출할 수 있다.
④ 모든 토핑 재료는 충분히 익힌다.

13 음료 촬영을 위해 스타일링하는 방법으로 올바르지 못한 것은 무엇입니까?

① 글라스에 이물질이나 지문이 없도록 깨끗이 씻어 준다.
② 글리세린을 물과 1 : 1 로 섞어 스프레이해서 물방울 연출을 한다.
③ 음료 촬영 시 반드시 실제 제품만을 사용한다.
④ 음료는 카메라의 반대 방향에서 조심스럽게 채워준다.

14 음식 촬영 시 섬세한 물방울을 연출하는 데 필요한 도구는 무엇입니까?

① 국자
② 면봉
③ 분무기
④ 핀셋

15 푸드 스타일링을 위한 도구와 용도가 바르게 설명되지 못한 것은 무엇입니까?

① 볼러 : 레몬이나 오렌지의 껍질을 가늘고 적당한 웨이브가 생기도록 벗기는 데 사용된다.
② 고운 체 : 맑은 국물 연출을 위해 불순물이나 찌꺼기를 걸러내기 위해 사용된다.
③ 조리용 붓 : 음식의 표면에 색을 내거나 윤기를 내기 위해 기름을 바를 때 사용된다.
④ 페어링나이프 : 칼날이 얇고 뾰족해서 야채나 과일의 섬세한 모양을 낼 때 사용된다.

16 다음 중 푸드 스타일링에서 작은 재료나 소품의 위치를 옮기거나 섬세한 연출을 위해 사용하기에 적합한 도구는 무엇입니까?

① 면봉
② 깔때기
③ 핀셋
④ 제스터

17 푸드 스타일링에서 빵을 구운 것처럼 보여주기 위해 소량의 물을 첨가해 빵의 표면에 발라주는 효과적인 식품은 무엇입니까?

① 전분
② 인스턴트 커피
③ 젤라틴
④ 글리세린

18 | 파스타 촬영을 위해 스타일링하는 방법에서 올바르지 못한 것은 무엇입니까?

① 파스타는 평소보다 충분히 익힌 후 기름에 볶지 않는다.
② 익힌 면을 포크를 이용하여 돌돌 말아 모양을 잡는다.
③ 채소는 파스타 면의 중간에 자연스러우면서 보기 좋게 꽂아준다.
④ 완성된 파스타가 풍성해 보이도록 파스타 밑에 종이터월을 깔기도 한다.

19 | 햄버거 촬영을 위해 스타일링하는 방법으로 올바르지 못한 것은 무엇입니까?

① 양상추나 다른 야채는 색이 너무 진하거나 연한 것은 피한다.
② 패티는 익히면 작아지므로 빵보다 크게 만든다.
③ 치즈가 열에 의해 살짝 녹는 것을 연출하기 위해 치즈의 모서리를 뜨거운 물에 오랫동안 담가둔다.
④ 토마토는 붉은색을 띠면서 탱탱한 것으로 선택하여 일정한 굵기의 둥근 모양으로 슬라이스한다.

20 | 죽 · 수프 촬영을 위해 스타일링하는 방법으로 올바르지 못한 것은 무엇입니까?

① 표면이 말라 막이 생기기 쉽다.
② 그릇에 원하는 분량을 미리 담아둔다.
③ 촬영 위치를 먼저 잡아둔다.
④ 표면이 촉촉한 느낌이 나도록 연출한다.

21 | 음식 촬영을 위해 스타일링하는 방법으로 올바르지 못한 것은 무엇입니까?

① 김치 연출을 위한 배추는 잘랐을 때 단면이 고르고 촘촘한 것으로 선택한다.
② 달걀 연출에서 달걀노른자가 중앙에 가도록 한다.
③ 삼계탕 연출에서 닭의 가슴부분이 위로 오도록 그릇에 담는다.
④ 아이스커피 연출에서 생크림이 들어갈 경우 처음부터 얹어준다.

22 | 다음 중 푸드 프레젠테이션의 정의는 무엇입니까?

① 미각을 기본으로 하여 먹는 이에게 심리적 영향을 미치는 요리의 인상을 시각적으로도 만족을 주는 작업
② 시각은 상관없이 요리사의 실력이 중요한 작업
③ 오감 중 시각이 가장 중요하므로 푸드 코디네이터의 스킬이 필요한 작업
④ 색과 형태를 위해 재료를 자르고 인공 접착제로 붙이는 등 다양한 표현방법을 동원

23 | 효과적인 푸드 프레젠테이션을 위한 방법이 아닌 것은?

① 신선한 식재료의 선택
② 조리법에 맞는 효과적인 자르기 방법
③ 식재료가 가진 본래의 색 유지를 위한 조리법
④ 음식을 돋보이기 위해 그릇의 형태나 문양은 무시

24 | 한식 푸드 프레젠테이션의 일반적 특징이 아닌 것은 무엇입니까?

① 대부분 평면적인 원형접시를 일반적으로 사용
② 그릇에 담기는 음식재료의 형태가 면적인 구성
③ 옹기, 유기, 도자, 백자, 청자 등 다양한 질감과 색채의 그릇이 음식의 배경 역할
④ 고명으로 마무리하여 시각적 포인트를 살리는 것

25 | 한식 푸드 프레젠테이션에 일반적으로 사용된 그릇이 아닌 것은 무엇입니까?

① 옹기
② 유기
③ 칠기
④ 백자

26 | 한식 푸드 프레젠테이션 방법 중 옳은 것은 무엇입니까?

① 설화에 근거한 이상적 자연을 음식에 표현
② 음식 자체의 시각적인 표현방법으로 인위적인 염색기법 이용
③ 양념이 되는 동시에 음식을 아름답게 보이도록 마무리하기 위해 얹거나 뿌리는 고명의 사용
④ 그릇의 크기와 상관없이 먹음직스럽게 80% 이상 담기

27 | 다음 중 소고기와 달걀을 사용하여 만든 타원형의 고명으로 맞는 것은 무엇입니까?

① 고기완자
② 달걀지단
③ 미나리 초대
④ 알쌈

28 | 다음 중 오방색을 기본으로 표현되는 한식의 푸드 프레젠테이션을 위해 사용된 고명재료가 아닌 것은 무엇입니까?

① 당근채
② 달걀지단
③ 미나리 초대
④ 석이버섯

29 | 브라운 계열의 고기류 위에 얹으면 좋을 고명은 무엇입니까?

① 실고추
② 잣가루
③ 알쌈
④ 석이버섯

30 | 신선로를 담는 방법으로 적합한 것은 무엇입니까?

① 신선로 용기가 있어야 담을 수 있다.
② 맨 위에는 알지단 황백, 표고버섯, 석이버섯, 붉은 고추, 쇠고기 완자, 호두 깐 것, 은행 볶은 것 등을 돌려 담는다.
③ 음양오행에 반드시 맞춰 음식재료를 담는다.
④ 맨 위에는 쇠고기를 채 썰어 갖은 양념한 것이나 고기에 무를 섞어 곤 것을 함께 썰어 넣는다

31 | 다음 중 신선로에 담는 재료가 아닌 것은 무엇입니까?

① 양념한 쇠고기
② 익히지 않은 생선
③ 표고버섯
④ 쇠고기 완자

32 | 비빔밥에 대한 설명으로 맞지 않는 것은 무엇입니까?

① 골동반이라 부른다.
② 오방색을 기본으로 각종 재료를 색이 서로 겹치지 않도록 가지런히 둘러 담는다.
③ 섣달 그믐날 저녁에는 남은 음식을 해를 넘기지 않는다는 뜻으로 만들어 먹던 풍습이다.
④ 미리 만들어 둔 여러 가지 나물 · 고기 · 달걀 등을 모양 있게 색을 맞추어 얹어 따로 먹는다.

33 | 신선로를 연출할 때 사용하면 적합한 소재가 아닌 것은 무엇입니까?

① 어두운 컬러의 배경
② 고급스러운 느낌의 견직물 매트
③ 자연스러운 나무 껍질
④ 신선로 용기인 유기가 돋보이는 러너

34 | 찌개나 전골류를 위한 푸드 프레젠테이션 방법으로 맞는 것은 무엇입니까?

① 신중히 담으면 식재료의 신선함이나 재료구분이 명확하게 된다.
② 맛있게 보이기 위해 고춧가루를 나중에 풀어 붉은색을 더한다.
③ 뚝배기나 무게감이 있는 그릇을 사용하는 것이 좋다.
④ 따로 담아낼 때에는 국물을 먼저 붓고 주재료는 나중에 담는다.

35 | 다음 중 진 구절판에 담기는 재료가 아닌 것은 무엇입니까?

① 쇠고기
② 달걀지단
③ 오이
④ 당근/청과

36 | 다음 중 구절판에 대한 설명이 아닌 것은 무엇입니까?

① 본래 요리를 담는 그릇의 명칭이다
② 진 구절판과 마른 구절판의 2가지로 나눈다
③ 궁중식과 민간식으로 구분된다
④ 가운데 담는 밀전병을 제외한 재료 9가지를 선정한다.

37 | 다음 중 일식 푸드 프레젠테이션의 일반적 특징이 아닌 것은 무엇입니까?

① 깨끗하고 담백한 재료 그대로의 맛을 솔직하게 드러낸다.
② 눈과 입으로 동시에 먹는다 할 만큼 음식을 아름답게 연출한다.
③ 음식을 담는 법칙을 종교상의 이유, 세시풍속, 고서에서의 유래 등에서 찾는다.
④ 주재료와 부재료를 분리 연출하여 담는다.

38 일식 담기의 기본이 되는 회 담기에 영향을 미친 불교의 이상적 세계관을 담은 산은 무엇입니까?
① 아소산
② 수미산
③ 후지산
④ 히에이산

39 일식 푸드 프레젠테이션을 하기 위한 음양의 조화가 아닌 것은 무엇입니까?
① 사시미 색의 음양 조화
② 접시 위에 놓인 초밥 개수의 음양 조화
③ 그릇과 요리 관계의 음양 조화
④ 음식 자체의 음양 조화

40 일식 푸드 프레젠테이션의 방법이 아닌 것은 무엇입니까?
① 나뭇잎이나 꽃잎 등 자연물을 사용한 음식장식
② 요리와 담는 그릇과의 관계를 고려한 여백 처리
③ 식재료 간의 음양 조화를 고려한 선택
④ 오색을 표현하기 위해 색소 사용

41 다음 중 무끼모노에 대한 설명으로 맞는 것은 무엇입니까?
① 무, 당근 등의 채소를 얇게 벗겨 여러 가지 사실적 모양을 내어 장식하는 방법
② 예전부터 내려오는 고전적 담기의 방법 중 하나
③ 평면이 되게 일렬로 담는 형태의 담기
④ 쌀가마를 쌓아놓은 형태의 담기

42 고전적 담기 방법 중 스기모리에 대한 설명으로 맞는 것은 무엇입니까?
① 히노끼나무 형태에서 유래
② 그릇 바닥에서부터 차례로 담는 원추형 형태 담기
③ 여러 가지 종류를 섞어 담는 방법
④ 쌀가마를 쌓아놓은 형태

43 타와라모리에 대한 설명으로 맞는 것은 무엇입니까?
① 쌀가마를 쌓아놓은 형태에서 유래
② 일정치 않고 다른 모양으로 쌓는 담기 방법
③ 자유스러운 평면배치
④ 그릇과의 조화를 고려해 곁들임 음식으로 변화

44 카사네모리에 대한 설명으로 맞는 것은 무엇입니까?
① 흩어지지 않게 담는 방법
② 마제모리와 비슷한 담기
③ 그릇의 바닥에서 순차적으로 쌓아 올리지만 일정치 않은 모양의 담기
④ 일상이나 야외놀이 때 지참하던 찬합 담기 방법

45 타이모리에 대한 설명으로 맞는 것은 무엇입니까?
① 평면이 되게 일렬로 담는 형태의 방법
② 형태변화는 없으므로 음식종류별로 모아 위치의 변화를 준다.
③ 특이한 형태의 그릇을 사용하면 좋다.
④ 안정된 삼각형 담기이다.

46 마제모리에 대한 설명으로 맞는 것은 무엇입니까?
① 주재료의 모양을 잘 살려 담기
② 여러 가지 종류를 섞어 조리한 요리 담을 때 응용할 수 있는 방법
③ 순서대로 쌓아올린 형태의 담기
④ 재료의 색채감으로 변화

47 아와세모리에 대한 설명으로 맞지 않는 것은 무엇입니까?
① 일정 거리를 두고 흩어지지 않게 담는 방법이다
② 요세모리라고도 한다.
③ 두 가지 이상을 담을 때는 주가 되는 것과 부가되는 것을 구분하여 담는다.
④ 정해진 그릇이 있다.

48 다음 중 찬합 담기 중 맞지 않는 것은 무엇입니까?
① 1단 전채
② 2단 사시미
③ 3단 생선류
④ 4단 조림

49 찬합 담기에 대한 설명으로 맞는 것은?
① 1단은 전채, 2단은 안주, 3단은 생식류, 4단은 조림 순으로 담는다
② 가정 내 식사 때나 연회에서 사용된다.
③ 계절별로 특별 메뉴가 정해져 있다.
④ 찬합 안의 나뉜 칸에 따라 담는 법칙이 정해져 있는 건 아니다.

50 | 센쯔께에 대한 설명으로 맞지 않는 것은 무엇입니까?

① 한 가지 또는 2~3가지 나오기도 한다.
② 가장 처음 제공되는 요리이다
③ 양식의 샐러드와 같은 가벼운 음식으로 구성된다.
④ 서양의 가니쉬, 한국의 고명과 같은 장식의 역할이다.

51 | 어패류를 생식하는 조리법으로 자연적 소재와 식재료를 이용한 장식은 무엇입니까?

① 니모노
② 쯔꾸리
③ 야끼모노
④ 아게모노

52 | 서양요리의 일반적인 특징이 아닌 것은 무엇입니까?

① 메뉴가 시간대별로 구분된다.
② 우유, 유제품, 유지가 많이 이용된다.
③ 음식에 따라 사용하는 식사도구가 다양하다.
④ 소스가 다양하지 않다.

53 | 다음 설명 중 접시 담기에서 고려해야 할 사항이 아닌 것은 무엇입니까?

① 주재료와 곁들임 재료의 위치선정
② 식사하는 사람의 편리성
③ 원가 무시
④ 음식의 외관

54 | 접시 담기의 원칙이 아닌 것은 무엇입니까?

① 접시의 내원을 따라 담는다.
② 고객의 편리성에 우선 초점을 두어 담는다.
③ 재료별 특성을 이해하며 담는다.
④ 불필요한 가니쉬를 배제한다.

55 가니쉬에 관한 설명이 아닌 것은 무엇입니까?

① 프랑스어로 '꾸미다, 장식하다, 완성하다, 공급하다' 라는 뜻이다.
② 가니쉬는 정해져 있는 재료만을 사용한다.
③ 요리를 보기 좋게 하기 위해 음식 옆에 둔다.
④ 모양이나 색을 고려하여 선택하는 것이 좋다.

56 | 콜드 푸드 플레이트의 3요소가 아닌 것은 무엇입니까?

① 센터피스
② 접시
③ 가니쉬
④ 주요리의 서빙 포션

57 | 콜드 푸드 플레이트의 담기 순서로 올바른 것을 고르시오.

① 플레이트 스케치 → 배열 스케치 → 주요리 배열 → 가니쉬 배열 → 센터피스 → 세팅
② 플레이트 스케치 → 배열 스케치 → 주요리 배열 → 센터피스 → 가니쉬 배열 → 세팅
③ 플레이트 스케치 → 배열 스케치 → 센터피스 → 주요리 배열 → 가니쉬 배열 → 세팅
④ 플레이트 스케치 → 배열 스케치 → 주요리 배열 → 세팅 → 센터피스 → 가니쉬 배열

58 | 다음 중 주요리를 배열할 때 가장 주의해야 할 사항을 고르시오.

① 수량과 모양
② 간격과 질서
③ 가니쉬의 수량과 모양
④ 배열 라인의 형성

59 | 다음 중 세팅을 할 때 가장 주의해야 할 사항을 고르시오.

① 고객의 편의
② 스케치에 맞는 배열 라인 확인
③ 가니쉬의 배열
④ 센터피스의 위치

60 | 요리가 접시에서 차지하는 비율로 적당한 것은 무엇입니까?

① 20%
② 90%
③ 30%
④ 60%

61 | 빵에 땅콩버터를 바를 때에 유의사항으로 맞는 것을 고르시오.

① 선을 최대한 살려 바른다.
② 짧게 반복해서 바른다.
③ 부드럽게 바른다
④ 복잡한 느낌으로 연출한다.

62 | 다음 중 바르게 짝 지어진 것을 고르시오.

① 화려한 요리 + 단순한 색상의 접시
② 화려한 요리 + 화려한 색상의 접시
③ 화려한 요리 + 화려한 무늬의 접시
④ 단순한 요리 + 단순한 색상의 접시

63 | 다음 중 접시의 장식으로 적당하지 않은 것을 고르시오.

① 과일
② 육류
③ 식용할 수 없는 재료
④ 채소

64 | 다음 중 잘못 스타일링한 사람을 고르시오.

① A –아이템들의 두께, 크기, 위치 등에 있어 통일성을 유지하였다.
② B – 실제로 레시피의 모든 단계를 거쳐 촬영용 음식을 만들었다.
③ C – 클라이언트의 요구사항을 기억하였다.
④ D – 채워진 부분과 빈 부분에 유의해서 스타일링하였다.

65 | 프레젠테이션의 구성요소에 들지 않는 것은 무엇입니까?

① 컬러(color)
② 선(line)
③ 스타일(style)
④ 균형(balance)

66 | 플레이트 콘셉트(plate concept)와 관계가 먼 것은 무엇입니까?

① 요리를 만들어 그릇에 담을 때 필요한 목적
② 요리를 먹을 고객이 누구인지 파악한다.
③ 상품이 추구하는 가장 기본적인 존재목적
④ 식사의 목적에 대하여 무관심해도 좋다.

67 | 서양식 요리의 담기에서 전통적인 방법이 주는 이미지와 관계가 먼 것은 무엇입니까?

① 안정감이 있어 편안함을 준다.
② 조리사의 창의성을 마음껏 발휘할 수 있다.
③ 환한 이미지를 연출한다.
④ 대형 행사에도 손쉽게 쓸 수 있다.

68 | 비전통적인 프레젠테이션 방법에서 중요한 개념은 무엇입니까?

① 조리사의 창의성을 발휘할 수 있다.
② 안정감이 있어 편안함을 준다.
③ 대형 행사에도 손쉽게 쓸 수 있다.
④ 원칙에 따라야 한다.

69 | 메뉴가 작성되고 플레이트 콘셉트가 구상되면 전체적인 조화와 함께 고려해야 하는 것은 무엇입니까?

① 초점
② 흐름
③ 균형
④ 통일성

70 | 가장 먼저 시선이 가며, 그 대상의 첫인상을 갖게 되는 부분은 무엇입니까?

① 균형
② 초점
③ 통일성
④ 조화

71 | 그릇 위에 선, 면, 공간 등을 표현할 때 생동감 있고 참신한 예술적 감각을 나타내기 위해 필요한 것은 무엇입니까?

① 조화
② 균형
③ 흐름
④ 초점

72 | 플레이트 콘셉트에서 균형의 유형에 들어가지 않는 것은 무엇입니까?

① 색의 균형
② 고객의 균형
③ 음식 선택의 균형
④ 조리 방법의 균형

73 | 모양이 복잡하게 생긴 것과 단순하게 생긴 것을 균형있게 선택하고, 재료도 복합적인 것와 단일한 재료와의 균형이 있어야 하는 것은 무엇입니까?

① 재료 혹은 음식 선택의 균형
② 색의 균형
③ 조리 방법의 균형
④ 향미의 균형

74 | 푸드디자인의 표현 방법 중 잘못된 것은 무엇입니까?

① 접시 장식은 식용할 수 없는 재료는 사용하지 않는다.
② 구도의 규칙에 기준을 둔다.
③ 요리가 차지하는 비율이 접시의 90%를 넘지 않는다.
④ 요리에서 질감을 최대한 살린다.

75 | 프레젠테이션의 구성요소에 속하지 않는 것은 무엇입니까?

① 스타일
② 컬러
③ 가니쉬(garnish)
④ 선

76 | 프레젠테이션의 목적은 무엇입니까?

① 요리의 예술성을 높이고 그 요리를 먹는 고객을 만족시키는 것
② 접시 장식은 식용할 수 없는 재료도 사용하여 보기 좋게 담는다.
③ 요리의 맛이나 질에 상관없이 디자인을 멋있게 한다.
④ 타인의 작품을 그대로 모방하여 보기 좋게 담는다.

77 | 플레이트 콘셉트에 해당되지 않는 것은 무엇입니까?

① 요리를 먹을 고객이 누구인지를 알아야 한다.
② 식사하는 자리가 어떤 성격의 자리인지를 알지 않아도 된다.
③ 생일파티나 잔치의 음식이라면 화려하고 경쾌하게 담는다.
④ 상품이 추구하는 가장 기본적인 존재 목적인 요리를 만들어 그릇에 담을 때에 필요한 것

78 | 다음은 담기 방법에서 어느 방법에 해당되는 것입니까?

- 6시 방향에 주요리가 있다.
- 12시를 중심으로 좌우 대칭이 되므로 안정감이 있어 편안함을 준다.
- 조리사의 창의성을 마음껏 발휘할 수 없다는 한계가 있다.

① 좌우 대칭
② 비 대칭
③ 비전통적인 방법
④ 전통적인 방법

79 | 다음은 담기 방법에서 어느 방법에 해당되는 것입니까?

- 조리사의 창의성을 발휘할 수 있다.
- 프레젠테이션 원칙을 준수하여 조화와 대비의 멋을 살려내야 한다.
- 중요한 개념은 구성과 분산이란 것이다.

① 좌우 대칭
② 비 대칭
③ 비전통적인 방법
④ 전통적인 방법

80 | 중국음식의 프레젠테이션에서 주로 사용하는 그릇의 형태는 무엇입니까?

① 원형이나 타원형
② 삼각형
③ 직사각형
④ 마름모형

81 | 중국음식의 프레젠테이션의 그릇 선택에서 고려해야 할 사항과 가장 거리가 먼 것은 무엇입니까?

① 종류
② 색채
③ 분량
④ 맛

82 | 중국요리를 다른 나라와 비교하여 특징짓는 요소가 아닌 것은 무엇입니까?

① 불의 세기
② 계절별 식재료
③ 조미료
④ 사상

83 | 다음은 어느 나라의 음식 프레젠테이션 특징입니까?

한 접시 음식의 경우 주재료와 부재료의 분리 배치보다는 섞인 형태로 연출한다.
음식 장식은 별개의 식재료로 음식과 분리하여 따로 하는 것이 특징이다.

① 한국
② 중국

③ 일본
④ 동남아

84 다음은 어느 나라 요리의 실제 조리에서의 특징을 설명한 것이다. 관계있는 나라를 고르시오.

> 재료의 선택을 엄격하게, 썰기를 정교하고 세밀하게, 다양한 맛내기, 불세기에 주의하여 색(色), 양(量), 미(味), 향(香), 기(氣)의 5박자를 고루 갖춘 요리가 만들어질 수 있게 한다.

① 한국
② 중국
③ 일본
④ 동남아

85 다음은 중국요리의 코스별 특징이다. 해당되는 코스를 고르시오.

> 탕채와 열채를 제공한 후에 식사류 앞에 나오는 주 메인요리로서 상어지느러미 요리나 제비집 등의 고급 식재료를 사용하는 요리를 냉채 다음에 제공하여 국물과 부드러운 재료의 맛을 느끼게 하는 요리이다.

① 전채(前菜)
② 두채(頭彩)
③ 주채(主彩)
④ 탕채(湯彩)

86 다음은 중국요리의 코스별 특징이다. 해당되는 코스를 고르시오.

> 주 메인 요리에 첫 번째로 제공되는 해산물 요리는 주로 새우, 해삼, 패주, 오징어, 우럭 등을 사용하여 최대한 재료 본래의 맛을 즐길 수 있도록 찜이나 튀김의 조리법을 사용한다.

① 전채(前菜)
② 두채(頭彩)
③ 주채(主彩)
④ 탕채(湯彩)

87 다음은 중국요리의 코스별 특징이다. 해당되는 코스를 고르시오.

> 쌀이나 밀가루로 만든 음식으로 주로 면으로 된 음식이나 만두, 포자 등이 나온다.

① 전채(前菜)
② 두채(頭彩)
③ 주채(主彩)
④ 탕채(湯彩)

88 중국요리의 프레젠테이션 방법에서 조리한 음식을 접시에 담은 후에 음식의 색깔, 모양, 맛 크기에 따라 접시의 가장자리를 장식하는 방법은 무엇입니까?

① 주변장식
② 중앙장식
③ 혼합장식
④ 분리장식

89 중국요리의 프레젠테이션 방법에서 음식과 조각품을 구분하지 않고 음식의 상태에 따라서 적절하게 섞어서 장식하는 방법은 무엇입니까?

① 주변장식
② 중앙장식
③ 혼합장식
④ 분리장식

FOOD Coordinator 자격증 취득을 위한 **예상문제**

5. 음식사진의 이해와 촬영기법

01 | 다음 음식사진의 용도에 따른 분류 중 가장 완성도가 높은 사진으로서 소비자의 구매욕을 자극시키고 단순하면서도 제품의 특징을 한눈에 알아볼 수 있도록 촬영해야 하는 사진은?

① 무크지사진
② 패키지사진
③ 메뉴사진
④ 잡지사진

02 | 다음 중 음식사진 촬영 시 고려할 사항과 거리가 먼 것은?

① 씨즐감
② 신속한 촬영
③ 담음새
④ 음식의 맛

03 | 다음 중 음식사진의 용도에 따른 분류가 아닌 것은?

① 배경사진
② 광고사진
③ 잡지사진
④ 카탈로그사진

04 | 다음 음식사진의 구성에 따른 분류 중 배경사진의 설명으로 맞는 것은?

① 음식만을 부각시킬 목적으로 배경은 음식과 조화를 이루어야 한다.
② 흰 배경에서 촬영하며 접시 테두리 밖은 사용하지 않는다.
③ 가장 단순한 사진이다.
④ 주메뉴와 서브메뉴, 그리고 소품들을 조화롭게 배치하고 촬영한다.

05 | 다음 아이앵글의 설명 중 맞는 것은?

① 버드아이뷰(bird-eye-view)라고도 한다.
② 카메라와 테이블의 각도는 5~20도를 이룬다.
③ 배경으로 벽이 필요한 사진이다.
④ 가장 편안한 시선의 앵글이다.

06 | 일반적으로 아웃포커스(out of focus) 기법을 잘 사용하지 않는 사진은?

① 패키지사진
② 광고사진
③ 메뉴사진
④ 잡지사진

07 | 음식사진의 구도 중 두 접시가 아주 가까운 거리에서 유기적으로 관계할 때 유발되는 것과 관계가 깊은 것은?

① 긴장(tension)
② 변화(variety)
③ 프레이밍(framing)
④ 원근(perspective)

08 | 프레임의 가로와 세로를 각각 1/3, 2/3로 분할하여 그 선이 만나는 지점에 주메뉴를 놓아 시각적 안정감과 조화를 느낄 수 있는 기법은?

① 3등분할의 법칙(rule of thirds)
② 황금분할의 법칙(golden section)
③ 원근(perspective)
④ 운동(motion)

09 | 다음 중 형상과 배경(figure and ground)의 설명으로 맞는 것은?

① 방향성과 동감을 표현한다.
② 접시를 자를 때 황금분할비를 이용한다.
③ 그루핑(grouping)에 의하여 사물을 단순화하여 보려는 경향이다.
④ 주제를 한눈에 파악할 수 있게 하고 아웃포커스 기법을 활용한다.

10 | 다음 디지털카메라의 설명 중 틀린 것은?

① 메모리카드에 사진을 저장한다.
② 감도를 변화시킬 수 있다.
③ 컬러밸런스를 조절할 수 있다.
④ 필름을 사용한다.

11 | 디지털카메라의 종류 중 렌즈를 교환할 수 있는 것은?

① 휴대폰카메라(mobil phone camera)
② 콤팩트카메라(compact camera)
③ 하이엔드카메라(hi-end camera)
④ 미러리스카메라(mirrorless camera)

12 | 가장 진보된 형태의 카메라로서 무겁고 비싸나 화질이 좋고 상대적으로 이미지센서가 크며 카메라테크닉을 자유롭게 발휘할 수 있는 카메라는?

① DSLR 카메라
② 미러리스카메라(mirrorless camera)
③ 하이엔드카메라(hi-end camera)
④ 콤팩트카메라(compact camera)

13 | 다음 조리개의 기능 중 틀린 것은?

① 빛의 양을 시간으로 제어한다.
② 피사계심도를 조절한다.
③ 렌즈에 위치한다.
④ 여러 개의 날개가 합쳐진 모양이다.

14 | 다음 중 피사계심도(depth of field)가 가장 얕은 조리개수치는 어느 것인가?

① f3.5
② f5.6
③ f8
④ f11

15 | 다음 피사계심도를 낮게 하기 위하여 조절한 것 중 틀린 것은?

① 조리개를 연다.
② 조리개수치를 낮은 수치로 옮긴다.
③ 렌즈에서 빛을 많이 받아들이도록 한다.
④ 셔터스피드를 느리게 한다.

16 | 피사계심도의 특성 중 심도가 깊게 되는 경우는?

① 피사체와 가까워질 때
② 망원렌즈를 사용할 때
③ 조리개를 조일 때
④ 이미지센서가 클 때

17 | 다음의 셔터스피드 중 흔들릴 가능성이 가장 적은 것은?

① 1/125초
② 1/60초
③ 1/30초
④ 1/15초

18 | 빛이 양이 부족한 곳에서 감도를 조절하려고 한다. 다음 중 맞는 설명은?

① ISO를 높인다.
② 셔터스피드를 빠르게 한다.
③ 조리개를 높은 수치로 이동한다.
④ 클로즈업(close-up)을 한다.

19 | 다음 중 백열등 아래에서 촬영 시 선택해야 할 화이트밸런스는?

① 

② 

③ 

④ 

20 | 다음의 렌즈에서 음식사진 촬영용으로 가장 적합한 렌즈는?

① 망원렌즈
② 어안렌즈
③ 광각렌즈
④ 표준렌즈

21 | 사람의 시각과 비슷한 표준렌즈의 초점거리는?

① 24mm
② 35mm
③ 50mm
④ 100mm

22 | 카메라의 촬영 모드 중 조리개수치를 선택하고 셔터스피드를 카메라가 자동으로 조절해 주는 촬영모드는?

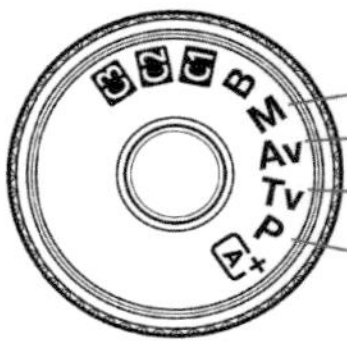

① M모드(manual exposure)
② AV모드(A모드, aperture-priority auto exposure)
③ TV모드(S모드, shutter-priority auto exposure)
④ P모드(programmed mode)

23 | 인공광 촬영 시 이용하는 촬영모드는?

① M모드(manual exposure)
② AV모드(A모드, aperture-priority auto exposure)
③ TV모드(S모드, shutter-priority auto exposure)
④ P모드(programmed mode)

24 | 자연광 아래에서 음식을 촬영하려고 한다. 꼭 필요한 도구가 아닌 것은?

① 반사판
② 삼각대
③ 카메라
④ 휴대용 노출계

25 | 실내에서 사진용 조명 없이 자연광으로 촬영하려고 한다. 맞는 것은?

① 촬영테이블을 창 가까이 둔다.
② 실내의 모든 등은 켜놓고 밝은 상태에서 촬영한다.
③ 반사판 없이 촬영한다.
④ 손으로 들고 촬영한다.

26 | 국물 있는 음식을 촬영하려고 한다. 다음 중 가장 일반적인 조명의 위치는?

① 순광
② 측광
③ 반역광
④ 정역광

FOOD Coordinator 자격증 취득을 위한 예상문제

6. 테이블 코디네이트

01 | 다음 중 감동이 있는 테이블 코디네이트의 정신으로 가장 적합한 것은 무엇입니까?

① 유머(humour)
② 우아함(elegance)
③ 호스피탈리티(hospitality)
④ 엔터테인먼트(entertainment)

02 | 식탁에 필요한 도구인 테이블웨어를 식탁 위에 차려놓는 것을 의미하는 것은 무엇입니까?

① 디너웨어 세팅
② 테이블 세팅
③ 린넨 세팅
④ 센터피스 세팅

03 | 식사를 할 때 사용되는 각종 그릇을 총칭하는 말로 식기 또는 차이나를 의미하는 용어는 무엇입니까?

① 디너웨어
② 피규어
③ 린넨
④ 센터피스

04 | 디너웨어의 재질에 따른 분류 중 진흙 속의 광물이 용해되지 않고 진흙의 질적 변화를 가져오는 온도인 섭씨 600~800℃ 정도에서 구워지는 그릇은 무엇입니까?

① 토기
② 석기
③ 도기
④ 자기

05 | 황소나 가축의 뼈를 태운 골회를 첨가하여 만든 식기로 격식 있는 식탁에서 많이 사용되는 것은 무엇입니까?

① 본차이나
② 석기
③ 도기
④ 자기

06 | 접시의 종류 중 메인 코스에 사용되며 세팅 시 1인의 중심 위치에 놓이며 메인요리, 스파게티, 스테이크, 전채요리, 샌드위치, 햄버거 등을 담는 데 사용되는 것은 무엇입니까?

① 서비스 접시
② 디너 접시
③ 런천 접시
④ 샐러드 접시

07 | 다음 중 맑은 수프를 담는 데 사용하며 양쪽에 손잡이가 있어 손잡이를 잡고 마시거나 스푼으로 조금씩 떠서 먹을 수 있도록 사용하는 것은 무엇입니까?

① 부이용 컵
② 시리얼 볼
③ 핑거 볼
④ 램킨

08 | 다음 중 격식 있는 식사 후에 나오는 에스프레소 등의 진한 커피를 마실 때 사용하는 컵은 무엇입니까?

① 브렉퍼스트 컵
② 티 컵
③ 커피 컵
④ 데미타스 컵

09 | 다음 중 익힌 야채요리를 내는 데 사용하는 뚜껑이 있는 서브용 식기는 무엇입니까?

① 서브용 볼
② 커버드 베지터블
③ 콤포트
④ 플래터

10 | 다음 중 디너웨어의 보관 방법이 잘못된 것은 무엇입니까?

① 같은 크기와 모양의 것을 쌓아두는 것이 좋으며 플레이트는 똑바로 세워서 보관하는 것이 좋다.
② 상회칠한 장식이 있는 디너웨어는 세척기를 사용하는 것이 더 좋다.
③ 금속장식이 있는 디너웨어는 전자레인지나 오븐에 사용하면 불꽃방전을 유발할 수 있어 사용을 피하도록 한다.
④ 디너웨어를 쌓아서 보관할 경우 종이타월이나 냅킨, 천조각 등을 사이사이에 끼워 보관하는 것이 좋다.

11 | 다음 중 디너웨어의 연출 시 잘못된 것은 무엇입니까?

① 격식 있는 상차림은 우아하고 세련된 연회의 형식이므로 품위 있는 자기 제품을 사용한다.
② 자기 같은 디너웨어는 은, 크리스털, 놋쇠, 칠기, 섬세한 직조의 린넨과 함께 연출하면 잘 어울린다.
③ 도기와 같은 거친 표면을 지닌 식기는 복고적인 전통미와 자연미를 강조하며, 나무 재질의 테이블이나 굵은 조직의 린넨과 잘 어울린다.
④ 격식 있는 상차림에서 크리스털이나 은제품, 자기 제품의 디너웨어는 너무 반짝여서 사용하기에 부적합하다.

12 | 서양의 취식도구로 플랫웨어라고도 하며 나이프, 스푼, 포크 등을 일컫는 용어는 무엇입니까?

① 테이블웨어
② 커틀러리
③ 글라스웨어
④ 린넨

13 | 서양의 대표적인 식사도구류 중 다른 도구에 비해 식탁 위에서 가장 늦게 사용된 것은 무엇입니까?

① 스푼
② 나이프
③ 포크
④ 젓가락

14 | 다음 중 메인 디시용으로 고기가 쉽게 잘리도록 날카로운 날을 지니고 있는 나이프는 무엇입니까?

① 테이블 나이프
② 생선 나이프
③ 디저트 나이프
④ 버터 스프레더

15 | 다음 공동 도구 중 설탕을 집고 들어 올리는 데 주로 사용되며 통감자, 롤, 페이스트리, 와플 같은 음식 서빙용으로 활용되는 것은 무엇입니까?

① 카빙나이프와 포크
② 서빙 스푼
③ 샌드위치 서버
④ 슈가 텅

16 | 다음 중 커틀러리의 선택요령 중 잘못된 것은 무엇입니까?

① 적당한 무게감과 균형이 중요하나 가벼울수록 손에 부담이 없어서 좋다.
② 전체적으로 포크의 날은 대칭을 이루며, 가장자리는 둥글고 모든 면이 빛나야 한다.
③ 손잡이의 폭이 적당하며, 쥐었을 때 손목을 내리 누르지 않아야 한다.
④ 폭이 적당히 넓고 핸들과 맞닿은 부분은 어색하지 않고 자연스러워야 한다.

17 | 커틀러리의 보관요령 중 잘못된 것은 무엇입니까?

① 햇빛이 잘 드는 따뜻한 곳은 변색을 가속화시키므로 피한다.
② 난방기구를 사용할 때 바깥의 공기가 들어오지 않게 할수록 변색을 막을 수 있다.
③ 은제품의 커틀러리는 변색 예방용 가방에 보관하면 관리하기 쉽다.
④ 습기를 잘 흡수하는 신문지로 은제품의 커틀러리를 싸서 보관하는 것은 옳지 않다.

18 | 커틀러리의 연출을 잘못 설명한 것은 무엇입니까?

① 조화로운 테이블 연출을 위해서는 커틀러리의 장식, 금속의 색, 질감이 식탁 위의 다른 디자인 요소와 잘 어울려야 한다.

② 부드럽게 휜 모양의 커틀러리는 둥근 형태의 식기와 일반적으로 잘 어울린다.
③ 단순한 식기와 글라스웨어는 장식성이 강한 커틀러리를 사용하여 강조하면 단순성을 상쇄할 수 있다.
④ 일반적으로 값이 저렴한 스테인리스 도금 커틀러리는 몸에 해로우므로 사용을 금한다.

19 | 글라스웨어의 설명 중 옳지 않은 것은 무엇입니까?

① 식사 중에 제공되는 음료용 글라스와 식전 식후에 제공되는 음료용 글라스로 나누어진다.
② 테이블용 글라스는 고블릿, 레드와인, 화이트와인, 샴페인 글라스, 텀블러 등이 있다.
③ 스템웨어 글라스는 볼, 스템, 베이스로 만들어진 것으로 마시기 위한 용기이다.
④ 샴페인 글라스 중 소서형은 파티에서 한 번에 많은 글라스를 운반하기에 적합하지 않다.

20 | 물이나 아이스티, 와인 등 차가운 음료를 서브하기 위하여 볼에 담긴 내용물이 데워지지 않고 차갑게 음료를 제공할 수 있게 해주는 글라스웨어의 명칭은 무엇입니까?

① 텀블러
② 스템웨어
③ 필스너
④ 저그

21 | 글라스웨어의 손질과 보관법으로 옳지 않은 것은 무엇입니까?

① 글라스웨어는 손이나 행주가 닿으면 뿌옇게 변하므로 항상 취급에 주의하여야 한다.
② 글라스웨어는 깨끗하게 닦기 위하여 철수세미로 닦은 후 그대로 말린다.
③ 장식이 있는 부분이 더러워졌을 때는 털로 된 브러시 등에 식초 또는 레몬과 소금 혼합물을 묻혀서 문지르면 깨끗하게 세척할 수 있다.
④ 글라스를 취급할 때 맨손으로 잡지 말고 글라스에 행주를 씌워 그 부분을 잡아서 닦아야 지문 등이 생기지 않는다.

22 | 다음 글라스웨어의 연출 중 잘못된 것은 무엇입니까?

① 격식을 갖춘 상차림에서 글라스웨어는 같은 디자인을 사용하도록 한다.
② 크리스털 잔은 광택으로 인해 격식 있는 상차림에는 어울리지 않는다.
③ 덜 투명한 유리잔은 유약을 바르지 않은 도기와 광택이 없는 커틀러리와 잘 어울린다.
④ 많은 수의 커틀러리가 놓인 식탁에서 다양한 높이의 글라스웨어의 사용은 시선을 산만하게 하므로 높이를 통일한다.

23 | 식사할 때 사용되는 각종 천류를 총칭하는 용어는 무엇입니까?

① 디어웨어
② 글라스웨어
③ 커틀러리
④ 린넨

24 | 고대 로마인들이 식사 시 사용한 천으로 거친 소재와 부드러운 소재의 양면으로 냅킨, 수건, 시트의 다목적 용으로 활용한 것은 무엇입니까?

① 수다리아
② 마프
③ 고사프
④ 마파

25 | 로마시대에 사용한 큰 천으로 누워서 먹는 음식으로부터 옷 등을 보호하기 위해 긴 의자의 끝 위에 펼친 것으로 연회에서 남은 음식을 싸가기도 하여 오늘날의 도기백(doggy bag)의 역할을 한 것은 무엇입니까?

① 수다리아
② 마프
③ 고사프
④ 마파

26 | 다음 중 린넨의 종류가 아닌 것은 무엇입니까?

① 테이블클로스
② 언더클로스
③ 플레이스 매트
④ 커틀러리

27 | 다음 중 테이블클로스 아래에 깔아 식기의 미끄럼을 방지할 수 있으며 여러 식기를 내려놓을 때 소음을 흡수하여 사일런스 클로스라고도 하는 것은 무엇입니까?

① 테이블클로스
② 언더클로스
③ 플레이스 매트
④ 러너

28 | 상차림에서 불규칙한 외관, 옆 좌석과의 분리감을 제공하는 것은 무엇입니까?
① 테이블클로스
② 언더클로스
③ 플레이스 매트
④ 러너

29 | 주로 접시 위나 겹쳐진 자기 또는 칠기 사이에 놓아 마찰이나 부딪치는 소리를 방지하는 역할을 하는 것은 무엇입니까?
① 테이블클로스
② 언더클로스
③ 플레이스 매트
④ 도일리

30 | 다음 중 린넨의 보관 시 잘못된 방법은 무엇입니까?
① 장기간 보관 시는 테이블클로스의 폭과 같은 길이의 원통모양의 보관용 막대에 말아서 보관한다.
② 테이블클로스를 반으로 접어서 더 짧은 원통을 사용할 수도 있다.
③ 테이블클로스를 다림질할 때는 다림질하는 동안 원단이 더러워지지 않도록 바닥에 시트를 깔아둔다.
④ 잘 사용하지 않는 린넨은 주름지는 것을 막기 위해 세탁 후 다림질을 잘하여 보관한다.

31 | 다음 중 테이블클로스의 연출 시 잘못된 점은 무엇입니까?
① 테이블클로스의 늘어뜨린 부분의 치수는 식탁의 크기와 원단의 무게에 따라 다르다.
② 일반적으로 크기가 큰 식탁은 길게 늘어뜨리고, 작은 식탁은 짧게 늘어뜨린다.
③ 길게 늘어뜨린 모양은 식탁의 외관을 작게 보이게 하고, 짧게 늘어뜨린 모양은 빈약하게 보이게 할 수 있다.
④ 작은 식탁에서 제공되는 약식 정찬의 경우 테이블클로스의 길이는 반드시 길어야 한다.

32 | 다음 중 냅킨 연출 시 잘못된 점은 무엇입니까?
① 냅킨의 목적은 입과 손을 닦는 데 사용 되므로 반드시 위생적이어야 한다.
② 냅킨은 아름답게 연출하여야 하므로 복잡한 디자인으로 많이 접을수록 좋다.
③ 대부분의 냅킨은 정사각형 모양이며 크기가 클수록 정찬용이다.
④ 칵테일용 냅킨은 작은 크기를 주로 사용하며 전채 요리 접시 아래에 깔거나 칵테일 유리잔 주위에 두르기도 한다.

33 | 다음 중 올바른 린넨의 연출법이 아닌 것은 무엇입니까?
① 올바른 테이블클로스의 연출은 디너웨어와 실내장식의 주된 색깔, 무늬, 직조 크기를 강조한다.
② 테이블클로스의 시각적인 중량은 방의 비율과 관계가 있다.
③ 테이블클로스의 색채는 테이블웨어를 변화시키고 상차림의 분위기를 바꿀 수 있다.
④ 테이블클로스의 직조 크기는 클수록 격식 있는 상차림을 표현한다.

34 | 다음 테이블클로스의 연출 중 개성을 표현하는 디자인 요소는 무엇입니까?
① 탁월성
② 시각적인 중량
③ 색채
④ 조직

35 | 다음 센터피스의 설명으로 옳지 않은 것은 무엇입니까?
① 테이블 중앙에 장식하는 물건이나 꽃을 총칭한다.
② 계절의 느낌이나 대화의 소재를 제공할 수 있다.
③ 일반적으로 테이블의 1/9을 넘지 않는 범위에서 연출한다.
④ 상대방의 얼굴이 가려지는 높이는 우아함을 표현할 수 있어 선호된다.

36 | 14세기경 궁에서 처음 사용한 선박 모양의 용기로 당시에는 소금을 넣는 통으로 사용했으며, 후에 향신료 등을 넣어 자물쇠로 채워두던 소품류는 무엇입니까?
① 네프(nef)
② 피규어(figure)
③ 레스트(rest)
④ 캔들(candle)

37 | 손님이 앉아야 될 자리를 정할 때 사용하는 소품류로 다양한 소재와 디자인으로 장식적인 재미를 표현할 수 있는 소품류는 무엇입니까?

① 냅킨 링(napkin ring)
② 피규어(figure)
③ 레스트(rest)
④ 네임카드와 네임카드 스탠드(name card & name card stand)

38 | 다음 중 커틀러리를 세팅할 때 사용되는 도구로 일반적으로 캐주얼한 테이블 세팅에 사용하는 소품류는 무엇입니까?

① 냅킨 링(napkin ring)
② 피규어(figure)
③ 레스트(rest)
④ 캔들(candle)

39 | 테이블에서 테이블클로스의 사방에 무게 있는 장식품을 사용하여 움직이는 것과 바람에 날리는 것을 방지하기 위해 사용하는 소품류는 무엇입니까?

① 냅킨 링(napkin ring)
② 피규어(figure)
③ 레스트(rest)
④ 클로스 웨이트(cloth weight)

40 | 다음 중 식사의 화제성이나 계절감을 표현하여 식탁에서의 대화를 자연스럽게 유도하여 손님과 호스트 사이에서 대화의 소재를 만드는 장식물은 무엇입니까?

① 냅킨 링(napkin ring)
② 피규어(figure)
③ 레스트(rest)
④ 클로스 웨이트(cloth weight)

41 | 서양의 식탁에서 식사의 시작을 알리는 의미로 사용되었으며, 오늘날은 음식의 냄새를 제거하여 향기를 제공하며 부드러운 분위기를 연출하는 데 필요한 소품으로 알맞은 것은 무엇입니까?

① 냅킨 링(napkin ring)
② 피규어(figure)
③ 레스트(rest)
④ 캔들(candle)

42 | 다음 중 식탁화 연출에서 아우트라인을 꾸며 어레인지먼트의 바깥 선을 강조하여 보는 사람의 시선을 중심으로 이끌어 가는 역할을 하는 꽃을 무엇이라고 합니까?

① 라인 플라워(line flower)
② 매스 플라워(mass flower)
③ 필러 플라워(filler flower)
④ 폼 플라워(form flower)

43 | 식탁화 연출에서 카네이션이나 장미처럼 둥글고 덩어리져 있어 어레인지먼트의 중심을 이루는 꽃의 형태를 무엇이라고 합니까?

① 라인 플라워(line flower)
② 매스 플라워(mass flower)
③ 필러 플라워(filler flower)
④ 폼 플라워(form flower)

44 | 하나의 줄기에 많은 작은 줄기가 달려 꽃과 꽃을 연결하며, 전체적인 이미지를 부드럽게 하는 역할을 하는 꽃을 무엇이라고 합니까?

① 라인 플라워(line flower)
② 매스 플라워(mass flower)
③ 필러 플라워(filler flower)
④ 폼 플라워(form flower)

45 | 호접란이나 백합처럼 꽃의 형태가 개성적이며 다른 형태의 꽃보다 돋보이게 꽂아 역동적인 느낌을 주는 꽃의 형태를 무엇이라고 합니까?

① 라인 플라워(line flower)
② 매스 플라워(mass flower)
③ 필러 플라워(filler flower)
④ 폼 플라워(form flower)

46 | 다음에 들어갈 적합한 식탁화의 기본 스타일을 찾아 번호를 쓰시오?

> 식탁화의 기본 스타일 중 볼을 반으로 자른 형태로 귀여운 느낌을 표현할 수 있다.

① 돔형(dome style)
② 다이아몬드형(diamond style)
③ 프론트 페이싱형(front facing style)
④ 호리존털형(horizontal style)

47 | 다음에 들어갈 적합한 식탁화의 기본 스타일을 찾아 번호를 쓰시오?

> 식탁화의 기본 스타일 중 어떤 각도에서 보아도 다이아몬드의 형태를 가지고 있으며, 특히 측면은 부채꼴이 되도록 꽂는다.

① 돔형(dome style)
② 다이아몬드형(diamond style)
③ 프론트 페이싱형(front facing style)
④ 호리존털형(horizontal style)

48 | 아래의 설명에 해당하는 것은 무엇입니까?

> 식탁화의 기본 스타일의 하나로 옆으로 퍼지는 형태로 똑바른 줄기를 직선으로 꽂는 스타일이며 개성적인 테이블 위를 장식하는 데 최적의 형태이다.

① 돔형(dome style)
② 다이아몬드형(diamond style)
③ 프론트 페이싱형(front facing style)
④ 호리존털형(horizontal style)

49 | 다음 중 센터피스의 종류가 아닌 것은 무엇입니까?

① 생화
② 촛대
③ 피규어
④ 장식용 냅킨

50 | 로마 시대 식공간에 대한 설명으로 올바르지 않은 것은 무엇입니까?

① 상류층은 가족끼리 식사할 때 세나티오라는 방을 이용하였다.
② 트리클리니움에서 파티를 즐겼다.
③ 식사 시 커다란 테이블 주변에 의자를 'U' 자 형태로 배치하였다.
④ 왕족과 귀족은 금 · 은 · 유리 · 도기 그릇으로 식사하였다.

51 | 다음 그림 중 로마 시대의 식사 모습을 나타낸 것은 무엇입니까?

①

②

③

④

52 | 그리스 시대의 식문화에 대한 설명으로 맞는 것은 무엇입니까?

① 식사를 위한 테이블 주변에 침대를 'U' 자 형으로 배치하였다.
② 여성들이 향연에 참석할 수 있었다.
③ 포크, 나이프를 이용하여 식사하는 모습을 자주 볼 수 있다.
④ 포도주는 물과 섞어 마셨고, 주로 킬릭스라는 식기를 사용하였다.

53 | 중세 식공간에 대한 내용으로 바르지 않은 것은 무엇입니까?

① 테이블은 식사 때마다 조립하여 사용하였다.
② 상류계급은 호화로운 식사도구와 화려한 식탁 장식으로 부를 과시하였다.
③ 통밀가루나 호밀로 만든 빵을 숙성시켜 만든 트렌처를 식기로 사용하였다.
④ 식탁에서 개인 접시를 사용하는 것이 일반화되었다.

54 | 다음에서 설명하고 있는 유럽의 시대는 언제입니까?

> • 인문주의가 탄생하고 인간성을 중시하고 감정과 욕망을 추구하고자 하였다.
> • 이탈리아 메디치가의 카트린느 드 메디치에 의해 이탈리아 식문화가 프랑스에 전해졌다.
> • 고대 그리스와 로마 시대의 신화를 배경으로 한 이스토리아토(istoriato) 양식의 접시를 사용하였다.

① 바로크 시대
② 르네상스 시대
③ 빅토리아 시대
④ 아르누보 시대

55 | 바로크 시대 루이 14세 연회의 특징으로 알맞은 것은 무엇입니까?

① 여성 중심의 연회가 진행되었다.
② 주로 살롱에서 진행되었으며 정치와 문학, 철학을 논하는 형태였다.
③ 왕이 주최하는 공적인 회식의 경우 일반 평민도 구경할 수 있는 공개회식을 즐겼다.
④ 클리네(kline)와 트라페자(trapeza)를 이용하여 누워서 식사하였다.

56 | 바로크 스타일의 주요 모티브가 아닌 것은 무엇입니까?

① 아칸서스(acanthus)
② 지구라트(ziggurat)
③ 스와그(swag)
④ 페디먼트(pediment)

57 | 바로크 시대에 새롭게 등장한 음료가 아닌 것은 무엇입니까?

① 차 ② 커피
③ 초콜릿 ④ 맥주

58 | 로코코 시대 마담 퐁파두르에 의해 제품화되고 발전된 도자기는 무엇입니까?

① 세브르 자기
② 마이센 자기
③ 마욜리카
④ 델프트

59 | 로코코 양식에 대한 설명으로 올바르지 못한 것은 무엇입니까?

① 알파벳 'C' 나 'S' 에 비유되는 곡선이 유행하였다.
② 우아하고 경쾌하며 곡선적인 형태가 주를 이루었다.
③ 여성적이고 감각적인 디자인을 선호하였다.
④ 완벽한 대칭성이 디자인의 기본이었다.

60 | 바로크, 로코코에 대항하여 고전의 부활을 추구하고자 이집트, 그리스, 로마 양식에 대한 관심으로 나타난 양식은 무엇입니까?

① 르네상스
② 아르누보
③ 신고전주의
④ 모더니즘

61 | 다음의 식공간 특징을 나타내는 시기는 언제입니까?

- 블랙 바솔트와 재스프 웨어는 그리스와 로마의 벽장식의 색상이나 문양을 모방했다.
- 커틀러리에 금 · 은 등의 소재가 사용되었고, 정리를 위한 보관용 함이 나타났다.
- 은 또는 자기로 만들어진 센터피스가 식탁 중심에 놓였다.

① 그리스
② 로코코
③ 아르데코
④ 신고전주의

62 | 빅토리아 시대의 식공간에 대한 설명으로 올바르지 않는 것은 무엇입니까?

① 산업혁명에 의한 대량생산으로 인해 질적인 면보다 양적인 면이 강조되었다.
② 영국인에 의해 최초로 유리가 발견되었다.
③ 동물의 뼈를 태운 재를 넣어 만든 본차이나를 개발하였다.
④ 디너웨어 디자인으로 고딕, 르네상스, 고전주의 양식이 부활하였다.

63 | 다음 그림과 같이 자연에서 온 늘어지는 형태가 많이 나타나는 디자인이 주로 유행하였던 시기는 언제입니까?

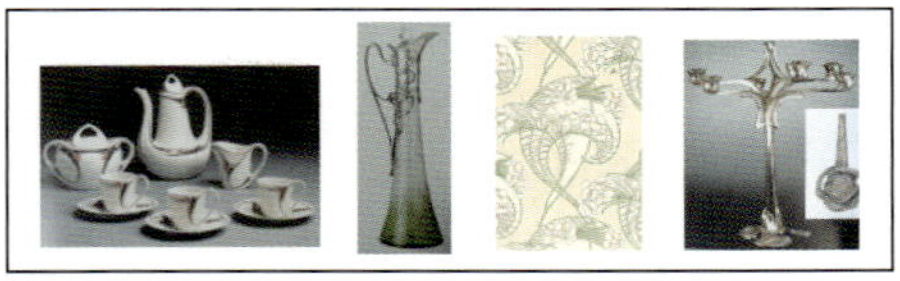

① 바로크
② 아르누보
③ 아르데코
④ 모더니즘

64 | 아르누보 시대에 사용된 직물의 특징이 아닌 것은 무엇입니까?

① 대담한 기하학적 모티브, 동양의 에스닉 모티브가 특징이다.
② 레이스, 쉬폰, 오간디 등 부드럽고 얇게 비치는 직물을 애호하였다.
③ 직물 패턴 디자인은 꽃을 주제로 한 경우가 많았다.
④ 직물 디자인 분야의 선구자는 윌리엄 모리스였다.

65 | 아르데코 시대에 주로 유행하였던 무늬는 무엇입니까?

① 당초 무늬
② 지그재그 무늬
③ 식물 무늬
④ 난형(卵形) 무늬

66 | 다음의 식공간 특징을 지닌 시기는 언제입니까?

- 꽃무늬 패턴이 식기 표면에 전체적으로 전사되기도 하였다.
- 그릇의 가장자리에 색 라인을 넣거나 추상적이고 기하학적인 패턴이 이용되었다.
- 커피잔의 손잡이 부분을 삼각형으로 만들기도 하였다.
- 지그재그, 지구라트, 선버스트 등의 모티브가 사용되었다.

① 르네상스
② 빅토리아
③ 아르누보
④ 아르데코

67 | 모던 식공간의 특징이 아닌 것은 무엇입니까?

① 단순성을 추구한다.
② 풍요로움, 웅장함을 나타낸다.
③ 사각형, 삼각형, 원, 직선 등의 요소를 활용한다.
④ 장식을 최소화하는 미니멀 스타일이 유행하였다.

68 | 한식 상차림에서 첩수에 대한 올바른 설명은 무엇입니까?

① 김치의 가짓수
② 쟁첩에 담긴 반찬의 수
③ 간장의 가짓수
⑤ 상에 올려진 그릇의 수

69 | 한식의 주식에 따른 상차림 분류가 아닌 것은 무엇입니까?

① 반상
② 면상
③ 제사상
④ 죽상

70 | 한식 상차림에서 첩수에 들지 않는 기본 음식이 아닌 것은 무엇입니까?

① 구이
② 탕
③ 찜
④ 찌개

71 | 전통 한식 상차림에서 겨울철에 보온을 위해 주로 사용했던 반상기는 무엇입니까?

① 청자 반상기
② 백자 반상기
③ 유리 반상기
④ 유기 반상기

72 | 한식 상차림에 대한 설명으로 틀린 것은 무엇입니까?

① 주안상은 술을 대접하기 위해 차리는 상이다.
② 반상은 국수나, 만두, 떡국으로 차리는 상이다.
③ 교자상은 집안에 큰 경사가 있을 때 차리는 상이다.
④ 다과상은 각색편, 유밀과, 화채, 차 등을 고루 차린다.

73 | 한식의 죽 상차림에 대한 설명으로 틀린 것은 무엇입니까?

① 죽, 응이, 미음 등의 유동식을 주로 차리는 상이다.
② 젓국이나 소금으로 간을 한 맑은 조치를 올린다.
③ 북어무침, 매듭자반 등의 마른 반찬을 올린다.
④ 김치 종류로는 배추김치를 올린다.

74 | 다음 그림 중 5첩 반상차림에 해당하는 것은 무엇입니까?

①

②
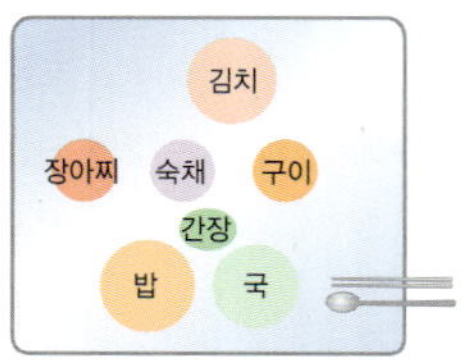

③
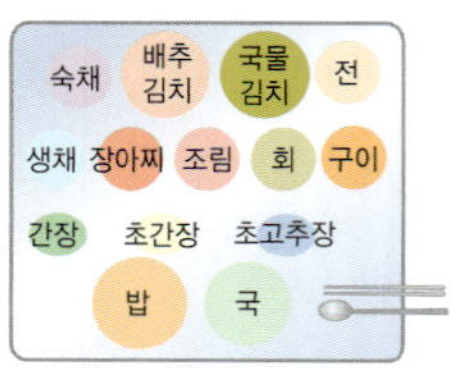

④
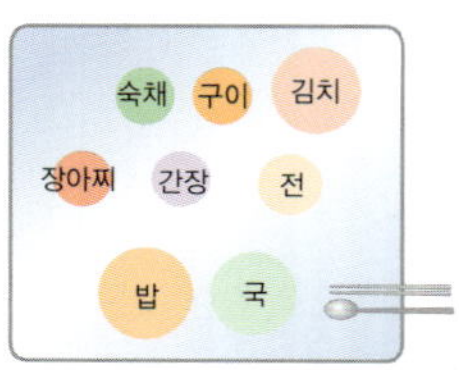

75 | 반상차림에 대한 설명으로 틀린 것은 무엇입니까?

① 독상차림이 기본이다.
② 뜨거운 음식과 국물 있는 음식은 오른편에 놓는다.
③ 찬 음식과 마른 반찬은 왼편에 놓는다.
④ 한 상에 올라가는 그릇의 재질은 모두 다르게 한다.

76 | 다음 중 장국 상차림에 들지 않는 것은 무엇입니까?

① 면상
② 주안상
③ 떡국상
④ 만두상

77 | 큰상에 음식을 높게 고인 형태의 상을 무엇이라 합니까?

① 면상
② 고배상
③ 혼백상
④ 다과상

78 | 다음 중 교자상에 대한 설명으로 가장 알맞은 것은 무엇입니까?

① 집안에 경사가 있을 때 큰상에 차려 여러 사람이 함께 둘러앉아 먹는 상이다.
② 술을 접대하기 위해 차리는 상이다.
③ 점심에 간단한 식사를 위해 만두, 떡국을 주로 차리는 상이다.
④ 밥을 주로 하여 반찬과 함께 차리는 상이다.

79 | 혼례에서 신부가 시부모님과 친척에게 인사할 때 준비하는 음식은 무엇입니까?

① 봉치떡
② 편육
③ 백설기
④ 폐백음식

80 | 돌상에 놓이는 물건과 그 의미가 바르게 짝 지어진 것은 무엇입니까?

① 활, 화살 : 문인으로 크게 성장한다.
② 국수 : 재물을 모아 부자가 된다.
③ 대추 : 자손이 번창한다.
④ 쌀 : 수명이 길다.

81 | 아이가 출생한 후 7일마다 차리는 상은 무엇입니까?

① 칠일상
② 백일상
③ 돌상
④ 혼례상

82 | 제사상 진설법에 대한 설명으로 맞는 것은 무엇입니까?

① 홍동백서 : 홍어는 동쪽, 백설기는 서쪽에 놓는다.
② 어동육서 : 오징어는 동쪽, 육수는 서쪽에 놓는다.
③ 건좌습우 : 마른 것은 왼쪽, 습한 것은 오른쪽에 놓는다.
④ 좌포우혜 : 포도는 왼쪽, 식혜는 오른쪽에 놓는다.

83 | 조선시대 임금의 상차림에 대한 설명으로 틀린 것은 무엇입니까?

① 주식을 위한 상은 수라상이다.
② 12첩으로 차려졌다.
③ 상은 주칠원반을 주로 사용하였다.
④ 평상시에도 고배상으로 된 반상이다.

84 | 한식 식사예절에 대한 설명으로 틀린 것은 무엇입니까?

① 좌석의 위치는 어른이나 손님이 상석에 앉는다.
② 수저가 그릇에 부딪쳐서 소리가 나지 않도록 한다.
③ 양념을 털어내지 않고 먹는다.
④ 밥그릇이나 국그릇을 들고 먹는다.

85 | 중국 상차림에 대한 설명으로 틀린 것은 무엇입니까?

① 8인용 식탁이 기본으로, 주로 원형을 많이 사용한다.
② 항상 숟가락을 사용한다.
③ 중국 음식은 보통 짝수로 가짓수를 맞춘다.
④ 간장, 라유, 식초가 담긴 조미료 병을 놓는다.

86 | 중국 상차림에서 다음 식기에 주로 담을 수 있는 음식은 무엇입니까?

① 딤섬, 만두　　② 냉채
③ 자장면　　④ 죽

87 | 중국 상차림에서 국물 있는 요리를 먹을 때 사용되는 숟가락의 명칭은 무엇입니까?

① 차쭝
② 라이쯔
③ 콰이쯔
④ 렝게

88 | 중국 상차림에서 테이블 위에 놓이는 조미료가 아닌 것은 무엇입니까?

① 간장
② 후추
③ 라유
④ 식초

89 | 다음의 중국 상차림에서 다음 그림의 식기에 담을 수 있는 것은 무엇입니까?

① 간장
② 춘장
③ 차
④ 술

90 | 다음에서 중국요리의 기본 세팅에 해당하는 것은 무엇입니까?

① 
② 
③ 
④ 

91 | 일본의 불교 의식에 따른 식사로 수행 중인 승려를 위해 동물성 식품이 들어가지 않는 요리는 무엇입니까?

① 카이세키(會席) 요리
② 쇼진(精進) 요리
③ 후차(普茶) 요리
④ 싯포쿠 요리

92 | 일본 상차림의 일반적인 특징이 아닌 것은 무엇입니까?

① 숟가락 없이 젓가락만 사용한다.
② 식기는 형태가 각양각색이다.
③ 한국보다 상의 높이가 낮다.
④ 숟가락은 밥을 먹을 때만 사용한다.

93 | 오시보리 바코(お絞りばこ)에 대한 설명 중 틀린 것은 무엇입니까?

① 물수건을 담는 용기이다.
② 겨울에는 따뜻한 느낌의 토기류를 사용한다.

③ 여름에는 아이스박스를 사용한다.
④ 물수건보다 사이즈가 조금 크다.

94 | 일본에서 경사스러운 날 차리는 상차림에서 주로 사용하지 않는 색상은 무엇입니까?

① 금색
② 은색
③ 홍색
④ 검은색

95 | 클래식 스타일의 테이블 연출에 대한 설명으로 맞는 것은 무엇입니까?

① 유백색의 디너웨어나 명품의 본차이나를 이용하여 연출한다.
② 냅킨 링을 사용한다.
③ 화려한 원색을 주조색으로 하여 연출한다.
④ 테이블클로스는 반드시 깔아야 한다.

96 | 다음 중 클래식 스타일 연출이 가장 적합한 경우는 어느 것입니까?

① 인도, 베트남, 태국 등의 음식을 주로 하는 토속 레스토랑
② 패스트푸드점이나 패밀리 레스토랑
③ 최고급 코스 요리를 곁들인 정식의 만찬 상차림
④ 어린이를 위한 생일 상차림

97 | 다음에서 설명하고 있는 내용을 나타내는 스타일은 무엇입니까?

> • 기품 있는 우아미로 세련된 여성을 연상시킨다.
> • 보라 계열의 색을 주로 사용한다.
> • 어머니의 생신 상차림이나 부드럽고 섬세한 감각을 가진 30대 이후의 여성층을 대상으로 하는 레스토랑에 어울린다.

① 캐주얼 스타일
② 내추럴 스타일
③ 모던 스타일
④ 엘레강스 스타일

98 | 엘레강스 스타일 연출에 어울리지 않는 소품은 무엇입니까?

① 고급스러운 도자기 인형
② 돌과 나무를 이용한 디자인의 촛대
③ 은제품의 소금, 후추통
④ 진주를 이용한 소품

99 | 엘레강스 스타일 연출을 위한 린넨의 선택으로 적합하지 않는 것은 무엇입니까?

① 기하학적 무늬나 다양한 스트라이프가 있는 것을 선택한다.
② 흰색을 기본으로 파스텔 톤의 컬러로 선택한다.
③ 레이스 자수 등 우아하고 고급스러운 제품을 선택한다.
④ 테이블클로스와 냅킨은 동색 계열로 맞춘다.

100 | 캐주얼 스타일 연출에 적합한 식기 선택으로 가장 적합한 것은 무엇입니까?

① 금색 테두리의 본차이나
② 명품의 본차이나
③ 원색의 화려한 스톤웨어
④ 테두리가 곡선으로 장식된 크림웨어

101 | 야외 상차림, 어린이 생일파티에 가장 잘 어울리는 스타일로 알맞은 것은 무엇입니까?

① 클래식 스타일
② 젠 스타일
③ 엘레강스 스타일
④ 캐주얼 스타일

102 | 비비드 컬러를 주조색으로 한 캐주얼 스타일에 가장 잘 어울리는 꽃은 무엇입니까?

① 빨간색의 거베라
② 흰색의 카라
③ 연분홍색의 장미
④ 연분홍색의 호접란

103 | '현대적인', '새로운', '최신의'로 표현되며 도회적인 감성, 하이테크한 분위기를 연출하기에 가장 어울리는 스타일은 무엇입니까?

① 클래식 스타일
② 모던 스타일
③ 에스닉 스타일
④ 내추럴 스타일

104 | 모던 스타일 연출에 어울리지 않는 식기는 무엇입니까?

① 스테인리스 스틸의 식기
② 사각 모양의 식기
③ 꽃, 새 등의 패턴이 있는 식기
④ 기하학 패턴이 있는 식기

105 | 베트남, 태국, 인도, 멕시코 등지의 전통요리 상차림을 연출하기에 적합한 스타일은 무엇입니까?

① 모던 스타일
② 에스닉 스타일
③ 클래식 스타일
④ 엘레강스 스타일

106 | 에스닉 스타일을 연출하기 위한 내용으로 어울리지 않는 것은 무엇입니까?

① 조개류, 나무, 대나무 등을 모티브로 한 젓가락이나 스푼
② 커다란 잎사귀, 나무, 왕골 소품
③ 세트 제품의 본차이나
④ 강렬한 색이 인상적인 유리잔

107 | 젠 스타일을 위한 공간연출로 조화롭지 않은 것은 무엇입니까?

① 바닥에 앉는 좌석 배치
② 간결하고 여백을 강조하는 벽면
③ 흑색, 밤색, 카키색을 이용한 바닥
④ 장식성이 뛰어난 조명기구

108 | 불교 용어인 '선(禪)'의 일본식 발음으로 조용히 생각하는 것을 뜻하며, '명상', '절제', '정갈함', '고요함'으로 표현되는 스타일은 무엇입니까?

① 젠 스타일
② 내추럴 스타일
③ 캐주얼 스타일
④ 클래식 스타일

109 | 내추럴 스타일의 테이블 연출에 적합하지 않는 것은 무엇입니까?

① 브라운, 베이지 계열의 색채를 이용한 테이블클로스
② 나무, 대나무 소재의 커틀러리
③ 스테인리스 스틸의 식기
④ 돌과 나무를 이용한 다양한 디자인의 촛대

110 | 유기농 식재료를 이용하여 자연주의를 강조하는 음식점의 연출에 일반적으로 어울리지 않는 것은 무엇입니까?

① 직선의 선을 강조한 은 커틀러리
② 소박한 도자기, 자연을 모티브로 한 식기
③ 마, 면 소재로 만든 테이블클로스
④ 베이지, 아이보리, 그린 계열을 중심으로 한 벽지

111 | 내추럴 스타일의 테이블 연출에 가장 잘 어울리는 색상은?

① 흑백의 모노톤 계열
② 선명하고 화려한 비비드 계열
③ 적자색, 보라색 계열
④ 베이지, 브라운, 그린 계열

FOOD Coordinator 자격증 취득을 위한 **예상문제**

7. 파티 플래닝

01 | 파티문화가 확산된 배경이 아닌 것은 무엇입니까?

① 1인당 경제소득의 증가
② 주 5일 근무의 확대
③ 개인의 라이프스타일이 중요
④ 유학파들의 파티산업 참여 확대

02 | 파티시장의 시대적 발달로 맞지 않는 것은 무엇입니까?

① 1990년대 후반 클럽파티의 확산
② 1990년대 초반 압구정동 오렌지족의 등장
③ 2000년대 초반 푸드코디네이터 운영 파티업체 증가
④ 파티공간 대여 멀티 레스토랑의 등장

03 | 최근 기업의 새로운 마케팅 방식으로 각광받는 문화코드는 무엇입니까?

① 멀티 레스토랑
② 파티
③ 자선 바자회
④ 음악회

04 | 파티의 개념에 맞지 않는 것은 무엇입니까?

① 개인의 친목도모
② 기념일 축하
③ 사교적 모임
④ 종교단체의 모임

05 | 오늘날 파티의 새로운 개념은 무엇입니까?

① 새로운 사람과의 만남을 통한 관계형성
② 귀족층의 전유물
③ 여성들만의 사교모임
④ 국가 광고, 홍보의 키워드

06 | 다음 중 파티의 어원으로 틀린 것은 무엇입니까?

① 중세어 'partie' 에서 파생
② '눈을 크게 뜨다', '깜짝 놀라다' 의 뜻
③ 고대 그리스, 로마의 정치적 목적의 정당을 뜻함
④ 향연을 뜻함

07 | 파티에 대한 설명으로 맞지 않는 것은 무엇입니까?

① 목적과 시간대에 따라 차별화된다.
② 특정 단체나 기업의 이익을 만들 수 있다.
③ 사적인 성격의 파티와 공적인 성격의 파티로 나뉜다.
④ 특권층의 전유 문화이다

08 | 파티플래너가 하는 일의 영역이 아닌 것은 무엇입니까?

① 파티기획
② 파티장식
③ 파티홍보
④ 예산편성

09 | 파티플래너에게 필요한 자세가 아닌 것은 무엇입니까?

① 창의적 사고
② 요리, 플라워 등을 아우르는 감각과 안목
③ 문제해결 능력을 갖춘 순발력
④ 파티의 수익관리 능력

10 | 서양의 파티 역사 중 맞지 않는 것은 무엇입니까?

① 로마 시대에는 남성중심의 연회가 발달
② 중세 후기에도 과도한 음식장식에 치중
③ 바로크 시대에는 파티의 음악에 관심이 높음
④ 17C 이후에는 살롱에서 여성중심의 귀족파티 성행

11 | 서양의 파티역사 중 고대(기원전~로마)에 해당하는 설명으로 맞는 것은 무엇입니까?

① 각 부족 간의 체육축전
② 미학적 경험을 중시한 사회적 의식
③ 파티 참가자들의 의상과 머리 모양이 관심사
④ 여성 중심의 연회

12 | 로마 시대의 파티에 대한 설명으로 틀린 것은 무엇입니까?

① 콜로세움에서 싸움을 보면서 즐기는 연회
② 무희들의 퍼포먼스 중심 연회
③ 황금과 장미꽃잎으로 장식한 식탁
④ 시저의 개선식을 위한 성대한 연회

13 | 18세기 이후 파티의 특성에 맞지 않는 것은 무엇입니까?

① 여전히 귀족층만을 위한 파티가 성행하였다.
② 디너파티가 등장하였다.
③ 가면무도회 등의 다양한 형식의 파티가 선보였다.
④ 대중적인 친교의 모임으로 확산되었다.

14 | 다음 중 중세 시대 과도한 음식장식을 뜻하는 용어는 무엇입니까?

① 카나페
② 일루전 푸드
③ 팝아트
④ 앙트르메 퍼포먼스

15 | 서양 연회에서 1400년경 진행된 파티에 선보인 앙트르메 퍼포먼스는 무엇입니까?

① 무희와 마술
② 칵테일 쇼
③ 시 낭독
④ 사자 쇼

16 | 한국의 연회 역사에서 서양의 파티와 같은 축제에 대한 설명으로 맞지 않는 것은 무엇입니까?

① 경사에 손님을 초대하여 음식 대접
② 왕과 귀족들만의 성대한 향연
③ 덕담을 나누고 가무를 즐기는 풍속
④ 공동체 제천의식

17 | 다음 중 한국의 축제의 기원이 아닌 것은 무엇입니까?

① 부여의 영고
② 고구려 동맹
③ 예의 무천
④ 삼국의 산악

18 | 신라시대 연회정신이 된 것은 무엇입니까?

① 풍류, 풍월
② 풍수
③ 백희
④ 춘, 추

19 | 고려시대에 행해진 불교와 연관된 연회행사는 무엇입니까?

① 중국사신 영접행사
② 사대부가 혼인잔치
③ 팔관회
④ 삼일유가

20 | 조선시대 행해진 궁중연회가 아닌 것은 무엇입니까?

① 기로연
② 수연례
③ 산유
④ 회례연

21 | Personal party의 사례가 아닌 것은 무엇입니까?

① 웨딩샤워
② 화장품 론칭파티
③ 돌잔치
④ 약혼파티

22 | Public party의 사례가 아닌 것은 무엇입니까?

① 리마인드 웨딩 파티
② 백화점 VIP고객 초대 파티
③ 건설사 커뮤니티 파티
④ 영화제 시사회 파티

23 | 다음 중 베이비 샤워 파티의 의미가 아닌 것은 무엇입니까?

① 출산 후 아들을 낳은 것을 축하해 주는 파티
② 출산 전 임신을 축하하고 육아에 필요한 물건을 선물해주는 파티
③ 출산 전 우울함과 두려움을 잊고 즐겁게 축복해주는 모임
④ 우정이 비처럼 쏟아지는 친구들의 축하

24 | 리마인딩 파티를 위해 꼭 필요한 아이템이 아닌 것은 무엇입니까?

① 과거 결혼식 사진
② 결혼 햇수를 뜻하는 보석선물
③ 서로를 격려해주는 편지
④ 결혼 당시의 증인 및 친구

25 | 다음 중 세계적으로 즐기는 대표적인 시즌 파티가 된 것은 무엇입니까?

① 부활절 파티
② 회갑연
③ 크리스마스 파티
④ 애프터눈 티파티

26 | 할로윈 파티에 대한 설명이 아닌 것은 무엇입니까?

① 처음부터 미국인들의 축제였다.
② 그리스도교의 전파와 함께 확산되었다.
③ 10월 31일에 행해진다.
④ 박쥐의상, 마녀, 유령 마스크를 이용한 가면파티를 한다.

27 | 할로윈 파티의 데커레이션 아이템으로 적당치 않은 것은 무엇입니까?

① 박쥐 의상
② 사탕과 초콜릿 바구니
③ 호박등
④ 팥죽

28 | 리셉션 파티에 대한 설명이 맞는 것은 무엇입니까?

① 음식 서비스를 직원이 직접 한다.
② 가장 의식적인 풀코스 연회이다.
③ 국가적 행사나 공공기관, 회사가 목적을 가지고 베푸는 공식파티이다.
④ 음료와 주류, 오드되브르가 메인 음식이 되는 파티이다.

29 | 칵테일 파티에 대한 설명으로 맞지 않는 것은 무엇입니까?

① 음식을 참가자가 준비하여 가져온다
② 주류와 음료를 중심으로 오드되브르를 곁들이며 스탠딩으로 진행한다
③ 격식없고 자유로운 스타일의 파티이다
④ 저녁 시간에 이루어진다.

30 | 포틀럭 파티의 B.Y.O.는 무슨 뜻입니까?

① bring your orange
② bring your organic
③ bring your own
④ bring your food

31 | 애프터눈 티파티에 대한 설명 중 틀린 것은 무엇입니까?

① 18C 영국의 공작부인에 의해 시작
② 오후 4~6시에 열리는 간단한 뷔페파티
③ 여성 중심의 Elegant Style의 파티
④ 정원에서도 가능

32 | 애프터눈 티파티에 사용되는 도구가 아닌 것은 무엇입니까?

① 삼단 스탠드
② 케이크서버
③ tea pot
④ 와인잔

33 | 다음 중 여성을 위한 애프터눈 티파티를 위한 데커레이션 스타일로 적당한 것은 무엇입니까?

① Elegant Style
② Modern Style
③ Classic Style
④ Casual Style

34 | 파티의 기획 시 고려할 구성요소 5W1H가 아닌 것은 무엇입니까?

① How
② Where
③ When
④ Money

35 | 파티기획 단계의 순서에 들어가지 않는 것은 무엇입니까?

① 트렌드 시장조사
② 클라이언트 미팅
③ 하청업체와의 친목도모
④ 아이디어 발상을 위한 영화감상

36 | 파티기획서 작성 시 주의사항이 아닌 것은 무엇입니까?

① 파티 수주를 위해 최저 입찰가를 제안한다.
② 의뢰범위를 정확히 이해하고 확정 사항은 상호간 문서로 교환한다.
③ 기획서 작성 이전에 의뢰인의 회사나 의뢰행사에 대한 사전정보를 입수하여 분석한다.
④ 클라이언트의 마음을 끌어들이는 매력적인 제안과 내용이 담겨야 하므로 표지의 제목이 특별하면 좋다.

37 | 다음 파티 기획서에 들어가는 내용 중 적절한 것은 무엇입니까?

① 행사의 성격을 잘 표현하는 기발한 제목
② 파티 참가자들의 즐거움을 위해 이벤트에 과다한 예산 배정
③ 클라이언트와 친밀한 케이터링 업체의 선정
④ 경쟁업체를 의식한 저렴한 진행비 책정

38 | 파티기획서에 들어가지 않는 내용은 무엇입니까?

① 시행배경, 목적
② 프로그램
③ 전체 공간장식 계획
④ 하청업체 리스트

39 | 견적서 작성 시 주의해야 할 점이 아닌 것은 무엇입니까?

① 작업내용, 인건비, 품목, 진행비 등 항목을 빠짐없이 정리하여 서식을 정리한다.
② 순익을 무조건 총 견적의 50% 이상 남기면 좋다.
③ 파티 진행 시 소요되는 물품의 단가는 평상시에 가격조사를 해놓고 참고하도록 한다.
④ 클라이언트와 파티플래너 모두가 만족할 수 있는 제안유형에 따른 가격조건을 선택할 수 있도록 여러 가지 준비를 한다.

40 | 파티를 진행하기 위해 견적서에 들어가야 할 내용이 아닌 것은 무엇입니까?

① 인건비
② 진행비
③ 순익
④ 소요 물품비

41 | 파티 콘셉트에 대한 설명으로 틀린 것은 무엇입니까?

① 원하는 목적에 따라 파티의 종류를 정한다.
② 파티의 대상에 맞는 스타일을 계획한를 정한다.
④ 파티의 목적에 맞는 이미지를 계획하고 작업한다.

42 | 상품판매 촉진을 위한 세일즈프로모션의 한 방법으로 새로운 브랜드를 출시할 때 신상품을 대중에게 널리 알리는 데 그 목적이 있는 파티는 무엇입니까?

① 론칭파티
② 키즈파티
③ 테마파티
④ 샤워파티

43 | 파티 콘셉트에 관한 설명 중 옳지 않은 것은 무엇입니까?

① 콘셉트는 파티의 종류를 결정하는 기준이다.
② 파티의 전체적인 주제를 의미한다.
③ 파티의 메시지 전략의 기본이 된다.
④ 콘셉트는 파티 기획의 꽃이다.

44 | 파티 콘셉트 발상의 특징에 해당되지 않은 것은 무엇입니까?

① 의외성이 있어야 한다.
② 실현 가능성이 있어야 한다.
③ 독창적이어야 한다.
④ 상상력이 풍부한 설정이어야 한다

45 | 파티에서 상대방의 소속과 직함을 알고 대화를 자연스럽게 이끌어 갈 수 있도록 하는 매개체가 되는 것은 무엇입니까?

① 배너
② 네임카드
③ 명함
④ 포스터

46 | 파티에서 정성이 깃든 포장으로 게스트들의 마음에 감동을 전하는 좋은 도구가 될 수 있는 것은 무엇입니까?

① 벌룬 장식
② 센터피스
③ 배너
④ 답례품

47 | 파티의 행사명을 알리는 파티의 알림판으로 행사의 얼굴이라고 할 수 있는 도구는 무엇입니까?

① 배너
② 네임카드
③ 초대장
④ 전단 광고지

48 | 다음 중 파티에서 초대장의 역할이 아닌 것은 무엇입니까?

① 카드 한 장에 파티에 관한 모든 정보를 담는다.
② 초대된 이들의 관심을 끌어야 한다.
③ 파티 콘셉트에 맞게 카드를 선택하거나 직접 제작하여야 한다.
④ 파티에 초대된 게스트들에서 즉석에서 나눠준다.

49 | party identity의 그래픽물의 적용범위에 해당되지 않은 것은 무엇입니까?

① 배너
② 초대장
③ 센터피스
④ 네임카드

50 | 기업파티에 있어서 PI 효과에 관한 설명으로 거리가 먼 것은 무엇입니까?

① 대중에게 전달하는 커뮤니케이션 기능이 증대된다.
② 친목도모에 기여한다.
③ 파티의 전반적인 이미지가 형성된다.
④ 파티 주최자의 판매, 투자, 경영 관리 등에 상승효과를 준다.

51 | 다음 중 배너에 관한 설명으로 거리가 먼 것은 무엇입니까?

① 일반적으로 장방형의 대형 그래픽 이미지를 배너라고 한다.
② 대표적인 것으로 현수막을 들 수 있다.
③ 파티에 있어서 배너는 파티의 행사명을 알리는 파티의 알림판으로 행사의 얼굴이라 할 수 있다.
④ 파티를 알리기 위한 홍보용으로 DM(direct mail)으로 발송이 가능하다.

52 | 파티의 그래픽에 관한 설명으로 옳지 않은 것은 무엇입니까?

① 특별한 목적을 위한 파티의 시각물이다.
② 주로 파티의 초대장, 포스터, 티켓, 배너, R.S.V.P., 선물패키지 등이 있다.
③ 외적으로 보이는 파티의 이미지를 일관성 있게 보여주고 관리한다.
④ 일회성으로 파티의 홍보를 위한 광고물이다.

53 | 기업의 신상품 론칭을 위한 프레스 파티의 경우는 관련 관계자나 기자 등에게 신상품을 직접 선물함으로써 홍보효과와 구전효과를 높이는 커뮤니케이션 도구는 다음 중 무엇입니까?

① 배너
② 초대장
③ 답례품
④ 네임카드

54 | 파티 공간의 데커레이션을 위해 고려해야 할 사항이 아닌 것은 무엇입니까?

① 파티장으로 향하는 입구는 어느 곳보다 장식적인 요소를 강조하는 것도 좋은 방법이다.
② 데커레이션 재료로는 자연적인 소재보다 인공적인 소재를 사용하는 것이 효과적이다.
③ 독창적인 아이디어로 데커레이션 하는 것이 효과적이다.
④ 파티의 콘셉트에 맞는 데커레이션을 통해 파티의 흥겨움을 돋울 수 있도록 한다.

55 | 파티 공간 디스플레이계획으로 거리가 먼 것은 무엇입니까?

① 콘셉트에 맞춰 디테일하게 잡아야 한다.
② 반드시 새로운 조형물만을 직접 제작하여 설치한다.
③ 파티 공간 디스플레이는 다른 이벤트에 비해 디테일한 요소들이 많은 관계로 디스플레이에 대한 다양한 소스를 가지고 있어야 한다.

④ 파티 공간 디스플레이 계획 시 파티의 전체적인 콘셉트를 잘 이해하고 이를 효과적으로 표현할 수 있는 아이디어를 제시한다.

56 | 파티의 플라워 스타일링에 관한 설명으로 맞는 것은 무엇입니까?

① 파티를 진행함에 있어 행사의 분위기를 고조시키는 역할을 한다.
② 플라워스타일링은 독창적인 디자인일수록 그 효과가 높다.
③ 소재의 종류와 색상이 다양하게 배색한다.
④ 제품의 이미지보다 꽃의 이미지가 더 강하게 스타일링한다.

57 | 메인 콘셉트 테이블플라워 연출에 관한 설명으로 옳지 않은 것은 무엇입니까?

① 주빈 테이블의 꽃 장식은 일반적으로 중심에 위치하는 경우가 많다.
② 장식의 높이는 하객이 주빈을 바라볼 수 있도록 얼굴을 가리지 않는 낮은 형태가 좋다.
③ 갈런드(garland) 장식과 작은 꽃이나 코사지(corsage) 등으로 장식한다,
④ 메인테이블을 강조하기 위해 화려한 소재의 꽃을 많이 반드시 사용한다.

58 | 다음 중 파티 플라워 스타일링의 범위로 적당하지 않은 것은 무엇입니까?

① 메인 콘셉트 테이블 플라워
② 게스트 테이블 플라워
③ 갈런드 테이블 플라워
④ 케이크 테이블 플라워

59 | 색채계획의 목적으로 틀린 것은 무엇입니까?

① 파티의 콘셉트를 상징적으로 표현하는 데 목적이 있다.
② 파티의 전체적인 색을 통일시키는 데 목적이 있다.
③ 체계적인 색채계획을 통하여 파티의 전반적인 색채조화를 추구하는 데 목적이 있다.
④ 유행컬러를 적용하여 파티를 연출하는 데 목적이 있다.

60 | 파티 공간연출 시 대비 조화로 볼 수 없는 것은 무엇입니까?

① 빨간색 테이블클로스와 청록의 유색 글라스의 대비
② 흰색 패브릭과 검은색 식기의 대비
③ 노란색의 센터피스와 남색의 화기의 대비
④ 노란색의 센터피스와 연두색의 테이블클로스의 대비

61 | 파티의 색채계획 시 주의해야 할 점으로 옳지 않은 것은 무엇입니까?

① 배색의 면적비를 반드시 고려해야 한다.
② 콘셉트에 맞는 배색을 함에 있어 주조색(main color)을 분명하게 강조하여 파티의 주제를 분명하게 표현할 수 있다.
③ 주조색(main color)과 강조색(point color)의 면적비는 7 : 3이 가장 좋다.
④ 사람들의 주의를 끌기 쉽고 지루하지 않게 파티를 리듬감 있게 돋보이게 할 수 있도록 색채계획을 한다.

62 | 파티 색채계획 프로세스로 적당하지 않은 것은 무엇입니까?

① 현황파악과 시장조사
② 색채 이미지 스케일 제작
③ 유행 컬러의 적용
④ 구성요소의 검토

63 | 색채계획 프로세스 중 제일 처음 해야 할 단계는 무엇입니까?

① 구성요소의 검토
② 이미지의 방향설정
③ 시장조사
④ 현황파악과 사전조사

64 | 파티 색채계획 시 유의할 점으로 거리가 먼 것은 무엇입니까?

① 파티장소의 색채 현황을 조사한다.
② 전시효과를 생각하여 무조건 유행 컬러를 선택한다.
③ 파티의 콘셉트에 어울리는 색채를 계획한다.
④ 파티의 대상의 연령층을 고려하여 색채를 계획한다.

65 | 다음 중 배색 시 고려해야 할 사항으로 옳지 않은 것은?

① 미적인 부분을 극대화한다.
② 색의 심리적 작용을 고려한다.
③ 면적의 효과를 고려한다.
④ 목적과 기능에 맞는 배색이어야 한다.

66 | PI에 관한 설명으로 틀린 것은 무엇입니까?

① PI는 Place Identity의 약자로 파티의 공간을 하나로 통일화하는 작업이다.
② PI의 모든 구성요소에 시각적 통일감을 부여한다.
③ PI의 주요 목적은 일관성 있게 통합, 운영관리 하는 것이다.
④ 개성 있는 PI는 그 행사의 목적을 분명하게 하여 커뮤니케이션의 효과가 높다.

67 | 다음 중 파티 PI의 주요 목적으로 거리가 먼 것은 무엇입니까?

① 파티를 일관성 있게 통합, 운영관리하기 위한 것이다.
② 파티의 공간을 집중적으로 디자인하는 것을 의미한다.
③ 일반적으로 파티의 시각적 이미지를 구축하는 것이다.
④ 파티를 위한 디자인 폴리시라고 할 수 있다.

68 | 파티 메뉴 플래닝에 관한 설명으로 틀린 것은 무엇입니까?

① 파티의 테마, 목적, 장소, 고객의 욕구에 따라 메뉴를 결정한다.
② 파티 주최측에 기여도와 메뉴의 만족감을 주어야 한다.
③ 파티의 분위기와 스타일링이 중요하므로 메뉴의 맛이나 질보다 푸드스타일링에 중점을 둔다.
④ 파티의 특성에 따라 여러 종류의 메뉴로 구성한다.

69 | 기업의 론칭 행사에서 선보이는 신상품의 이미지를 딴 음식을 일컫는 것은 무엇입니까?

① 콘셉트푸드
② 앙트레푸드
③ 타틀렛푸드
④ 카툰푸드

70 | 핑거푸드(finger food)에 관한 설명으로 거리가 먼 것은 무엇입니까?

① 손가락으로 집어먹을 수 있는 작고 가벼운 음식이다.
② 가벼운 요깃거리 또는 와인과 함께 할 수 있는 안주 대용 음식으로 많이 사용된다.
③ 전체 파티 콘셉트와 일치성 부분에 대한 고려 또한 신중히 하여야 한다.
④ 대표적인 메뉴로 스테이크를 들 수 있다.

71 | 프랑스 상파뉴 지방에서 생산되는 것으로 탄산가스를 함유한 와인은 무엇입니까?

① 스파클링 와인
② 로제 와인
③ 화이트 와인
④ 레드 와인

72 | 파티 음료에 관한 설명으로 옳지 않은 것은 무엇입니까?

① 파티의 성격과 목적에 맞는 음료와 주류가 제공되어야 한다.
② 짧은 시간 많은 참석자에게 동시에 서빙해야 한다는 시간적인 제약성이 있다
③ 음료의 종류가 많을수록 파티는 효과적이다.
④ 음료의 종류로는 와인, 칵테일 , 소프트 드링크 등이 있다.

73 | 와인의 종류가 아닌 것은 무엇입니까?

① 로제 와인
② 화이트 와인
③ 브랜디 와인
④ 스파클링 와인

74 | 케이터링 메뉴플래닝에 관한 설명으로 옳지 않은 것은 무엇입니까?

① 일반적으로 케이터링의 음식의 양이 뷔페보다 많다.
② 음식의 퀄리티나 스타일링, 컬러, 모양 등이 특별하다.
③ 파티의 분위기를 한층 업그레이드하는 중요한 역할을 한다.
④ 대표적으로 콘셉트푸드를 들 수 있다.

75 | 파티 음료 중 맥주의 장점으로 옳지 않은 것은 무엇입니까?

① 맥주는 공식적인 파티에 적당한 음료이다.
② 비교적 저렴한 편이며 남녀노소 누구나 즐길 수 있는 장점이 있는 파티음료이다.
③ 야외 피크닉 파티에도 어울리며 파티용 서비스로도 적당한 음료이다.
④ 맥주는 보리를 발효시켜 만든 음료이다.

76 | 파티 메뉴 중에서 와인과 곁들일 수 있는 치즈에 대한 설명으로 맞지 않는 것은 무엇입니까?

① 지역에 맞는 와인과 치즈의 궁합보다는 예산에 맞춰 선택하는 것이 중요하다.
② 부드러운 소프트 치즈로는 모차렐라, 카망베르, 크림치즈가 있다.
③ 바게트와 담백한 크래커에 올려 카나페로 이용할 수도 있다.
④ 세미 하드 치즈는 고르곤졸라, 하드 치즈는 에담, 고다, 에멘탈 등이 있다.

77 | 파티음료 중 소프트 드링크에 대한 설명으로 맞지 않는 것은 무엇입니까?

① 파티 콘셉트와 예산에 맞는 메뉴가 결정되면 참석자의 연령과 성별을 고려한다.
② 탄산음료 · 과즙음료 · 젖산음료 · 커피 · 코코아, 이외에 우유나 달걀 · 크림 등을 사용한 음료를 뜻한다.
③ 아이스크림을 이용한 파르페는 소프트 드링크가 아니다.
④ 에이드는 과일즙에 슈거 시럽과 물을 탄 것인데, 레모네이드가 대표이다.

FOOD Coordinator 자격증을 위한 시험문제 해답

1

01 ④	02 ④	03 ④	04 ③	05 ②	06 ①	07 ④	08 ③	09 ④	10 ②
11 ②									

2

01 ②	02 ③	03 ④	04 ②	05 ③	06 ③	07 ②	08 ①	09 ②	10 ③
11 ④	12 ④	13 ①	14 ①	15 ②	16 ①	17 ④	18 ④	19 ②	20 ③
21 ④	22 ①	23 ③	24 ②	25 ②	26 ④	27 ①	28 ②	29 ②	30 ①
31 ④	32 ②	33 ①	34 ④	35 ②	36 ③	37 ④	38 ③	39 ②	40 ②
41 ①	42 ①	43 ③	44 ④	45 ①	46 ④	47 ②	48 ④	49 ③	50 ②
51 ④	52 ②								

3

01 ③	02 ①	03 ②	04 ③	05 ④	06 ②	07 ④	08 ①	09 ①	10 ②
11 ②	12 ④	13 ②	14 ④	15 ③	16 ②	17 ③	18 ①	19 ④	20 ③
21 ②	22 ④	23 ①	24 ③	25 ②	26 ①	27 ③	28 ④	29 ③	30 ④
31 ①	32 ④	33 ①	34 ①	35 ②	36 ①	37 ④	38 ②	39 ④	40 ①
41 ④	42 ②	43 ③	44 ③	45 ③	46 ④	47 ①	48 ①	49 ④	50 ①

4

01 ④	02 ③	03 ②	04 ③	05 ④	06 ②	07 ②	08 ④	09 ①	10 ④
11 ③	12 ④	13 ③	14 ②	15 ①	16 ③	17 ②	18 ①	19 ③	20 ②
21 ④	22 ①	23 ④	24 ②	25 ③	26 ③	27 ④	28 ①	29 ②	30 ②
31 ②	32 ④	33 ③	34 ③	35 ④	36 ④	37 ④	38 ②	39 ②	40 ④
41 ①	42 ②	43 ①	44 ③	45 ①	46 ②	47 ④	48 ②	49 ①	50 ④
51 ②	52 ④	53 ③	54 ①	55 ②	56 ②	57 ③	58 ②	59 ①	60 ④
61 ③	62 ①	63 ③	64 ②	65 ②	66 ④	67 ②	68 ①	69 ④	70 ②
71 ③	72 ②	73 ①	74 ③	75 ④	76 ①	77 ②	78 ④	79 ③	80 ①
81 ④	82 ②	83 ②	84 ②	85 ②	86 ③	87 ③	88 ①	89 ③	

5

01 ②	02 ④	03 ①	04 ①	05 ④	06 ③	07 ①	08 ①	09 ④	10 ④
11 ④	12 ①	13 ①	14 ①	15 ④	16 ③	17 ①	18 ①	19 ②	20 ①
21 ③	22 ②	23 ①	24 ④	25 ①	26 ③				

6

01 ③ 02 ② 03 ① 04 ① 05 ① 06 ② 07 ① 08 ④ 09 ② 10 ②
11 ④ 12 ② 13 ③ 14 ① 15 ④ 16 ① 17 ② 18 ④ 19 ④ 20 ②
21 ② 22 ② 23 ④ 24 ③ 25 ④ 26 ④ 27 ② 28 ③ 29 ④ 30 ④
31 ④ 32 ② 33 ④ 34 ① 35 ④ 36 ① 37 ④ 38 ③ 39 ④ 40 ②
41 ④ 42 ① 43 ② 44 ③ 45 ④ 46 ① 47 ② 48 ④ 49 ④ 50 ③
51 ② 52 ④ 53 ④ 54 ② 55 ③ 56 ② 57 ④ 58 ① 59 ④ 60 ③
61 ④ 62 ② 63 ② 64 ① 65 ② 66 ④ 67 ② 68 ② 69 ③ 70 ①
71 ④ 72 ② 73 ④ 74 ① 75 ④ 76 ② 77 ② 78 ① 79 ④ 80 ③
81 ① 82 ③ 83 ④ 84 ④ 85 ② 86 ① 87 ④ 88 ② 89 ③ 90 ③
91 ② 92 ④ 93 ③ 94 ④ 95 ① 96 ③ 97 ④ 98 ② 99 ① 100 ③
101 ④ 102 ① 103 ② 104 ③ 105 ② 106 ③ 107 ④ 108 ① 109 ③ 110 ①
111 ④

7

01 ④ 02 ② 03 ② 04 ④ 05 ① 06 ③ 07 ④ 08 ④ 09 ④ 10 ③
11 ② 12 ② 13 ① 14 ② 15 ① 16 ② 17 ④ 18 ① 19 ③ 20 ③
21 ② 22 ① 23 ③ 24 ② 25 ③ 26 ① 27 ④ 28 ③ 29 ① 30 ③
31 ② 32 ④ 33 ① 34 ④ 35 ③ 36 ① 37 ① 38 ④ 39 ② 40 ③
41 ③ 42 ① 43 ① 44 ④ 45 ② 46 ④ 47 ① 48 ④ 49 ③ 50 ②
51 ④ 52 ④ 53 ③ 54 ② 55 ② 56 ① 57 ④ 58 ③ 59 ④ 60 ④
61 ③ 62 ③ 63 ④ 64 ② 65 ① 66 ① 67 ② 68 ③ 69 ① 70 ④
71 ① 72 ③ 73 ③ 74 ① 75 ① 76 ① 77 ③

한국 식공간학회 인증 푸드코디네이터 자격 규정

제 1 장 총칙

제1조 (목적)

이 규정은 한국식공간학회(이하 학회라 칭함)에서 부여하는 푸드코디네이터의 자격을 정함을 목적으로 한다.

제2조 (정의)

① 1급 : 푸드코디네이터는 학회에서 인정하는 식공간 연출 관련 교과목(푸드 스타일링, 테이블 코디네이트, 식공간 연출, 파티 플래닝, 조리 등)을 이수한 대학 또는 학점은행 인정기관(직업전문학교)의 재학생 또는 졸업한 자로서 소정의 자격심사에 통과한 자를 말한다.

② 2급 : 식공간 연출 전공이 아닌 자로 학회에서 시행하는 필기, 실기 시험을 통과한 자를 말한다.

제 2 장 자격규정

제1조 (자격등급)

푸드코디네이터의 자격 등급은 지도자, 1급, 2급으로 규정한다.

제2조 (이수사항)

① 푸드코디네이터 지도자 자격은 다음의 경우에 부여한다.
- 식공간 연출 관련 전공 석 · 박사 학위를 취득한 자
- 교육부가 인정하는 교육기관에서 〈별첨1〉의 기초 교과목을 300시간 이상 강의한 자
- 1급 자격시험을 취득한 후 관련기관에서 〈별첨1〉의 기초 교과목을 100시간 강의한 자

② 푸드코디네이터 1급 자격은 다음의 경우에 부여한다.
- 식공간 연출 관련 전공을 이수한 대학의 재학생 또는 기졸업자
- 상기 해당자는 〈별첨1〉의 교과목 중 (기초영역 중 3과목, 응용실습영역 2과목) 학점 취득 증명 자료 제출 시 필기면제

③ 푸드코디네이터 2급 자격은 다음의 경우에 부여한다.
- 식공간 연출 비전공자로 2급 필기시험과 실기시험에 합격한 자

별첨 1 | 푸드코디네이터 자격인정 교과목(201년 개정판)

영역	과목명
기초 (택 3)	푸드 스타일링, 테이블 코디네이트, 파티 플래닝, 조리원리, 사진학 색채와 디자인, 식음료 와인 또는 커피학 포함)
응용 실습 (택 2)	푸드 스타일링 실습, 테이블 세팅 실습, 파티 실습 조리실습(한국조리, 서양조리, 중식조리, 일식조리 중 택2만 가능)

* 학교에 따라 교과목의 명칭이 다를 수 있으므로 이는 자격심의위원회에서 심사한다.

제 3 장 자격심사

제1조 (자격심사)

자격심사는 연 2회 실시하는 것을 원칙으로 한다. (매년 5월, 11월)

제2조 (자격심의위원회)

자격심의위원회는 학회 회장 1인과 부회장 및 상임이사로 구성하며, 푸드코디네이터 지도자 자격증 소지자에 한한다.

제 4 장 자격시험

푸드코디네이터 지도자, 1급, 2급 자격 심사업무는 자격심사위원회가 주관한다.

제1조 (자격시험)

자격시험은 필기시험과 실기시험으로 구분하여 실시하며 연 2회 실시하는 것을 원칙으로 한다.

제2조 (자격시험과목)

자격시험은 필기와 실기로 구분하며 〈표1〉과 같이 정한다.

표 1 | 푸드코디네이터 자격시험 과목

필기	푸드 스타일링 / 테이블 코디네이트 파티 플래닝 / 색채와 디자인
실기	자격심의위원회에서 제시하는 주제에 따른 푸드 스타일링 및 테이블 연출

제3조 (응시 절차)
① 자격시험 응시자는 응시료와 함께 소정의 지원 서류를 제출해야 한다.
② 공고와 함께 공지된 지정 장소에서 필기 및 실기시험을 실시한다.
③ 필기 및 실기에 관한 상세 일정 안내는 시행 한달 전 학회 홈페이지를 통해 공지한다.

제4조 (자격시험 시행세칙)
자격시험의 시행은 푸드코디네이터 자격심사 및 자격시험 시행세칙에 따른다.

제 5 장 자격의 발급, 등록

제1조 (자격의 발급)
푸드코디네이터 자격증은 자격심의위원회의 심의 결과에 따라 (사)한국식공간학회장이 발급한다.

제2조 (자격의 등록)
푸드코디네이터 자격을 취득한 자는 자격증 발급과 동시에 (사)한국식공간학회에 공인 푸드코디네이터로 등록된다.

제 6 장 자격의 유효기간

제1조 (자격의 유효기간)
푸드코디네이터 지도자, 1급, 2급 자격을 취득한 자는 취득 이후로부터 5년 기간 동안 그 자격을 (사)한국식공간학회로부터 인정받는다. 5년 동안 (사)한국식공간 학회에서 진행하는 학술대회 또는 학회가 주최하는 세미나 등 교육프로그램에 참가하여 참가증을 발급받은 자에 한하여 그 자격이 자동 연장된다.

제2조 (자격의 유지 및 보수)
자격증 취득 후 5년 동안 (사)한국식공간학회에서 주최하거나 인정하는 교육 프로그램에 1회도 참석하지 않을 시는 자격이 자동 상실된다.

제 7 장 관리 감독자 유의사항

제1조 (시험 전 준비사항)
관리감독자는 해당 수험생들의 자격시험 응시원서와 필기시험 면제자의 경우 성적증명서를 확인하여 수험생을 확인한다.

제2조 (시험 당일)

① 관리감독자는 해당 수험생들의 수험표, 시험용지, 채점표를 미리 준비하고 감독자가 채점 시 사진을 찍고 증빙자료로 CD에 저장하여 제출한다.

② 시험을 치룬 자는 1년 동안 (사)한국식공간학회의 준회원 대우를 취득할 수 있다. 따라서 현장에서 회원 가입 원서를 작성하여 제출토록 지도한다.

③ 고사장에는 시험장임을 알릴 수 있는 표시를 반드시 하여 타 학교의 수험생들이 지원함에 있어 혼란을 빚지 않도록 만전을 기해야 한다.

④ 관리감독자는 2인의 감독관을 위촉하여 시험을 주관하고 운영하는 책임을 진다.

⑤ 1인의 필기시험의 감독관은 점수를 산출한 뒤 파일로 정리하여 시험이 끝난 뒤 각 고사장의 관리감독자에게 보고한다.

⑥ 2인의 실기시험의 감독관은 점수를 산출한 뒤 파일로 정리하여 시험이 끝난 뒤 각 고사장의 관리감독자에게 보고한다.

제2조 (시험 발표 후)

관리감독자는 합격자 발표 후 학회에서 발송한 상장 케이스와 합격번호에 맞춰 규정에 맞는 자격증을 만들어 학생들에게 발송한다.

제 8 장 시험 감독자 유의사항

제1조 (시험시간)

자격시험은 플래닝 시트 작성 20분, 테이블 세팅 30분으로 총 50분에 걸쳐 시행한다.

제2조 (기물관리 및 사용)

① 시험 시 같은 시험장, 같은 시간에 기물에 겹칠 경우 감독자의 허락에 한하여 앞 수험번호 학생부터 세팅을 한 후, 심사가 끝난 후 소품을 이동할 수 있다.

② 기물을 파손할 경우에는 감점 요소가 된다.

제3조 (시험 주제)

① 실기시험 주제는 각 고사장별로 시행하되 출제는 고사장의 시험 감독이 정하는 주제로 시행하며, 주제는 당일 관리감독자를 통해 전달한다.

② 필기시험의 경우 (사)한국식공간학회에서 위임하는 지도자 자격증 소지자가 출제하며, 푸드코디네이터 가이드북에 준하여 출제한다. 이때 위임받은 자는 50문항을 선별하되, 가이드북에 실리지 않은 새로운 문제를 반드시 5문항 이상 출제해야 한다.

제 9 장 시험장 실사자 유의사항

제1조 (시험장의 선정)

① 각 고사장은 (사)한국식공간학회의 일정 기준을 통과한 고사장에서 요청이 있을 시 학회에서 소정의 심사를 거쳐 지정된다.

② 근거리에 고사장이 설치되는 것은 지양하도록 한다.

③ 새로운 고사장에 요청이 들어올 시 (사)한국식공간학회에서는 자격증 시험 60일전에 2인의 검증위원을 파견하여 실사를 하고, 이사회에서는 최종 검토하여 적합, 부적합 여부를 해당 고사장에 고지하도록 한다.

제2조 (시험장 조건)

각 고사장의 규모는 1회에 최소 30명의 학생이 동시에 시험을 시행할 수 있는 규모여야 한다(30명이 각 1인 세팅 가능한 테이블 설치).

제3조 (기물)

고사장에는 30명의 학생이 세팅을 할 수 있는 린넨, 디너웨어, 커틀러리, 글라스웨어, 소품 등이 스타일별로 여유 있게 배치되어 있어야 하며, 타 학교 학생이 시험을 보더라도 사용하기 용이하도록 시험장소 내에 정리되어 있어야 한다(기물수납장소가 별도로 있어 이동하면서 사용할 경우, 별도의 장소에 조교가 감독해야 한다).

제4조 (실사내용 미비 시)

실사자는 시험에 사용될 기물을 항목별로 체크하고 실사 당시 구비되어 있지 않을 경우, 실사자가 제시하는 기간 내에 이사회 심사가 가능하도록 사진 파일을 첨부해 제출해야 한다.

부 칙

1. 이 규정은 공포된 날로부터 시행한다.
2. 이 규정의 개정은 한국 식공간학회 내 자격심의위원회의 의결에 따른다.

푸드코디네이터 자격증 자격심사 및 자격시험 시행세칙

제1조 (목적)

시행세칙은 푸드코디네이터 자격 규정 제2장 제3장, 제4장에 명시한 코디네이터 자격규정 및 자격시험에 관한 사항을 정함을 목적으로 한다.

제2조 (자격시험 공고)

자격시험은 연 2회 실시한다. 자격시험 일시 및 장소 등에 관한 세부적인 사항은 (사)한국식공간학회장이 최소 30일 전에 공고한다.

제3조 (자격시험 합격 판정)

자격시험 합격기준은 필기시험, 실기시험 모두 100점 만점에서 1급은 70점 2급은 60점 이상 취득을 원칙으로 한다.

제4조 (자격심사 신청자격)

신청자격은 푸드코디네이터 자격규정 제2장 제2조에 준한다.

제5조 (자격심사 신청서류)

1. 푸드코디네이터 지도자 자격심사를 신청하는 자는 소정의 심사료(100,000원)와 함께 다음의 서류를 제출해야 한다.
   (1) 자격심사 신청서(학회 소정양식)
   (2) 푸드코디네이터 1급 자격증 사본(아래 3항으로 자격이 인정될 경우 불필요)
   (3) 식공간 연출 관련 전공 학위증 사본(석 · 박사) 또는 강의경력증명서

2. 푸드코디네이터 1급 자격심사를 신청하는 자는 소정의 심사료(필기 20,000원, 실기 30,000원)와 함께 다음의 서류를 제출해야 한다.
   (1) 자격심사 신청서(학회 소정양식)
   (2) 성적증명서
   (3) 관련학과 졸업(예정)증명서 또는 학위증 사본
   (4) 푸드코디네이터 2급 시험 합격증 사본

3. 푸드코디네이터 2급 자격심사를 신청하는 자는 소정의 심사료(필기 20,000원 실기 30,000원)와 함께 다음의 서류를 제출해야 한다.
   (1) 자격심사 신청서(학회 소정양식)
   (2) 성적증명서 또는 교과목 이수 확인서
   (3) 학과장 추천서(학회 소정양식)

제6조 (자격시험 인원)

시험을 시행하는 학교에서는 최소 30명 인원으로 시행한다.

부 칙

1. 이 시행세칙은 공포된 날부터 시행한다.
2. 기타 사항은 자격심의위원회의 내규를 따른다.
3. 이 시행세칙의 개정은 자격심의위원회에서 결정한다.

* 문의 및 접수
한국식공간학회
E-mail : tfck25@hanmail.net / Homepage :www.tfck.co.kr

참/고/문/헌

국립중앙박물관. 프랑스 도자 명품전. 국립중앙박물관, 2000.
경기도 박물관 엮음. 유럽 유리 500년展. 경기도박물관, 2001.
김복래. 프랑스가 들려주는 이야기. 대한교과서, 1998.
김언정. 푸드코디네이터로 살아가기. 니케, 2009.
김원일. 정통 일본요리. 형설출판사, 1993.
김재규. 유혹하는 유럽 도자기. 한길아트, 2000.
김정숙. 바로크 감성의 형성과 특징. 불어불문학연구. 불어불문학회, 1991.
김지영 · 류무희. 빅토리아 시대의 식문화와 테이블 세팅 요소에 관한 연구. 한국식생활문화학회지 19(2), 2004.
김진한. 색채의 원리. 시공사 시공아트, 2004.
노르베르트 엘리아스 지음. 유희수 옮김. 문명화 과정-매너의 역사. 신서원, 1995.
로이 스트롱, 강주헌 옮김. 권력자들의 만찬. 넥서스 Books, 2001.
루돌프 아른하임. 김춘일 역. 미술과 시진각. 미진사, 2003
리처드 D. 자키아. 박성완 역. 시지각과 이미지. 안그라픽스, 2007
마이클 프리맨. 사진의 디자인을 위하여. 해뜸, 2008
마크 콜란스키 저. 이창식 역. 소금, 2003.
맛시모 몬타나리. 주경철 옮김. 유럽의 음식문화. 새물결, 2001.
문찬, 김미자 외. 기초조형. 안그라픽스, 2012
민찬홍 외. 실내디자인용어. 교문사, 2005.
바바라 런던, 짐 스톤, 존 업튼 외. 조윤철 역. 사진학 강의. 포토스페이스, 2008.
박인숙. 은수저 개발에 관한 연구. 숙명여자대학교 석사학위논문, 1992.
세계도자기엑스포조직위원회 엮음. 정순주 · 박찬희 옮김. 세계도자문명전-서양. 세계도자기엑스포조직위원회, 2001.
식공간연구회. 테이블 코디네이트. 교문사, 2008.
식공간연구회. 푸드 코디네이트. 교문사, 2009.
신승미 외. 우리 고유의 상차림. 교문사, 2005.
신정아. 바로크. 살림, 2004.
아니위베르 클레르 부알로. 미식, 2000.
아카사와 다쿠미. 심우성 옮김. 조선의 소반 · 조선도자명고. 학고재, 1996.
양재문. 디지털 사진학교. 멘토르, 2007
염진철 외. 기초 서양조리 이론과 실기. 백산출판사, 2006.
염진철. 기초 조리이론과 조리용어. 백산출판사, 2008.
와타나베 미노루. 윤서석 외 옮김. 일본 식생활사. 신광출판사, 1998.
유택용 외. 일본요리. 도서출판 효일, 2003.
윤복자. 테이블 세팅 디자인. 다섯수레, 1997.

윤서석 외. 한국음식대관 제1권. 한국문화재보호재단, 1997.
이경란. 조선후기 반가의 반상문화에 대한 연구. 성신여자대학교 석사학위논문, 2002.
이난영. 한국 고대 금속공예 연구. 일지사, 1998.
이소미, 레스토랑 토탈 코디네이션에 관한연구, 경희대학교 박사학위논문, 2011.
이연숙. 서양의 실내공간과 가구의 역사:고대-바로크. 경춘사, 1991.
이연숙. 아름다운 유리의 세계. 도서출판 여성신문사, 2000.
이영순 · 김지영. 외국조리. 효일출판사, 2003.
이유주. 테이블 플라워디자인. 경춘사, 2006.
이지현, 한국 실내공간에 적용된 서양 고전양식의 구성요소에 관한 연구, 경희대학교 석사학위논문, 2000
장보주 · 최옥자. 중국요리. 효일출판사, 2001.
장혜진. 커틀러리의 역사적 고찰. 경기대학교 석사학위논문, 2003.
광주요 도자문화연구소. 아름다운 우리상차림. 디자인하우스, 2000.
조리교재발간위원회. 조리체계론. 한국외식정보, 2002
조열, 김지현. 형태지각과 구성 원리. 창지사, 2010.
조은정. 테이블 코디네이션. 도서출판 국제, 2005.
조지 후아. 정연학 옮김. 중 · 일 젓가락 습속 비교 연구. 국제아세아 민속학회지, 1998.
준이찌 노무라. 김미지자 옮김. 색의 비밀. 보고사, 1994.
청강문화산업대학 푸드스타일리스트과 6회 졸업작품전 : 'sweet color desert' 박세진, 박지연. '삼색 장어덮밥' 장미란. '온누리.문,안 김치 드리옵니다' 서혜림. '그 여름날의 삼계탕' 용인혜.
최송산 · 최경식 · 유애경. 중국요리. 효일출판사, 2002.
최수근, 최희선. 요리와 소스. 형설출판사, 2008.
최지혜. 앤틱 가구 이야기. 호미, 2005.
캘롤 스티릭랜드. 김경호 옮김. 클릭 서양미술사. 예경, 2002.
토마스 R. 호프만. 이주영 옮김. 어떻게 이해할까? 바로크. 미술문화, 2007.
한국플라워디자인협회.정석 플라워디자인. 인아, 1998.
한복려 외. 한국음식대관 제5권. 한국문화재보호재단, 2002.
한복진. 조선왕조 궁중음식. 화산문화기획, 2002.
한양여자대학 색채연구소. 컬러리스트 문제집. 미진사, 2004.
한정혜 · 오경화. 정통테이블세팅. 백산출판사, 2005.
황규선. 테이블 디자인. 교문사, 2007.
황혜성 외. 한국음식대관 제6권. 한국문화재보호재단, 1997.
황혜성 외. 한국의 전통음식. 교문사, 1990.

David Battie, Sotheby' s Concise Encyclopedia of Porcelain. Conran octopus, 1994.
Judith Miller. Antiques. Bulfinch Press, 2000.
Karen McCready. Art Deco and Modernist ceramics. Thames and Hudson, 1995.
Katie Stewart. Cooking & Eating. HART-DAVIS. MACGIBBON, 1975.
Leslie Pina & Paula Ockner. Art Deco Glass. Schiffer Publishing Ltd, 1999.
Paul Davidson. Antique Collector's Directory of Period Detail. Barron's, 2000.
Peter Brown. British Cutlery. Philip Wilson Publishers, 2001.
Philippa Glanville&Hilary Young. Elegance Eating. V&A Abrams, 2002.
Robin Hildyard. European ceramics. V&A Publications, 1999.
Suzanne von Drachenfels. The Art of the Table. Simon&Schuster, 2000.
The culinary institute of America 교육용 교재
Tim Forrest. The Bulfinch Anatomy of Antique China & Silver. Bulfinch Press, 1998.
今田美奈子. 貴婦人が 愛した お菓子. 角川書店. 1997.

www.iricolor.co.kr
http://en.wikipedia.org/ wiki/Trencher_(tableware)
http://www.iricolor.com/04_colorinfo/colorsystem.html
www.party21.co.kr
www.smallislandtrader.com/silver/carrs/new_york_sterling_silver/splash.htm

찾/아/보/기

기타

■ 저자소개

장혜진
경기대학교 관광전문대학원 외식산업경영전공 박사
한양여자대학교 외식산업과 교수

이소미
경희대학교 대학원 주거환경학 박사
장안대학교 외식산업과 교수

오재복
경기대학교 관광전문대학원 식공간연출전공 박사
전 경기대학교 관광전문대학원 교수

류무희
경기대학교 대학원 외식조리관리학과 박사
호원대학교 외식서비스경영학과 교수

김지영
경기대학교 대학원 외식조리관리학과 박사
한양여자대학교 식품영양과 교수

김형섭
경기대학교 관광전문대학원 식공간연출전공 박사
계명대학교 사진미디어과 겸임교수

황지희
성신여자대학교 대학원 식품영양학과 박사
청강문화산업대학교 푸드스쿨 조리전공 교수

FOOD Coordinator guide map

2014년 3월 5일 초판 발행
2020년 3월 5일 2쇄 발행

지은이 | 장혜진 · 이소미 · 오재복 · 류무희 · 김지영 · 김형섭 · 황지희
발행인 | 유제구
발행처 | 파워북
주　소 | 경기도 고양시 일산동구 호수로 358-25 동문타워2차 529호
전　화 | (02) 730-1412
FAX | (031) 908-1410
등　록 | 1997년 1월 31일 제2014-000067호

정　가 24,000원
ISBN 978-89-8160-220-8